Inteligência Artificial como Instrumento na Aplicação dos Precedentes Judiciais Vinculantes

Inteligência Artificial como Instrumento na Aplicação dos Precedentes Judiciais Vinculantes

Lucas Naif Caluri

Doutor em Direito pela Universidade Mackenzie de São Paulo.
Mestre em Direito pela Universidade Metodista de Piracicaba.
Especialista pela Pontifícia Universidade Católica de Campinas.
Graduado em Direito pela Faculdade de Direito de São Carlos.
Professor da PUC-Campinas, Pontifícia Universidade Católica de Campinas.
Professor da FACAMP (Faculdades de Campinas).
Sócio do Escritório de Advocacia Zanella, Naif e Lima, Advogados Associados.
Advogado.

LACIER

LACIER

Lacier Livraria e Editora
www.livrarialacier.com.br

Rua Doutor Quirino, 808 – Centro
CEP 13015-081 – Campinas, SP – Brasil

Fevereiro, 2024

Diretor: *Lacier José de Rezende*
Coordenação editorial: *Peter Fritz Strotbek*
Projeto de capa: *Fabio Giglio*
Projeto gráfico e editoração eletrônica: *The Best Page*

Ficha Catalográfica

Dados Internacionais de Catalogação na Publicação (CIP)
(Câmara Brasileira do Livro, SP, Brasil)

C166i Caluri, Lucas Naif.
Inteligência artificial como instrumento na aplicação dos precedentes judiciais vinculantes / Lucas Naif Caluri. — 1. ed. — Campinas, SP : Lacier Editora, 2024.
180 p. ; 17 x 24 cm.

ISBN 978-65-88805-78-7

1. Inteligência artificial — Legislação. 2. Tecnologia e direito. 3. Algoritmos. I. Título.

CDU 34:004.8

Índices para catálogo sistemático:

1. Inteligência artificial — Direito

Angela Schmidt da Rosa – Bibliotecária – CRB-14/1171

Agradecimentos

A DEUS, pelo dom da vida.

Aos meus pais, Sebastião e Elizabeth (*in memoriam*), fontes de inspiração e de amor ao ofício de professor.

À minha amada esposa, Patrícia, digna e fiel parceira de meus propósitos familiares, profissionais e acadêmicos. Muito obrigado por contribuir e incentivar para que este sonho se tornasse realidade.

Aos meus filhos, Gabriel, Josué e Francisco, as razões do meu viver.

À minha inesquecível avó Cidinha, ontem, hoje e sempre, exemplo de vida a ser seguido.

Aos amigos Ronaldo Frigini, Ana Lúcia Ferreira Frigini e Alexandre Bonfanti de Lemos, gratidão eterna por incentivarem os meus primeiros passos no mundo jurídico e iluminarem os meus caminhos nesta jornada fascinante de levar soluções para as emaranhadas realidades daqueles que se perdem nas searas das dúvidas e das incertezas que a Vida lhes apresenta.

Aos amigos e professores acadêmicos, Daniel Francisco Nagao Menezes e Marcos Stefani, pessoas inspiradoras que sempre incentivaram a realização do meu doutorado. Gratidão!

Aos meus companheiros do Escritório "Zanella, Naif e Lima", Edson, Afonso, Oracina, Rafael, Iria e Fernando, profissionais dedicados e talentosos que, na convivência diária, ampliaram o meu contexto familiar.

Aos meus alunos, ex-alunos e professores, pelo respeito e pela cumplicidade na busca de nossos ideais comuns.

Sumário

Apresentação

Antes de apresentar o livro **"Inteligência Artificial como Instrumento na Aplicação dos Precedentes Judiciais Vinculantes"**, de autoria do grande jurista *Lucas Naif Caluri*, para a comunidade jus-acadêmica, há de se registrar que é uma honra dupla. Por primeiro pela obra, que vem em boa hora para organizar a discussão do uso da Inteligência Artificial no direito e, especialmente no Poder Judiciário. Em segundo, pelo sucesso pessoal do amigo *Lucas Naif Caluri* que, com esta publicação coroa sua trajetória acadêmica, a qual tive a satisfação de acompanhar de perto o crescimento e amadurecimento deste grande pensador.

O trabalho que chega ao público neste livro foi desenvolvido ao longo do doutorado em direito de *Lucas* e organiza um exaustivo trabalho de pesquisa que permitiu conhecer a situação do tratamento da Inteligência Artificial em todos os tribunais brasileiros. A fotografia tirada por *Lucas* é desoladora...

Em que pese algumas tentativas do Conselho Nacional de Justiça em organizar o uso da Inteligência Artificial no Poder Judiciário brasileiro, muito insipientes para não utilizar outro adjetivo, o quadro encontrado tem estágios diversos que vão desde o desconhecimento conceitual que impede o diferenciar Inteligência Artificial de Digitalização do Processo, até sistemas de movimentação processual que eliminam a intervenção humana.

Isso provoca uma verdade "Torre de Babel" no Poder Judiciário brasileiro no que toca à Inteligência Artificial, impedindo o desenvolvimento e potencialização, para não dizer o uso de instrumento processuais como os precedentes judiciais vinculantes, essenciais para racionalização da atividade jurisdicional em um contexto complexo como o brasileiro.

O Professor *Lucas* consegue conciliar uma rígida e profunda pesquisa doutrinária tanto sobre Inteligência Artificial como Precedentes Judiciais Vinculantes, bem como fundir ambos os temas — que são diversos, registre-se — e ainda, conciliar uma linguagem acadêmica e didática ao mesmo tempo.

Sistemas de *"civil law"* como o brasileiro, dependem de um alto grau de racionalização das atividades e procedimentos, criando um mínimo de ordem dentro do sistema para que consigamos alcançar a sonhada segurança jurídica, que em outras palavras, nada mais é do que previsibilidade das decisões judiciais.

O livro *"Inteligência Artificial como Instrumento na Aplicação dos Precedentes Judiciais Vinculantes"* é uma luz no fim de um túnel escuro, sombrio e úmido que está o direito processual e o Poder Judiciário nacionais, enchendo de esperança todos aqueles que desejam que o Direito sirva para o seu verdadeiro fim de alcançar a justiça para todos!

Boa leitura!

Daniel Francisco Nagao Menezes
Professor do Programa de Mestrado em Direito,
Empresa e Sociedade Contemporânea da
FACAMP (Faculdades de Campinas).

Prefácio

É com imenso prazer e profundo respeito que escrevo este prefácio para a obra "Inteligência Artificial como Instrumento na Aplicação dos Precedentes Judiciais Vinculantes", de autoria do Dr. Lucas Naif Caluri, uma figura exemplar, tanto no âmbito pessoal quanto no profissional. Conhecendo o Professor Lucas há anos, posso assegurar com convicção que ele não é apenas um amigo de valor inestimável, mas também um profissional brilhante e dedicado, cuja vocação para o Direito se manifesta em cada aspecto de sua vida. Jurista de grande estatura intelectual, sua integridade, acolhimento e profundo conhecimento jurídico fazem dele um verdadeiro farol para todos que têm o privilégio de cruzar seu caminho.

Este livro, fruto de sua tese de doutorado, não é apenas uma obra acadêmica; é uma contribuição inestimável para a comunidade jurídica e para a sociedade como um todo. A inteligência artificial (IA) está remodelando o mundo como o conhecemos, e o Direito, como pilar de nossa sociedade, não é exceção. A capacidade de Lucas de se debruçar sobre temas complexos, disruptivos, e de analisar o tratamento da IA em todos os tribunais brasileiros, demonstra não apenas sua proficiência acadêmica, mas também sua perspectiva inovadora sobre os desafios e oportunidades que a IA apresenta para o Direito.

O livro do Professor Lucas abre novos horizontes para o entendimento de como a inteligência artificial pode ser utilizada como um instrumento poderoso na aplicação dos precedentes judiciais vinculantes, um tema de vital importância para a garantia de uma justiça mais eficiente, justa e acessível. Sua pesquisa meticulosa e análise profunda oferecem uma visão abrangente sobre a situação atual e apontam caminhos para o futuro da prática jurídica no Brasil e, por extensão, no mundo.

Mais do que isso, a obra é um chamado à reflexão sobre a ética, a responsabilidade e o papel dos profissionais do Direito na era da digitalização. O Professor Lucas não apenas nos apresenta um panorama detalhado e crítico da aplicação da IA pelo Poder Judiciário, mas também nos convida a pensar sobre como podemos, enquanto comunidade jurídica, aproveitar ao máximo as possibilidades que a tecnologia nos oferece, sem perder de vista os princípios que fundamentam nossas atividades.

Conhecer Lucas Naif Caluri, tanto pessoal quanto profissionalmente, tem sido uma das grandes alegrias de minha vida. Seu caráter, sua inteligência e sua dedicação ao Direito são fontes constantes de inspiração. Este livro é um reflexo de sua paixão pela Justiça e seu compromisso incansável com a excelência. É uma obra essencial para todos aqueles que se interessam pelo futuro do Direito e pelo impacto transformador da tecnologia em nossa sociedade.

Encorajo a todos na comunidade jurídica a lerem esta obra magnífica. Sem dúvida, ela provocará debates importantes e contribuirá significativamente para o avanço do Direito na era digital. Parabenizo Lucas pela realização notável que este livro representa e agradeço-lhe por enriquecer nossa compreensão sobre a interseção entre a inteligência artificial e a aplicação dos precedentes judiciais vinculantes!

Marcos Stefani
Promotor de Justiça.
Professor.

Introdução

A cada dia que passa depara-se cada vez mais com os sistemas de Inteligência Artificial. A Inteligência Artificial está atrelada à tecnologia e à ciência, embasadas na computação, matemática, engenharia, biologia, linguística, dentre outros ramos. É um tema interdisciplinar, multidisciplinar e transdisciplinar. No campo jurídico, é crescente a procura e a implementação pela Inteligência Artificial. Muitas vezes para análises da legislação, dos julgadores, da jurimetria, dos custos-orçamentos, dentre outras relevantes informações, aplica-se a Inteligência Artificial. A busca pela rápida e eficaz solução dos litígios é um tema que permeia a Inteligência Artificial e o mundo jurídico.

A revolução tecnológica das últimas décadas provocou profundas transformações: as assinaturas lançadas em papel foram substituídas por senhas, os processos físicos pelos digitais, a carga nos autos pelo *download*, o acompanhamento em balcão pelo virtual/*chat-box*, a caneta pelo *mouse*, as guias físicas pelos formulários eletrônicos, as audiências presenciais pelas remotas, as sustentações orais presenciais pelos julgamentos *on-line*, dentre tantas outras relevantes transformações. Com isso, a Inteligência Artificial, aliada às novas tecnologias, está transformando a atividade jurisdicional e o dinamismo de operar o direito. A Inteligência Artificial toma decisões com fulcro em análises de problemas e dados dentro de um sistema computacional, na tentativa incessante de traduzir os algoritmos em funcionamento. É uma tecnologia que permite desenvolver máquinas e *softwares* inteligentes, isto é, um conjunto de algoritmos matemáticos e estatísticos que oferecem a tais *softwares* ou máquinas meios de se organizarem em um modelo de raciocínio humano para auxiliar certas atividades.

A Inteligência Artificial, inicialmente, ficou mais detidamente concentrada na temática da ciência da computação, sendo um de seus objetivos a otimização dos processos de aprendizado e de seus respectivos resultados. Por intermédio da Inteligência Artificial, busca-se a redução de tempo e a maior eficiência na resolução dos problemas científicos. É evidente o fortalecimento crescente de quatro setores: nanotecnologia, biotecnologia, ciências cognitivas e tecnologia da informação, buscando atender às novas demandas e anseios do ser humano.

Com isso, os juristas terão de buscar cada vez mais conhecimentos em áreas diversas com o objetivo de se aproximarem da Inteligência Artificial. A Quarta Revolução Industrial caminha a passos largos ao encalço da conectividade e da comunicação. Tanto a União Europeia quanto outros organismos internacionais — como a Organização para a Cooperação e Desenvolvimento Econômico (OCDE) — instituíram guias de recomendações para a adoção de transparência e regulação da Inteligência Artificial.

Nessa perspectiva e conectando a Inteligência Artificial com a legislação processual, por intermédio do Código de Processo Civil (Lei n. 13.105/2015), estabeleceu-se o sistema de precedentes judiciais vinculantes, colocando importantes ferramentas à disposição da população. Os precedentes podem criar parâmetros para aplicar o direito, diminuindo-se, em parte, a margem de interpretação dos julgadores, além de criar uma vinculação aos precedentes das cortes superiores. Os precedentes judiciais vinculantes têm o condão de consolidar a eficiência e a segurança jurídica no tocante às decisões do Supremo Tribunal Federal e do Superior Tribunal de Justiça, guardiões das matérias constitucionais e infraconstitucionais, respectivamente, bem como dos precedentes dos demais Tribunais do País. Os precedentes auxiliam a população, como forma de racionalizar e otimizar o Poder Judiciário.

Assim, criou-se um sistema que estabeleceu os precedentes judiciais e agora impõe-se refletir se as instâncias inferiores estão seguindo as decisões superiores. O acoplamento da Inteligência Artificial com os precedentes judiciais vinculantes se dará no sentido de funcionar como um instrumento de aprimoramento do acompanhamento-cumprimento dos precedentes. A segurança jurídica é um dos pilares fundamentais da estrutura do Estado de Direito, razão pela qual o Estado brasileiro não pode praticar atos que ignorem a segurança jurídica.

Até 2015, o direito processual, caracterizado pelo sistema então reinante da *civil law*, em que se dava ao juiz a autoridade de aplicar a lei, sem a oportunidade plena de interpretá-la, agora passa a ser impulsionado pelo novo regramento, pós-Lei n. 13.105/2015, deparando-se com a tentativa de aproximação da *common law*, ou seja, um direito que prioriza as decisões dos tribunais superiores. Com a nova redação do art. 927 do Código de Processo Civil, os juízes e os tribunais devem observar e respeitar os precedentes judiciais.

À medida que a sociedade evolui, as necessidades multiplicam-se e, com a rápida mudança que o mundo jurídico está sofrendo, a sobrevivência do cientista jurídico exige uma transformação radical. Não se pode olvidar que a revolução digital vem transformando o cenário jurídico, e a tecnologia é uma das importantes chaves para essas grandes transformações. Nesse sentido, as tarefas repetidas e que não impõem raciocínio jurídico podem ser executadas pela Inteligência Artificial.

O atual Código de Processo Civil traz uma nova racionalidade que pode ser organizada pela Inteligência Artificial. A interlocução da Inteligência Artificial com o Direito está cada vez mais em evidência. A pergunta central que carece de resposta e será discutida no presente estudo se apresenta da seguinte forma: A Inteligência Artificial seria uma importante ferramenta para compilar os dados dos tribunais, garantir uma segurança jurídica prévia perante a sociedade e, via de consequência, controlar a aplicação dos precedentes judiciais vinculantes?

Antes do advento do instituto dos precedentes judiciais, em muitas situações, os Juízes de primeiro grau não precisavam seguir os entendimentos dos Tribunais de segunda instância ou até mesmo do Superior Tribunal de Justiça. No mesmo sentido, em diversos casos, os Desembargadores igualmente não necessitavam seguir obrigatoriamente os entendimentos das Cortes Supremas, o que, via de regra, sempre gerou desarmonia no Poder Judiciário, especialmente diante do ativismo judicial de alguns julgadores. Contudo, com a atual sistemática — os precedentes judiciais vinculantes —, o Código de Processo Civil estabeleceu a obrigatoriedade do respeito à hierarquia dos entendimentos firmados nos Tribunais.

A pesquisa tem por objetivo compreender como a Inteligência Artificial pode se transformar em uma mudança paradigmática no sistema de Justiça e uniformizar o Direito, trazendo economia para a sociedade e maior eficiência para o Poder Judiciário. A fim de comprovar as hipóteses suscitadas, busca-se, nos julgamentos junto ao Tribunal de Justiça do Estado de São Paulo, identificar se o próprio Tribunal encontra-se alinhado com o cumprimento dos entendimentos dos tribunais superiores. Com a conjugação da Inteligência Artificial e o sistema de precedentes judiciais, podem-se identificar importantes mecanismos para contribuir com a organização, estabilidade e eficiência do Poder Judiciário brasileiro. Nessa perspectiva, a integração dos precedentes judiciais com a Inteligência Artificial buscará dar maior coerência à ordem jurídica, a fim de proporcionar a duração razoável do processo, a segurança jurídica, a redução de acesso ao duplo grau de jurisdição e a racionalização das despesas aos jurisdicionados e ao Estado.

O método utilizado no presente esstudo é o hipotético-dedutivo, por meio de revisão bibliográfica e análise de dados primários. A coleta do material para a pesquisa deu-se perante ambientes virtuais a partir das decisões judiciais (precedentes) e súmulas nos *sites* dos tribunais superiores. O método de pesquisa empregado foi o dedutivo, isto é, com início na análise geral das decisões dos tribunais superiores, para serem posteriormente consolidadas e conferidas com os precedentes judiciais vinculantes. O procedimento técnico da pesquisa constituiu-se no levantamento de informações, bem como dos julgados do Tribunal de Justiça do Estado de São Paulo. Além disso, a forma de abordagem norteadora do trabalho será qualitativa, a partir da interpretação de dados.

Para demonstrar o resultado da pesquisa realizada, o estudo foi estruturado em três capítulos, cada um deles dividido em quatro seções.

O primeiro capítulo estuda a conceituação e alcance da Inteligência Artificial, além da historicidade, da evolução, das diversas tecnologias existentes baseadas na Inteligência Artificial e responde aos seguintes questionamentos: O cientista jurídico tem acesso aos sistemas adotados pelos tribunais? O que e como são os algoritmos utilizados por tais tribunais? Há algum controle sobre esses sistemas? Há padrões no desenvolvimento da IA e acesso aos dados? Os dados são estruturados? Há compartilhamento de dados entre os tribunais? Para isso, foi elaborada uma tabela contendo um diagnóstico das origens da utilização da Inteligência Artificial no âmbito dos tribunais estaduais, federais e superiores, identificando os desenvolvedores das tecnologias utilizadas nos tribunais brasileiros.

O segundo capítulo trabalha com os diversos sistemas de Inteligência Artificial adotados pelos tribunais de justiça estaduais e superiores brasileiros, sendo elaborada uma tabela contendo um resumo dos principais projetos de IA e funcionalidade nos tribunais de justiça brasileiros. Observa-se que os referidos tribunais estão se aprimorando e utilizando cada vez mais a IA, na busca incessante pela racionalidade e efetividade das decisões judiciais. No mesmo capítulo, foi relatado um panorama sobre a evolução da informatização do Poder Judiciário e o programa criado pelo CNJ "Justiça 4.0". Em arremate, o capítulo aponta a contribuição da IA para a melhoria e eficiência do Poder Judiciário, com a reflexão se a utilização da IA teria a possibilidade de acelerar e melhorar a qualidade da atividade jurisdicional, além de proporcionar a melhor eficiência, produtividade, celeridade, previsibilidade e racionalidade nas decisões judiciais. Nesse sentido, foi elaborada uma tabela com os resultados nos projetos dos tribunais brasileiros que utilizam Inteligência Artificial.

Por fim, o derradeiro capítulo dedica-se ao estudo dos precedentes judiciais vinculantes, conceituação, evolução e o acoplamento da Inteligência Artificial. As reflexões suscitadas serão: Os tribunais estão alinhados no cumprimento dos precedentes judiciais e no acoplamento da constatação de que a Inteligência Artificial está sendo capaz de auxiliar e respeitar o novo Sistema? Para comprovar algumas respostas, 5 (cinco) teses firmadas no STJ foram estudadas para conferir o (des)cumprimento aos precedentes judiciais junto ao Tribunal de Justiça do Estado de São Paulo. A escolha do Tribunal de Justiça de São Paulo para a pesquisa se deu por conta de alguns relevantes motivos, a saber: por ser o TJ-SP conhecido como o maior Tribunal do mundo em volume de processos e também pelo alto número de demandas em andamento, o que representa aproximadamente 25% do total dos processos em trâmite na Justiça brasileira; pelo alto volume de sua força de trabalho, com aproximadamente "2,5 mil magistrados e aproximadamente 40 mil servidores, em 320 comarcas do Estado"[(1)], mais de 360 desembargadores; por ser o TJ-SP um tribunal evoluído tecnologicamente contando com a presença de ferramentas de Inteligência Artificial; por ser noticiado como um tribunal polêmico quanto ao cumprimento dos precedentes judiciais vinculantes. O recorte metodológico

(1) Disponível em: https://www.tjsp.jus.br/QuemSomos. Acesso em: 26 dez. 2022.

da pesquisa se deu mediante a seleção de 5 (cinco) teses de precedentes judiciais vinculantes levando-se em consideração: a atualidade, a relevância-repercussão de grandes temas na sociedade e a diversidade de disciplinas do Direito, a saber: Processo Civil, Empresarial, Consumidor, Infância e Juventude e Penal.

Com efeito, a presente pesquisa aborda elementos interdisciplinares. O estudo se pauta sempre pelo impacto econômico que a Inteligência Artificial e a aplicação do sistema de precedentes judiciais acarretam para o Estado brasileiro.

1

Inteligência Artificial

1.1. Conceituação e alcance

A Inteligência Artificial está cada vez mais presente no dia a dia e impactando o comportamento social, com aplicabilidade na educação, na medicina, no trabalho, nos lares, nas áreas jurídicas, nas cidades, nos jogos, nas músicas, dentre outros. Seus efeitos e alcance são inestimáveis. Embates filosóficos sobre a linguagem, aprendizagem e memória intensificaram-se com o estudo da Inteligência Artificial. Os desafios, a aplicabilidade e os rumos da Inteligência Artificial são objeto de questionamentos incipientes e que amadurecem em uma velocidade incessante. A Quarta Revolução Industrial acelerou a inovação, a tecnologia e o desenvolvimento da Inteligência Artificial. A tendência é a utilização cada vez maior da Inteligência Artificial, mas ainda há muitas dúvidas dentro das mais diversas áreas do conhecimento, sobretudo no campo jurídico, tais como a legislação, a responsabilidade pelos atos praticados da Inteligência Artificial, os julgamentos repetidos, a transparência em sua utilização, dentre outros pontos relevantes.

O funcionamento da Inteligência Artificial, bem como seu alcance, é um tema de difícil conceituação, mas podemos sintetizar que é a Inteligência Artificial que prepara os computadores para realizarem tarefas que a mente é capaz de fazer. Ela utiliza técnicas diversas e se dedica a muitas tarefas diferentes, sendo inúmeras suas aplicações práticas (BODEN, 2020, p. 13).

É possível conceituar a Inteligência Artificial como um sistema computacional nascido para tomar decisões semelhantes aos seres humanos, isto é, a Inteligência Artificial tenta simular o cérebro humano por intermédio de algoritmos. A Inteligência Artificial também pode ser definida como um ramo da ciência da computação que se ocupa da automação do comportamento inteligente (TEIXEIRA; CHELIGA, 2020, p. 17). Ela é um campo da ciência, sendo uma ferramenta de resultados de estudos dentro da ciência da computação.

Fabio G. Cozman e Hugo Neri (2021, p. 21-22) pontuam que conceituar inteligência artificial é algo desafiador:

> A definição de Inteligência Artificial (IA) continua desafiadora em 2020. Uma definição ingênua é: a área que se ocupa de construir artefatos artificiais que apresentam comportamento inteligente. Atividade que envolve

> aparelhos digitais. Muitas inovações recentes creditadas à inteligência artificial decorrem simplesmente da automatização de tarefas quotidianas ou do uso de tecnologias já dominadas há algum tempo.
>
> É preciso filtrar um pouco os excessos e procurar se ater aos pontos que caracterizam mais fortemente as inteligências artificiais, mesmo que ainda tenhamos uma definição vaga da IA. Um agente inteligente de forma geral deve ser capaz de representar conhecimento e incerteza; de raciocinar; de tomar decisões; de aprender com experiências e instruções; de se comunicar e interagir com pares e com o mundo. Embora alguém possa imaginar cérebros biológicos artificiais, hoje toda a ação em IA está centrada em computadores digitais construídos a partir de silício.

Os objetivos da Inteligência Artificial são incomensuráveis. É preciso atentar-se em um primeiro momento para o foco tecnológico, por meio da utilização dos computadores para trabalhar os diversos métodos utilizados pela mente; o segundo ponto é o científico, ou seja, a partir da utilização de modelos e conceitos, visando responder questionamentos diversos. A Inteligência Artificial faz com que a Humanidade reflita sobre as escolhas e os caminhos a serem trilhados no futuro. É flagrante a presença da Inteligência Artificial nas diversas plataformas, em uma simples escolha de uma música, um filme, um livro, um produto a ser adquirido, um profissional de um determinado segmento. Enfim, a Inteligência Artificial está sempre presente para opinar e dar o seu parecer.

Para que exista a Inteligência Artificial, necessária se faz a existência dos computadores (máquinas físicas); é por intermédio deles que os cientistas definem como máquinas virtuais poderão pensar e dizer entre o certo ou o errado, entre o sim ou o não, entre o positivo ou o negativo. No campo do Direito, a Inteligência Artificial processa textos escritos por seus editores em milésimos de segundo e interpretam as tendências, linguagens de programação, palavras, comparações, projeções, dentre outras relevantes aplicações, sabendo-se que o modo como a informação é processada depende da máquina virtual a ser utilizada.

Sem dúvida, a grande revolução da Inteligência Artificial aconteceu com as novas descobertas em diferentes áreas do conhecimento, com o melhoramento das tecnologias da informação, de comunicação e com a grande produção e disponibilidade de dados (SILVA, 2019, p. 36).

A Inteligência Artificial é uma realidade! Ela aperfeiçoa processos e é a grande responsável pela transformação da indústria, do comércio e, de modo em geral, do consumo mundial. Assim como o petróleo deve ser refinado, os dados também precisam ser processados e refinados. E a Inteligência Artificial faz esse papel com grande eficiência e maestria. Responsáveis pela colheita de infinitas informações de dados a cada minuto, as grandes potências mundiais de tecnologia, tais como a *Microsoft*, o *Google*, o *Facebook*, a *Amazon*, a *Netflix* e a *Apple*, com fulcro na Inteligência Artificial, refinam e processam dados deixando ricos lastros do consumo e preferências diversas de cada ser humano.

Atualmente, "somos classificados, categorizados e pontuados em centenas de modelos com base em nossas preferências e padrões exibidos" (O'NEIL, 2020, p. 112). Hodiernamente é difícil imaginar um mundo sem a presença da Inteligência Artificial e suas incontáveis aplicações que estão presentes em quase todos os espaços da vida em sociedade, representando um dos motores da chamada Quarta Revolução Industrial (MEDON, 2020, p. 31).

O resultado dos Projetos de Lei ns. 5.051/2019, 21/2020 e 87/2021 gerou a redação do art. 4º, inciso I, que conceitua o sistema de Inteligência Artificial como "graus diferentes de autonomia, desenhado para inferir como atingir um dado conjunto de objetivos, utilizando abordagens baseadas em aprendizagem de máquina e/ou lógica e representação do conhecimento, por meio de dados de entrada provenientes de máquinas ou humanos, com o objetivo de produzir previsões, recomendações ou decisões que possam influenciar o ambiente virtual ou real".

Para a maioria[(2)] dos integrantes da Comissão de estudos para a regulamentação da Inteligência Artificial no Brasil (2022, p. 77-79), a conceituação da Inteligência

---

(2) "Os convidados, de modo geral, concordaram que não há uma definição consensual sobre a IA. GABRIELLE SARLET manifestou-se no sentido de que seria necessário estabelecer o que está se denominando de IA. De forma semelhante, PALOMA MENDES ressaltou que as dúvidas podem prejudicar o entendimento do que está sendo regulado. Por outro lado, IG BITTENCOURT pontuou que adotar qualquer definição específica poderia ser um risco e FABRO STEIBEL sugeriu não definir a tecnologia como gênero ou, alternativamente, definir também suas espécies. Sobre a questão, LOREN SPÍNDOLA afirmou que a definição adotada pelo PL n. 21, de 2020, seria satisfatória, enquanto RAQUEL LIMA SARAIVA defendeu que a referida definição não seria funcional para fins legais. Houve posições apontando que seria complexo delimitar a IA e que haveria necessidade de revisar as definições adotadas. CRISLEINE YAMAJI destacou que o setor bancário, entre outros, há tempos, utiliza tecnologias diversas, e que a adoção de um conceito muito amplo para a IA poderia trazer insegurança a outros sistemas informatizados que já existem e que, tradicionalmente, não são classificados como IA. SERGIO PAULO GALLINDO sugeriu que a IA fosse classificada como *software,* destacando as implicações tributárias e de propriedade intelectual da questão. Em sentido diverso, DIOGO CORTIZ sugeriu-se que IA seria uma área de conhecimento. COURTNEY LANG defendeu a definição de IA adotada pela OCDE, ressaltando a 'necessidade de focar mais em sistemas que aprendam do que em contextos específicos no ciclo da IA', ou seja, 'sistemas que realmente aprendam, em vez de incorporar *softwares* gerais que não necessariamente tenham a capacidade de realmente aprender e evoluir dessa maneira'. Para EIKE GRÄF, o escopo deve ser amplo, pois 'os aspectos devem ser tecnologicamente considerados não somente com relação a *machine learning*, mas devem abranger todos os sistemas de IA que corresponderiam à definição do problema'. HANS WOLFGANG MICKLITZ destacou que 'não há uma certeza com relação ao que a IA realmente é'. IRINA ORSSICH concordou que 'é algo muito controverso'. JAKE OKECHUKWU EFFODUH, no mesmo sentido, afirmou 'é algo difícil de definir' e que 'existem muitas formas de defini-la', mas ressaltou acreditar que 'essa declaração com relação ao escopo dessa definição não seja limitada'. INDRA SPIECKER GENANNT DÖHMANN também se manifestou no sentido de que 'não é exatamente o que os cientistas da computação acreditam ser um sistema de IA, mas se

Artificial é algo que não se pode afirmar categoricamente e que uma definição exata pode desdobrar equívocos na sociedade em geral.

1.2. Historicidade da inteligência artificial

A partir das revoluções industriais é possível compreender a evolução tecnológica até o surgimento e desenvolvimento da Inteligência Artificial. No período anterior à Revolução Industrial, pequenas máquinas davam suporte e valorização ao trabalho manual. As produções ocorriam em pequenas oficinas, nas casas dos próprios profissionais, organizados normalmente por familiares. A Primeira Revolução Industrial, entre 1760 a 1840, foi o primeiro e grande momento de alteração da produção artesanal pelas máquinas em fábricas (produção mecânica). Foi um período fértil à projeção de grandes inventores da época. A Primeira Revolução teve início na Inglaterra e seguiu para a Europa Ocidental e, posteriormente, os Estados Unidos. Com os novos mercados em crescimento, tais como a América do Sul, Índia e África, dois acontecimentos na Inglaterra impulsionaram a Primeira Revolução Industrial: o estabelecimento da burguesia inglesa e a reserva de carvão mineral. Igualmente nesse período, houve o aperfeiçoamento das grandes máquinas, com a ajuda do crescimento da mão de obra, proporcionada pelo êxodo rural dos trabalhadores da Inglaterra, o que acelerou o processo produtivo. Outro fator de grande destaque na Primeira Revolução Industrial foi a utilização da máquina a vapor, projetada inicialmente, em 1698, por Thomas Newcomen e aprimorada, em 1765, por James Watt. As máquinas a vapor impulsionaram tanto a tecelagem que contribuíram para o aumento da velocidade da linha de produção de tecido nas indústrias, além do transporte de mercadorias, o que ensejou melhor velocidade e aceleração da comercialização e do aprimoramento da economia na Inglaterra. Com a exportação e o aumento da produção, um número maior de pessoas teve acesso aos produtos.

A Segunda Revolução Industrial, entre 1850 e 1945, período em que houve uma considerável mudança e transição da tecnologia a vapor para as indústrias elétricas, petróleo, aço, química, linha de montagem, o que possibilitou a produção em massa. De destacar-se que a Primeira e Segunda Guerras Mundiais foram fatores determinantes para a inovação durante a Segunda Revolução Industrial. Para Tarcisio Teixeira e Vinicius Cheliga (2020, p. 45), quando da Segunda Revolução Industrial, decorreu o início da consolidação da Alemanha e dos Estados Unidos como grandes potências industriais, unindo-se à França e ao Reino Unido.

Após 1945, temos o início da Terceira Revolução Industrial, com o término da Segunda Guerra Mundial e a vinda dos computadores, o aperfeiçoamento da eletrônica, a corrida espacial, a automatização das fábricas, a robótica, a era da informação, a internet,

---

vimos o que tem sido colocado aí, por influências e outros no meio ambiente, é algo bem difícil de apontar especificamente."

Disponível em: https://legis.senado.leg.br/comissoes/comissao?codcol=2504. Acesso em: 21 dez. 2022.

dentre outros relevantes fatores, impulsionados, sobretudo, pela Guerra Fria e pela mudança do milênio. Para Klaus Schwab (2019, p. 16), a Terceira Revolução Industrial, também conhecida como revolução digital ou do computador, teve início na década de 1960, tendo sido impulsionada pelo desenvolvimento dos semicondutores, da computação pessoal e da internet.

Com a Quarta Revolução Industrial, desencadeada no início do século XXI, o avanço desenfreado na alta conectividade, a comunicação e a exposição maciça de informações e dados, surgiu uma nova perspectiva para o mundo. A Inteligência Artificial, a internet das coisas[(3)], o *blockchain*[(4)], as diversas plataformas digitais afloraram na sociedade. Ao mesmo tempo em que essas intensas mudanças são vistas com bons olhos, o perigo também é algo preocupante para a história humana. A Quarta Revolução Industrial tem sido, assim, a grande responsável por profundas transformações, como nos relacionamos no trabalho e na vida em geral.

Klaus Schwab (2019, p. 13-16) aponta três fundamentos que sustentam a ocorrência da Quarta Revolução Industrial, quais sejam: a velocidade; a amplitude-profundidade; e o impacto sistêmico. Tal revolução global afetará todos os países, economias e setores. Ademais, a Quarta Revolução Industrial é caracterizada por sensores menores e mais poderosos, que se tornaram mais baratos pela Inteligência Artificial e a consequente aprendizagem automática. Ela cria um mundo onde os sistemas físicos e virtuais de fabricação cooperam de forma global e flexível. Isso permite a total personalização de produtos e a criação de novos modelos operacionais.

Analisando-se o desenvolvimento e caminhar da Inteligência Artificial, pode-se dizer que as máquinas de calcular nascidas no século XVII foram as primeiras manifestações para a evolução de que advieram os computadores modernos. Blaise Pascal[(5)] gerou 50 protótipos de máquinas, com as funcionalidades de subtração e somas, batizadas como máquinas de calcular de Pascal ou Pascolines. Já as funcionalidades de divisão e multiplicação foram adicionadas por Gottfried Wilhelm (von) Leibniz[(6)].

---

(3) A expressão internet das coisas foi criada no ano de 1999 por Kevin Ashton, pesquisador britânico do *Massachusetts Institute of Technology* (MIT). *Internet of Things* (IoT) é uma referência à habilidade de diferentes tipos de objetos conseguirem estabelecer conexão com a internet, desde eletrodomésticos até carros. Disponível em: https://www.tecmundo.com.br/internet/230884-internet-coisas-entenda-funciona.htm. Acesso em: 11 jul. 2022.

(4) Expressão também conhecida como "cadeia de blocos", é a sequência utilizada de blocos de dados para as as transações que deram o nascimento às criptomoedas, sobretudo a *Bitcoin*. É umas das mais promissoras inovações tecnológicas modernas.

(5) Blaise Pascal. Matemático, escritor, físico, inventor, filósofo e teólogo católico francês. Os primeiros trabalhos de Pascal dizem respeito às ciências naturais e ciências aplicadas. Contribuiu significativamente para o estudo dos fluidos. Nascido em 19 de junho de 1623, em Clermont-Ferrand, França; falecimento em 19 de agosto de 1662, Paris, França.

(6) Gottfried Wilhelm Leibniz. Filósofo alemão. Personagem central na história da matemática e na história da filosofia. Idealizador do cálculo diferencial e integral. Nascido em 1 de julho de 1646, Lípsia, Alemanha; falecimento: 14 de novembro de 1716, Hanôver, Alemanha.

Ada Lovelace[7], na década de 1840, em linhas paralelas já falava sobre a Inteligência Artificial, mediante a utilização da lógica e símbolos. No entanto, ela não tecia comentários sobre as redes neurais, tampouco se voltou para o objetivo psicológico da Inteligência Artificial, já que seu interesse era meramente tecnológico (BODEN, 2020, p. 20).

Entre os séculos XIX e XX, várias construções matemáticas contribuíram para a Inteligência Artificial, tais como a Álgebra Booleana[8], a Lógica Formal[9] e o Cálculo de Lambda[10]. A ciência da computação e a Inteligência Artificial utilizaram-se de tais instrumentos como verdadeiros alicerces.

Na sequência histórica traçada por Margaret A. Boden (2020, p. 21):

> Lovelace disse, por exemplo, que uma máquina "poderia compor peças musicais elaboradas e científicas de qualquer nível de complexidade e alcance", e também poderia transmitir as realidades magníficas do mundo natural, possibilitando uma época gloriosa na história das ciências. (Portanto, ela não teria se surpreendido ao constatar que, dois séculos depois, cientistas estão usando Big Data e truques de programação especialmente concebidos para fazer avançar o conhecimento em genética, farmacologia, epidemiologia... a lista é infinita). A máquina que Lovelace tinha em mente era a máquina analítica. Esse aparelho com engrenagem e cremalheiras (nunca terminado) tinha sido projetado em 1834 por seu grande amigo Charles Babbage. Apesar de voltado para a álgebra e os números, equivalia basicamente a um computador digital de uso pessoal. Ada Lovelace reconheceu a generalidade potencial da máquina e sua capacidade de processar símbolos que representavam "todos os assuntos do universo". Ela também descreveu diversos princípios de programação moderna: armazenamento de programas, sub-rotinas encaixadas hierarquicamente, endereçamento, microprogramação, *loop*, condicionais, comentários e até mesmo *bugs*. Mas não disse nada como, exatamente, a composição musical ou o raciocínio científico poderia ser instalado na máquina de Babbage. Sim, a IA era possível — mas como torná-la realidade ainda era um mistério.

(7) Augusta Ada Byron King, condessa de Lovelace. Matemática e escritora inglesa. Reconhecida por ter escrito o primeiro algoritmo para ser processado por uma máquina, a máquina analítica de Charles Babbage. Nascida em 10 de dezembro de 1815, Londres, Reino Unido; falecimento em 27 de novembro de 1852, Marylebone, Londres, Reino Unido.

(8) A Lógica Booleana inspirou o funcionamento dos sistemas digitais.

(9) A Lógica Formal contribuiu para a construção teórica das provas formais de sistemas.

(10) O Cálculo de Lambda é um sistema formal que permite a implementação de funções nas provas do conceito de computabilidade.

Alan Turing[11], também conhecido como o pai da computação, concluiu, em 1936, que qualquer cálculo pode ser realizado por meio de um sistema matemático, o que atualmente é denominado de máquina universal de Turing. Nessa máquina, um sistema modifica combinações de símbolos binários.

Em 1921, a palavra "robôs" foi utilizada pela primeira vez na República Tcheca, na peça de teatro R. U. R. (*Rossumovi Univerzální Roboti*; em inglês *Rossum's Universal Robots*; em português, Robôs Universais de Rossum), de Karel Capek; a palavra, nesse contexto, significa "trabalho compulsório". Relata Bruno Zampier (2020, p. 19-20), que, entre as décadas de 1930 e 1940, Isaac Asimov, escritor norte-americano nascido na Rússia, concebeu relatos de robôs com objetivos específicos para proporcionar melhorias aos seres humanos. Asimov foi o responsável pelas conhecidas Três Leis da Robótica, publicadas em 1942:

> a) Um robô não pode ferir um ser humano ou, por inação, permitir que um ser humano venha a ser ferido;
>
> b) Um robô deve obedecer às ordens dadas por seres humanos, exceto nos casos em que tais ordens entre em conflito com a Primeira Lei;
>
> c) Um robô deve proteger sua própria existência, desde que tal proteção não entre em conflito com a Primeira ou com a Segunda Lei (ZAMPIER, 2020, p. 20).

O neurologista e psiquiatra Warren McCulloch, em 1940, trabalhou com o cálculo lógico das ideias imanentes na atividade nervosa. Bertrand Russel estudou a lógica proporcional, e Charles Sherrington, a teoria das sinapses neurais. Em 1948, em Manchester, Turing foi um dos responsáveis em projetar o primeiro computador. Foi em 1950 que o chamado "teste de Turing" iniciou a defesa da Inteligência Artificial com a identificação de questões complexas do processamento de informações contidas na inteligência (redes neurais e comutação evolutiva). Turing realizou seu teste simulando que uma máquina seria um ser humano e que um novo diálogo haveria entre os dois, porém, o ser humano não saberia informar se a conversa estava sendo realizada com um computador ou efetivamente com um ser humano. Os *chatbots*[12] são exemplos da invenção de Turing.

---

(11) Alan Mathison Turing. Matemático, cientista da computação, lógico, criptoanalista, filósofo e biólogo teórico britânico. Influente no desenvolvimento da ciência da computação teórica, proporcionando uma formalização dos conceitos de algoritmo e computação com a máquina de Turing, que pode ser considerada modelo de um computador de uso geral. Nascido em 23 de junho de 1912, Maida Vale, Londres, Reino Unido; falecimento em 7 de junho de 1954, Wilmslow, Reino Unido.

(12) *Chatbot* é uma espécie de programa de computador que busca imitar um ser humano na conversação e interação com as pessoas. Seu principal objetivo é o de responder perguntas de modo que as pessoas tenham a sensação de que, de fato, estão conversando com outra pessoa e não efetivamente com um programa computacional.

O ponto principal da lógica proporcional é que ela é binária. Supõe-se que cada sentença (também chamada de proposições) seja verdadeira ou falsa. Não existe nenhum meio-termo, nenhuma aceitação da incerteza ou da probabilidade. Somente dois "valores--verdade" são permitidos, a saber, o verdadeiro e o falso (BODEN, 2020, p. 23).

Alan Turing não conseguiu desenvolver a Inteligência Artificial em sua plenitude porque a tecnologia disponível na época era rudimentar. Apenas na década de 1950, máquinas mais sofisticadas foram desenvolvidas em linguagens de programação. Na mesma década, Arthur Samuel desenvolveu um programa simulando um jogador de damas. O programa saiu-se vitorioso diante de seu próprio criador. Na década de 1950, a máquina de Teoria Lógica também apontou 18 teoremas lógicos. Mas, logo em seguida, o Solucionador de Problemas Gerais (GPS) superou a máquina de Teoria Lógica.

Várias formas de Inteligência Artificial foram estudadas e desenvolvidas no final da década de 1960. Em 1956, na Conferência *Dartmouth Summer Reserarch Project on Artificial Inlelligence*, por intermédio de John McCarthy, deu-se o primeiro evento referindo-se explicitamente sobre o tema Inteligência Artificial; antes da referida conferência, o termo utilizado era "simulação computacional". O referido evento reuniu grandes estudiosos para debater o pensamento do futuro e foi considerado como o marco zero para o desenvolvimento da Inteligência Artificial. Foi nesse momento que despontaram novos programas, como linguagem de programação, teoremas geométricos, dentre outros.

Sobre o aprendizado auto-organizado, Margaret A. Boden (2020, p. 34) afirma:

> Em 1958, porém, uma ambiciosa teoria da neurodinâmica — que descrevia sistemas de processamento paralelo capazes de aprendizado auto-organizado a partir de uma base aleatória (e tolerantes a erro) — foi apresentada por Franklin Rosenblatt, e parcialmente implantada em sua máquina fotoelétrica Perceptron. Ao contrário de Pandemonium, ela não precisava que os padrões de entrada de dados fossem pré-analisados pelo programador. Embora essa nova forma de conexionismo não pudesse ser ignorada pelos simbolistas, ela foi imediatamente desprezada. Minsky lançou uma crítica feroz na década de 1960, afirmando que os perceptrons eram incapazes de calcular coisas básicas.

Após 1960, estudiosos em *cibernética*(13) passaram a refletir sobre a computação gráfica, mediante o aprendizado associativo em geral, o que, de certa forma, mais se aproximava da cibernética do que efetivamente da Inteligência Artificial simbólica.

---

(13) Cibernética é uma temática e ciência interdisciplinar. A cibernética trata do estudo científico do controle e comunicação. É uma ciência que tem como foco o estudo comparativo dos sistemas e mecanismos de controle automático, regulação e comunicação nos seres vivos e nas máquinas. Em outras palavras, é uma tentativa de compreender a comunicação, o controle de máquinas, os seres vivos e os grupos sociais por meio de analogias com as máquinas eletrônicas.

Em 1965, Gordon Moore, presidente da Intel e inventor do circuito integrado(14), observou que a área de superfície de um transistor (conforme embutida em um circuito integrado) estava sendo reduzida em, aproximadamente, 30% a cada 12 meses (KURZWEIL, 2007, p. 42).

Joseph Weizenbaum, em 1966, concebeu o programa ELIZA. Por intermédio desse simples programa, o foco era a pesquisa de conversas engessadas e cotidianas com as consequentes respostas também padronizadas. O ELIZA tentava demonstrar o entendimento da conversa, semelhante a um *chatbot*.

Na década de 1970, houve uma fragmentação da Inteligência Artificial. O Dentral foi pioneiro desses programas, conseguindo apresentar soluções para estruturas moleculares orgânicas a partir da espectrometria de massa das ligações químicas presentes em uma molécula desconhecida, desencadeando para outras áreas como o reconhecimento de linguagem natural e a medicina (TEIXEIRA; CHELIGA, 2020, p. 51).

Para Anita Maria da Rocha Fernandes (2008, p. 02), ocorreu, na década de 1970, uma verdadeira transformação na era computacional acarretando a criação dos sistemas especialistas, com o objetivo de os cientistas de IA desenvolverem programas de computador que pudessem "pensar":

> Em Cingapura, desde 1980, os sistemas especialistas são utilizados em setores bancários, área financeira, na manufatura, entre outros. Pode-se citar um dos importantes sistemas especialistas desenvolvidos: (i) *Audit Expert System*, no setor de contabilidade; (ii) *Credit Evoluation*, no setor bancário; (iii) *Inteligent Fuzzy Logic Tutor*, no setor de educação.
>
> No Japão, tem-se desenvolvido um grande número de sistemas especialistas para diagnósticos, planejamento, escalonamento e para indústrias pesadas. Aplicações de sistemas especialistas associados à logica difusa estão se multiplicando, principalmente na área de eletrodoméstico.
>
> Nos Estados Unidos existem várias tendências no uso dos sistemas especialistas, como, por exemplo: (i) um movimento contínuo em direção à integração e aos sistemas híbridos; (ii) ênfase para o problema de "solução de negócios"; (iii) crescimento de tendência de sistemas de informação "ativos", ampla base de conhecimento, compartilhamento deste conhecimento e sistemas inteligentes híbridos; (iv) necessidade de fornecer suporte de alto nível para pesquisa de inteligência artificial; (v) uso de metodologias estruturadas para desenvolvimento de sistemas especialistas.

(14) Lei de Moore é uma técnica e expressão utilizadas em homenagem a Gordon E. Moore no que tange à tendência histórica da indústria de processadores e microchips, que aponta que o número de transistores dos chips teria um aumento de 100%, pelo mesmo custo, a cada lapso temporal de dois anos. Esse estudo serve de base e parâmetro para muitos dispositivos digitais.

A Inteligência Artificial tem se concentrado na aplicação prática, o que acarretou o nascimento de projetos importantes, tais como o projeto de computadores de 5ª geração do Japão; o projeto Alvey, da Inglaterra; o projeto Esprit, da comunidade europeia; o projeto Arranque, da Rússia e o programa Darpa, dos Estados Unidos (ARTERO, 2009, p. 21).

Stuart Russell e Peter Norvig (2013, p. 26) refletem sobre o que a Inteligência Artificial pode fazer na atualidade. E como resposta apontam inúmeras tarefas em vários subcampos, tais como veículos robóticos, reconhecimento de voz, planejamento autônomo e escalonado, jogos, combates a *spam*, planejamentos logísticos, robótica, tradução automática, dentre outras aplicações.

A "*European Conference on Artificial Intelligence*" (ECAI), em Orsay, na França, em 1982, foi um dos principais grandes eventos sobre a Inteligência Artificial. Algumas aplicações na prática da Inteligência Artificial foram desvendadas no final da década de 1990, tais como jogadores artificiais de xadrez vencendo os grandes campeões mundiais, os automóveis sendo dirigidos automaticamente, além dos campeonatos de futebol de robôs.

Entre 1996 e 2017, ocorreu um período próspero científico em que se detectou um crescimento de publicações anuais de importantes artigos em Inteligência Artificial e, entre 2015 a 2018, houve um aumento em *startups* em Inteligência Artificial na ordem de 113% (SILVA, 2019, p. 43).

Os progressos da Inteligência Artificial são exponenciais.

Impulsionada pelo aumento exponencial da capacidade de processamento e pela disponibilidade de grandes quantidades de dados, desde *softwares* usados para descobrir novos medicamentos até algoritmos que preveem nossos interesses culturais. Muitos desses algoritmos apreendem a partir das "migalhas" de dados que deixamos no mundo digital. Isso resulta em novos tipos de "aprendizagem automática" e detecção automatizada que possibilitam robôs "inteligentes" e computadores a se autoprogramar e encontrar as melhores soluções a partir de princípios iniciais (SCHWAB, 2019, p. 19).

Com a Pandemia mundial do Coronavírus, inúmeros feitos com o auxílio da Inteligência Artificial eclodiram na sociedade. A título exemplificativo, a Universidade Estadual de Campinas (UNICAMP) desenvolveu um teste com o auxílio da Inteligência Artificial que busca o diagnóstico dos casos de Covid-19. A Inteligência Artificial encontra grupos de moléculas no sangue que apontam a infecção, além da informação de probabilidade do desenvolvimento da doença de forma grave[15]. Em breve, num futuro

(15) "Um método que permite diagnosticar a COVID-19 em cerca de 20 minutos – com baixo custo e sem a necessidade de reagentes importados — foi descrito por pesquisadores brasileiros em artigo divulgado na

próximo, por intermédio da Inteligência Artificial, até mesmo a prevenção de grandes pandemias mundiais poderá ser o caminho a ser trilhado.

Por sua vez, a Inteligência Artificial passa a ser a grande responsável por tomar decisões e filtrar as informações. Tarcisio Teixeira e Vinicius Cheliga (2020, p. 55) descrevem a aproximação da Inteligência Artificial com o ser humano:

> Grandes empresas usam mais inteligência artificial para a interação com as pessoas. Carros autônomos surgem controlados por inteligência artificial abastecida por inúmeros sensores. A internet das coisas toma conta das ruas e das casas, como uma inteligência artificial filtrando as informações e tomando decisões. A inteligência artificial é a grande mente da quarta revolução industrial. Um esperado marco da inteligência artificial dentro da quarta revolução industrial é que a inteligência artificial chegue a um ponto em que consiga fazer parte de um conselho de administração, seja de uma empresa, seja de um governo, contribuindo de maneira mais profunda para a tomada de decisões. Com isso se espera que a tomada de decisões seja mais assertiva, que apresente ganho de trabalho e produção, eliminação de burocracia e avanço nas ciências.

Outro marco importante e recente sobre o funcionamento e aplicabilidade da Lei Geral de Proteção de Dados ocorreu em 2016[(16)], com a regulação de proteção de dados da União Europeia (Regulamento n. 2016/679), mas até o presente momento a Comissão Europeia mantém intensos estudos sobre a Inteligência Artificial.

Quanto ao Brasil, até a década de 1980, não constavam relatos de estudos e presença de brasileiros nas principais conferências internacionais sobre Inteligência Artificial. Hugo

plataforma medRxiv, ainda sem revisão por pares. O sistema usa algoritmos de inteligência artificial capazes de reconhecer em amostras de plasma sanguíneo de pacientes um padrão de moléculas característico da doença. Segundo os autores, também é possível identificar, entre os casos confirmados, os indivíduos com maior risco de desenvolver manifestações graves, como insuficiência respiratória. O projeto é apoiado pela FAPESP e envolve pesquisadores da Universidade Estadual de Campinas (Unicamp) e da Universidade de São Paulo (USP), além de colaboradores no Amazonas. Para chegar ao resultado, os pesquisadores coletaram ao longo do último ano amostras de 1 mil pessoas que tiveram Covid-19 e de outras 1 mil que desenvolveram outras patologias, mas não foram infectadas pelo coronavírus. O trabalho vem sendo desenvolvido no Laboratório Innovare de Biomarcadores, durante o doutorado de Jeany Delafiori, e integra uma linha de pesquisa que combina técnicas de metabolômica e aprendizado de máquina para buscar marcadores capazes de auxiliar o diagnóstico de doenças como zika, dengue hemorrágica, fibrose cística, diabetes e outros distúrbios metabólicos. Segundo os dados do artigo, o método alcançou 97,6% de especificidade e 83,8% de sensibilidade para o diagnóstico da doença no teste cego. Já em relação à análise de risco para manifestação grave a especificidade foi de 76,2% e a sensibilidade foi de 87,2%". Disponível em: https://www.unicamp.br/unicamp/noticias/2020/08/03/tecnica-usa-inteligencia-artificial-para-diagnosticar-covid-19-e-prever-risco. Acesso em: 17 out. 2021.

(16) Disponível em: https://eur-lex.europa.eu/legal-ontent/EN/TXT/?uri=CELEX%3A02016R0679-20160504&qid=1532348683434. Acesso em: 17 out. 2021.

Neri (2021, p. 36) destaca o pesquisador Emmanuel P. Lopes Passos, que defendeu a primeira dissertação de mestrado em Inteligência Artificial no Brasil em 1971, intitulada *Introdução à prova automática de teoremas*, na Pontifícia Universidade Católica do Rio de Janeiro (PUC-Rio), sob orientação de Roberto Lins de Carvalho, também pioneiro em IA no Brasil. Em 1984, nasceu o evento chamado de *Brazilian Conference on Intelligent Systems* (BRACIS), antigo SBIA, que apontou para a necessidade de maior reflexão e transformações da comunidade-científica brasileira no tocante à Inteligência Artificial.

Hodiernamente, o Brasil tem se destacado nas pesquisas de Inteligência Artificial. A Fundação de Amparo à Pesquisa do Estado de São Paulo (FAPESP)(17) apontou que a produção acadêmica brasileira em Inteligência Artificial é a 12ª maior do mundo, com 1.236 publicações com participação de pesquisadores brasileiros em 2018. Os maiores produtores são China (1º), Estados Unidos (2º), Índia (3º) e Reino Unido (4º), com, respectivamente, 14.475, 8.649, 4.143 e 3.033 publicações. No Brasil, as cinco principais instituições com a maior produção acumulada entre 2014 e 2018 são a Universidade de São Paulo (USP), a Universidade Estadual de Campinas (UNICAMP), a Universidade Federal de Pernambuco (UFPE), a Universidade Federal de Minas Gerais (UFMG) e a Universidade Federal do Rio Grande do Norte (UFRN), (NERI, 2021, p. 53).

No Brasil, o debate sobre a regulamentação da Inteligência Artificial é atual em razão dos relevantes impactos sobre o país e um marco civil se aproxima. Em 2018, com a aprovação do Decreto n. 9.319/2018, deu-se início ao E-Digital (Estratégia Brasileira para a Transformação Digital), aliado às Portarias ns. 1.556/2018 e 1.122/2020, editadas pelo Ministério de Ciência, Tecnologia, Inovações e Comunicações (MCTIC). Em 2021, a Estratégia Brasileira de Inteligência Artificial (EBIA) produziu um relatório que aponta a urgente necessidade de confecção de políticas públicas sobre a temática "Inteligência Artificial".

1.3. Dos diferentes tipos de tecnologias baseadas em inteligência artificial

A Inteligência Artificial é um termo genérico passível de ser desmembrado em várias técnicas e subcampos distintos, a saber: *Machine learning, robotics, computer games, Deep learning*, dentre outros. Como visto, um dos principais objetivos da Inteligência Artificial é que as máquinas possam ter o desempenho semelhante e até mesmo superior ao ser humano.

Felipe Medon (2020, p. 80), citando Jacob Turner, aponta que a Inteligência Artificial presume a "habilidade de um ente não natural de fazer escolhas a partir de um

(17) *Revista Pesquisa Fapesp*, ed. 291, maio 2020. Disponível em: https://revistapesquisa.fapesp.br/revista/ver-edicao/?e_id=420. Acesso em: 17 out. 2021.

processo de avaliação". Com isso, a Inteligência Artificial é "qualquer inteligência artificialmente criada, isto é, um sistema de *software* que simula o pensamento humano num computador ou em outros dispositivos".

A Inteligência Artificial se revela em uma infinidade de aplicações práticas, tais como a escolha de perfis, imagens, áudios, vídeos, cores, números, textos, disponíveis em aparelhos celulares, carros autônomos, centrais telefônicas, redes sociais, atendimento aos consumidores, medicina, jogos, áreas jurídicas, dentre outras, com a sua utilização de tarefas específicas ou genéricas. Mas a mola propulsora da Inteligência Artificial foi a quantidade de dados disponíveis para a execução das tarefas diversas.

Destacam Fabio G. Cozman e Hugo Neri (2021, p. 21-22) que:

> Houve, em primeiro lugar, uma explosão de poder computacional, não apenas embutido em computadores pessoais, mas também em câmeras e telefones de todos os tipos, veículos, eletrodomésticos. Em segundo lugar, houve uma explosão na quantidade de dados coletados de equipamentos e pessoas. Além disso, o aumento na coleta de dados foi acompanhado em uma maior disponibilidade de dados através de redes de computadores. A "mineração de dados" se tornou popular, bem como tecnologias de "inteligência empresarial" que se baseiam na análise de grandes quantidades de dados (em inglês, *business intelligence*). Por volta de 2010, a área estava pronta para resolver problemas práticos reais em escala nunca vista. O exemplo talvez mais importante daquele momento tenha sido o programa Watson, desenvolvido pela IBM, vencedor do jogo Jeopardy! contra campeões humanos em 2011. Esse programa apresentava considerável habilidade de compreender linguagem natural e raciocinar a partir de fatos e regras armazenados em grandes bases de conhecimento.

Para que a Inteligência Artificial simule a inteligência humana, algumas sequências relevantes devem ser observadas, a saber: o processamento de linguagem natural, a representação do conhecimento, o raciocínio automatizado, o aprendizado da máquina, a visão computacional e a robótica. "A partir de dados, uma função que relaciona um grande número de entradas — por exemplo, o conjunto de palavras em um texto — a um grande número de saídas – por exemplo, o conjunto de palavras que sumariza a entrada" (COZMAN; NERI, 2021, p. 25).

O primeiro ponto é o processamento de linguagem natural, que é a capacidade de uma máquina de compreender um padrão natural de linguagem, ou seja, compor e entender textos (TEIXEIRA; CHELIGA, 2020, p. 25). É a execução da análise sintática, morfológica e semântica. Com isso, a Inteligência Artificial interpreta os sentidos, cria resumos e retira informações relevantes.

O ponto subsequente é a representação do conhecimento. Nesse aspecto, a Inteligência Artificial cria um modelo de armazenamento de dados, com a ideia fulcral de simplificação da realidade, transformando problemas em buscas, desprezando o desnecessário e armazenando o que é relevante. Várias técnicas podem ser utilizadas para a execução da Inteligência Artificial, tais como a busca heurística, o planejamento, a simplificação matemática, a representação de conhecimento, os programas baseados em regras, a lógica, a visão computacional, o aprendizado de máquina, os sistemas generalistas, dentre outros, conforme abaixo detalhados.

Para Fernanda de Carvalho Lage (2021, p. 45), a Inteligência Artificial pode ser classificada em dois tipos: i) a primeira, Inteligência Artificial baseada na funcionalidade, isto é, que classifica a Inteligência Artificial semelhante à mente humana, bem como sua capacidade de pensar e sentir como os seres humanos; ii) a segunda, a Inteligência Artificial baseada na capacidade, mais atrelada ao setor da tecnologia[(18)].

Fabio G. Cozman e Hugo Neri (2021, p. 26) preferem pontuar a Inteligência Artificial em torno de três eixos, quais sejam: a representação de conhecimento, a tomada de decisão e o aprendizado, eixos que "se relacionam a respeitáveis campos do saber humano".

> Representação de conhecimento é domínio da epistemologia; raciocínio é central em lógica. De forma similar, tomada de decisão é tópico basilar em campos como psicologia, economia, engenharia e direito; aprendizado de máquina trata de assuntos da pedagogia, mas também de técnicas estatísticas para processamento de dados. Em vista disso, sólidos conceitos desenvolvidos em outras áreas têm sido importados para a área de IA. Mas a perspectiva adotada pela área de IA é certamente nova.

---

(18) "A inteligência artificial baseada na funcionalidade não armazena memórias ou experiências passadas para ações futuras, a saber: a) máquinas reativas: uma forma básica de inteligência artificial. Ela não tem memória passada ou dados históricos para usar e tomar decisões atuais. Trabalham com o presente. b) memória limitada: aqui o sistema de inteligência artificial se vale de experiências passadas para tomar decisões futuras, mas a memória é de curta duração ou limitada; c) máquinas cientes: neste caso as máquinas pensam como um ser humano, onde é possível ter pensamentos, emoções e até a possibilidade de interagir; d) máquinas autoconscientes: nessa hipótese a inteligência artificial e as máquinas são autoconscientes semelhantes aos seres humanos.

Já a inteligência baseada na capacidade pode ser: a) fraca: só pode executar determinadas tarefas dedicadas com inteligência. É limitada para determinados conjuntos e treinada para executar tarefas determinadas. São simulações de comportamentos inteligentes; b) forte: é o modelo que pode executar qualquer tarefa ou problema em qualquer domínio. Neste caso, a inteligência artificial emite pensamento; c) geral: construída com foco em desenvolver sistemas que podem funcionar de maneira semelhante ao cérebro humano; d) específica: nascida para a resolução de um problema pontual. Parte do Poder Judiciário tem se valido desta inteligência artificial para classificação de atos e peças processuais; e) super inteligência: aqui é a mais complexa de todas, em que o sistema supera a inteligência humana. São máquinas que executam qualquer tipo de tarefa, podendo pensar, fazer julgamentos, raciocinar, dentre outras habilidades inimagináveis" (LAGE, 2021, p. 45-46).

Para a ideal identificação dos diferentes tipos de Inteligência Artificial, é necessária a compreensão dos algoritmos. O algoritmo é um tema de difícil conceituação. Seu conceito e aplicabilidade evoluíram ao longo dos últimos anos e podem ser estudados sob diversas óticas. Pode-se conceituar um algoritmo, de forma simplificada, como um passo a passo, contendo regras a serem obedecidas em operações, com o objetivo de solucionar problemas. Os algoritmos são instruções matemáticas levadas a um computador que o orientam a solucionar a resposta de um problema.

Para Marcelo Viana (2021)[(19)]:

> A palavra "algoritmo" deriva do nome do matemático e astrônomo muçulmano Muhammad ibn Musa al-Khwarizmi (c.780–c.850), autor de uma das obras mais importantes da matemática medieval, traduzida para o latim no século 12 sob o título "Algoritmi de Numero Indorum" ("Al-Khwarizmi a respeito dos números hindus"). Inicialmente, ela se referia ao estudo do sistema decimal de numeração criado pelos hindus, mas seu sentido evoluiu muito ao longo dos séculos.

O algoritmo é o fio condutor da inovação tecnológica. Nota-se que o foco de um algoritmo é a resolução de um problema com a compreensão das estruturas de dados aplicáveis a qualquer ciência. Um algoritmo tem seu objetivo semelhante ao de um programa de computador. Contudo, um programa está atrelado às tarefas síncronas de um computador; já o algoritmo é a imaginação ou um conjunto de formas de resolver problemas diversos.

A Resolução n. 332 do Conselho Nacional de Justiça[(20)], de 21 de agosto de 2020, em seu art. 3º, considera o algoritmo como uma "sequência finita de instruções executadas por um programa de computador, com o objetivo de processar informações para um fim específico".

Para Fernanda de Carvalho Lage (2021, p. 37), é possível concluir que: "i) o principal objetivo de um algoritmo é obter uma saída específica; ii) um algoritmo possui várias etapas contínuas; iii) a saída ocorre após o algoritmo concluir todo o processo".

Um algoritmo opera de forma lógica e pode ter início de forma simplificada e, à medida que novos dados são introduzidos, torna-se cada vez mais complexo. Os antigos estudiosos sempre se utilizaram dos algoritmos, isto é, cálculos matemáticos, mas a grande diferença para a atualidade diz respeito à utilização da ferramenta computacional. Por

(19) Disponível em: https://impa.br/noticias/de-que-maneira-os-algoritmos-aprendem-suas-tarefas/. Acesso em: 22 maio 2022.

(20) Disponível em: https://atos.cnj.jus.br/atos/detalhar/3429. Acesso em: 03 jan. 2023.

intermédio dos algoritmos, matemáticos e estatísticos estudam os desejos, movimentações e o poder de compra dos consumidores. Eles preveem a credibilidade e calculam o potencial dos cidadãos enquanto estudantes, trabalhadores, dentre outros (O'NEIL, 2020, p. 7). Os algoritmos auxiliam a livrar-se dos piores resultados e a posicionar os melhores, aperfeiçoando-os, enfim.

Por intermédio de entradas e saídas, um algoritmo consegue identificar procedimentos específicos para alcançar resultados esperados. São etapas que realizam cálculos, tomam decisões e também resolvem inúmeros problemas. Os computadores são aptos a entender as etapas dos questionamentos. As aplicações de um algoritmo são diversas, utilizadas comumente para agendamentos, pesquisas, classificações, probabilidades e transformações; trata-se de uma importante propriedade intelectual.

São diversos os tipos de algoritmos, mas sinteticamente é possível reduzi-los a três:

> i) Sequência: este tipo de algoritmo é caracterizado por uma série de etapas, e cada etapa será executada uma após a outra;
>
> ii) Conexão: é representado por problemas "se". Se uma condição for verdadeira, a saída é A, se a condição for falsa, a saída é B. Esse tipo de algoritmo também é chamado de "tipo de seleção".
>
> iii) Repetição: para este tipo, o processo deve ser executado repetidamente sob uma determinada condição. É representado pelos problemas "sim" e "não". É necessário, contudo, que o processo termine após um certo número de *loops*, repetições. (LAGE, 2021, p. 39).

A presença dos algoritmos é cada vez mais certa no dia a dia. Empresas de *Big Data*(21), como o *Google*, aplicam testes diversos e monitoram milhares de variáveis. "Eles podem mudar as cores de letras de um único anúncio, de azul para vermelho, exibir cada versão a dez milhões de pessoas e registrar quais dessas versões ganham mais cliques. Eles usam esse retorno para afiar seu algoritmo e fazer o ajuste fino da operação" (O'NEIL, 2020, p. 12).

Enfim, como se pode observar, os algoritmos buscam, de forma incessante, atingir e refinar finalidades diversas. Por outro lado, uma reflexão sombria destacada por Cathy O´Neil, em sua obra "Algoritmos de Destruição em Massa", aponta que tais ferramentas podem acelerar a desigualdade e, até mesmo, atrapalhar a democracia. Um algoritmo pode constituir um modelo crucial e secreto para um negócio. Destacam-se os gigantes

(21) A terminologia *Big Data* é corriqueiramente utilizada na área da Tecnologia da Informação e remete ao grande volume de dados estruturados gerados a cada segundo. Esses grandes volumes de dados precisam ser processados e também armazenados. Estudiosos apontam que o *Big Data* se iniciou com os três "V", isto é, Volume, Velocidade e Variedade.

da *web*, tais como Google, Amazon e Facebook, pois seus algoritmos sozinhos valem centenas de bilhões de dólares e são caixas impenetráveis. Cabem aqui algumas reflexões: O modelo funciona contra os interesses do sujeito? O modelo é injusto? Ele danifica ou destrói vidas? (O'NEIL, 2020, p. 47).

Os algoritmos internalizam dados de maneira que criam dificuldade para auditabilidade e compreensão precisas. Tal dificuldade afeta princípios e propósitos para uma proposta de IA robusta e deve ser conscientemente observada (BONAT; PEIXOTO, 2020, p. 51).

Na conjugação da Inteligência Artificial com o algoritmo, pode-se dizer que a Inteligência Artificial é dependente de um algoritmo para seu devido funcionamento, isto é, não é aplicação tão somente da computação, mas, sim, em harmonia com a Lógica, com a Matemática, dentre outras variantes das ciências.

Outro assunto relevante nas novas tecnologias é a heurística, que tem a mesma raiz de *eureka,* significando descobrir, alcançar. É a arte de fazer descobertas; a ciência que tem por objeto principal a busca e alcance de fatos. Na história é possível identificar-se como sendo as pesquisas de fontes e documentos. Mas, no campo da informática, são métodos de investigação com fundamento na aproximação progressiva de um fato a problemas. A heurística tem como foco a facilitação da solução dos problemas, valendo-se, com isso, da Matemática e da Lógica. Para alguns, ela também é conhecida como "truques da computação". Assim, por intermédio da heurística, busca-se a simplificação de um problema complexo, fragmentando-o em reduzidas partes, caminhando da solução mais fácil até se obter a resposta ao problema principal.

Desse modo, a Inteligência Artificial e a ciência da computação buscam identificar as propriedades prováveis dos programas. As heurísticas são fundamentais para as pesquisas em Inteligência Artificial, tornando desnecessária a busca exaustiva (BODEN, 2020, p. 40). Um exemplo de utilização de heurística é relatado por Margaret A. Boden:

> Considerando-se diversas heurísticas, sua ordem de aplicação pode importar. Por exemplo: "Proteja a Rainha" deve ser levado em conta antes de "Proteja o Bispo" — muito embora esse ordenamento leve às vezes ao desastre. Diferentes ordenamentos definem diferentes árvores de busca dentro do espaço de busca. Definir e ordenar as heurísticas são tarefas cruciais da moderna IA (As heurísticas também são visíveis na psicologia cognitiva. Obras instigantes sobre "heurísticas rápidas e frugais", por exemplo, mostram como a evolução nos equipou com formas eficientes de resposta ao meio ambiente).
>
> O programa de xadrez Deep Blue, da IBM, que empolgou o mundo inteiro ao derrotar o campeão mundial Gary Kasparov em 1997, utilizava *chips* de

hardware dedicados que processavam 200 milhões de posições por segundo, produzindo qualquer jogada possível durante as oito jogadas seguintes.

No entanto, ele tinha de utilizar heurísticas para selecionar a "melhor" jogada dentre elas. E como suas heurísticas para selecionar a "melhor" jogada dentre elas. E como suas heurísticas não eram confiáveis, nem mesmo o Deep Blue derrotou Kasparov todas as vezes.

No que tange ao aprendizado de máquinas (*machine learning*), a Inteligência Artificial está caminhando a passos largos para se tornar cada vez mais independente. Os antigos e tradicionais algoritmos, treinados, até então, pelo homem para a execução de tarefas certas e definidas, já não são mais suficientes para acompanhar a Inteligência Artificial dentro do aprendizado das máquinas. Agora o algoritmo é treinado por si próprio. Assim, estão diante do *machine learning* (aprendizado de máquina). Com efeito, a máquina, com base em suas próprias atuações, tomará decisões diversas diante de situações semelhantes, uma vez que a máquina aprende com seus próprios atos e ações anteriores. Com a Inteligência Artificial dentro da *machine learning*, haverá uma substancial melhora do desempenho das máquinas inteligentes. "O termo *machine learning* ou aprendizado de máquina existe desde 1959 e é usado para referir-se a algoritmos que podem aprender a partir de dados e fazer predições" (SAMUEL, 2010, p. 210-229).

Daniel Henrique Arruda Boeing e Alexandre Morais da Rosa (2020, p. 95) destacam três relevantes grupos de robôs para o uso da *machine learnig* no Poder Judiciário: a) o Robô-Classificador; b) o Robô-Relator; c) o Robô-Julgador.

Nas palavras de Erik Navarro Wolkart e Daniel Becker (2021, p. 843), a *machine learning* funciona mediante algoritmos supervisionados.

> A forma mais simples de *machine learning* é aquela que emprega *algoritmos supervisionados,* na qual o sistema é alimentado com os dados lapidados e previamente escolhidos por seres humanos. Nesse caso, o conjunto de dados rotulados e a saída desejada são carregados no sistema. Enquanto é treinado, o modelo ajusta as suas variáveis para mapear as entradas para a saída correspondente. Um exemplo são os algoritmos utilizados pelos bancos para aprovar a concessão de empréstimos. Nesse caso, os dados analisados serão referentes ao histórico de crédito do cliente e as informações utilizadas para treinar o sistema são dados já rotulados como positivos ou negativos para a concessão de crédito.

De outro lado, "alguns profissionais consideram que o aprendizado de máquina é ciência e/ou estatística computacional – não inteligência artificial. Nesse caso, contudo, a fronteira não é nítida" (BODEN, 2020, p. 68). Dentro do aprendizado de máquinas, existem três categorias distintas: a supervisionada, a não supervisionada e o aprendizado de reforço.

No aprendizado *supervisionado,* o programador "treina" o sistema definindo um conjunto de resultados desejados para um conjunto de *inputs* (chamados de exemplos e não exemplos) e produzindo *feedback* constante que indica se ele os alcançou ou não. O sistema de aprendizagem gera hipóteses a respeito das características relevantes. Sempre que faz uma classificação incorreta, ele retifica sua hipótese de acordo com isso. Mensagens de erros específicas são cruciais (não simplesmente o *feedback* de que estava errado). No aprendizado *não supervisionado,* o usuário não fornece os resultados desejados nem as mensagens de erro. O aprendizado não supervisionado pode ser usado para descobrir conhecimento. Os programadores não precisam saber quais padrões/agrupamentos existem nos dados: o sistema os descobre sozinho. Finalmente, o aprendizado de *reforço* é guiado por análogos de recompensa e punição: mensagens de *feedback* informando o sistema de que o que ele acabou de fazer é bom ou ruim. Muitas vezes, o reforço não é apenas binário, mas representado por números – como o número de pontos em um videogame. "O que ele acabou de fazer" pode ser uma decisão isolada (como um movimento em um jogo), ou uma série de decisões (p. ex., jogadas de xadrez que terminam em xeque-mate). Em alguns videogames, o placar numérico é atualizado depois de cada jogada. Em situações extremamente complexas como o xadrez, o sucesso (ou fracasso) só é sinalizado depois de um grande número de decisões, e um procedimento de atribuições de crédito identifica as decisões que têm uma probabilidade maior de conduzir ao êxito.

O *machine learning* é uma técnica em que a máquina aprende de forma autodidata com as funções e, posteriormente, passa a tomar decisões sem a manifestação do homem. Com isso, o *machine learning* poderá propiciar o aprendizado de máquina com diversas funções, tais como, mineração de dados, leituras de exames de Raios X, tradução de línguas, diagnóstico de pintas pré-cancerosas, auxílio a braços mecânicos, condução veicular (MEDON, 2020, p. 81), enfim, uma infinidade de facilidades. Todas as tecnologias aqui tratadas já estão disponíveis graças à conexão dos computadores avançados e céleres e à conjugação da imensa quantidade de dados disponíveis.

É possível apontar a Inteligência Artificial sob a perspectiva de quatro categorias importantes (RUSSELL; NORVIG, 2013), são elas: "a) sistemas que agem como humanos; b) sistemas que pensam como humanos; c) sistemas que pensam racionalmente; d) sistemas que agem racionalmente".

Os computadores dobraram de velocidade a cada três anos no começo do século XX, a cada dois anos nas décadas de 1950 e 1960, e estão dobrando de velocidade a cada doze meses (KURZWEIL, 2007, p. 17).

Por intermédio do *machine learning*, as máquinas estão, cada vez mais, examinando nossos dados de forma autônoma e selecionando nossos desejos, nossos hábitos e nossas buscas. Isso é o aprendizado automático de máquinas. Com um oceano de dados disponíveis, o computador segue as instruções dadas pelos algoritmos, que modelam padrões e resultados (O´NEIL, 2022, p. 121).

Já o *Deep Learning* são técnicas mais avançadas de utilização de Inteligência Artificial mediante estudos sobre redes neurais profundas. No *Deep Learning*, as redes neurais artificiais são estruturadas em um modelo matemático (neurônio artificial), com foco e busca incessante de aprender com a sua própria experiência, semelhante a um neurônio biológico. Esses neurônios são interconectados, e os resultados são surpreendentes porque é possível encontrar padrões nos dados e estabelecer conexões lógicas ou relacionais. É uma combinação complexa de processos de extração, classificação e entrega. Enfim, produtos complexos da cognição humana são passíveis de reprodutibilidade do raciocínio jurídico e a possibilidade de referenciais abstratos de treinamento a partir de mapeamentos metodológicos de valores de determinado conjunto social, destacadamente pela utilização de *deep learning* (BONAT; PEIXOTO, 2020, p. 35). Para Brett Grossfeld[(22)], o que caracteriza o aprendizado profundo é que o próprio algoritmo detecta seus erros e realiza os ajustes necessários para aprimorar os resultados.

Figura 1 – Redes Neurais Simples

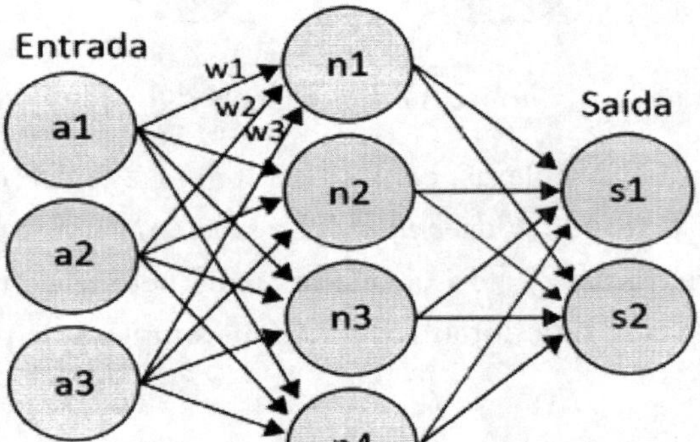

Fonte: Didática Tech[(23)].

Na figura 1, depara-se com uma rede neural simples, que tem apenas uma camada oculta de neurônios artificiais (n1, n2, n3 e n4) entre os dados de entrada-*input* (a1, a2, a3) e os dados de saída-*output* (s1 e s2) de uma determinada rede. Nota-se que os dados de entrada atravessam apenas uma camada de neurônios ocultos. Ao final, o valor de

(22) Disponível em: https://www.zendesk.com.br/blog/machine-learning-and-deep-learning/#georedirect. Acesso em: 08 abr. 2023.

(23) Disponível em: https://didatica.tech/introducao-a-redes-neurais-e-deep-learning/. Acesso em: 11 jul. 2022.

cada neurônio oculto será igual ao valor de cada dado de entrada *(input)*, atrelado as suas multiplicações e interações. Com isso, os *outputs* (neurônios de saída) têm valores definidos e os neurônios de saídas (s1 e s2) que obtiverem maiores valores serão os neurônios mais acessados, representando, assim, que o questionamento à controvérsia é equivalente ao resultado que esse neurônio de saída representa, mas a precisão da rede neural será definida pelo ajuste dos pesos de cada neurônio.

Figura 2 – Redes Neurais Complexas

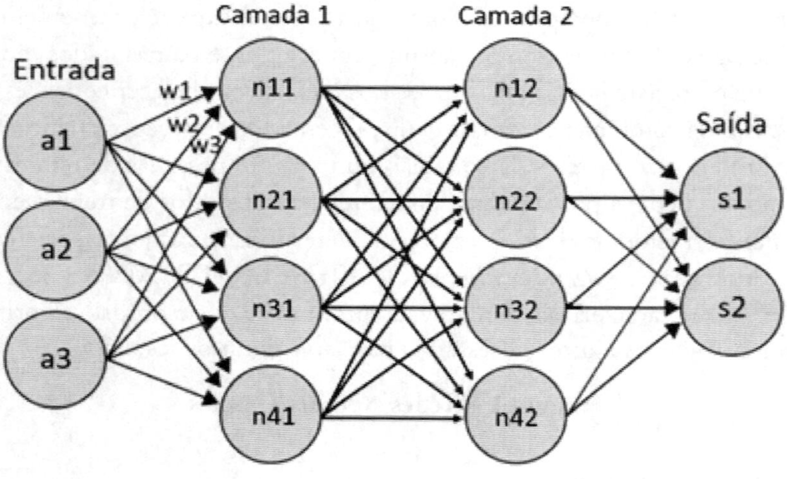

Fonte: Didática Tech[(24)].

Já as redes neurais complexas, conforme a figura 2, entre os dados de entrada-*input* (a1, a2, a3) e os dados de saída-*output* (s1 e s2), têm várias camadas adicionais (no exemplo acima as camadas 1 e 2). Veja-se que nas redes neurais complexas e profundas, a quantidade de cálculos será superior às redes neurais simples que perpassam por apenas uma camada.

Nos últimos meses, deu-se o lançamento do ChatGPT, que "é um modelo de linguagem desenvolvido pela OpenAI, uma organização de pesquisa em inteligência artificial com sede nos Estados Unidos"[(25)]. Uma nova revolução se deu com a tecnologia que utiliza a linguagem *Deep Learning* ou aprendizado profundo. "Ele foi criado com o objetivo de gerar texto de forma natural e conversacional, simulando a capacidade de compreensão e produção de linguagem humana"[(26)].

(24) Disponível em: https://didatica.tech/introducao-a-redes-neurais-e-deep-learning/. Acesso em: 11 jul. 2022.

(25) Disponível em: https://chat.openai.com/chat/b3120e3e-f297-43cf-bd7e-987674c65170. Acesso em: 12 mar. 2023.

(26) *Idem.*

> Essas técnicas permitem que o modelo seja treinado com grande quantidade de dados e informações, aprendendo a partir dos padrões e estruturas existentes nos dados e aprimorando sua capacidade de produzir textos coerentes e fluentes. O ChatGPT foi treinado com uma enorme quantidade de dados textuais, incluindo livros, artigos, *sites* da internet e outros tipos de conteúdo em diversos idiomas. Com base nesse treinamento, ele é capaz de responder a perguntas, fornecer informações, fazer sugestões e manter conversas em linguagem natural, simulando a interação com um ser humano. Embora o ChatGPT tenha sido desenvolvido originalmente para fins de pesquisa em inteligência artificial, ele também pode ser utilizado em diversas outras áreas, como atendimento ao cliente, suporte técnico, ensino a distância, entre outras[27].

Um questionamento ao badalado ChatGPT sobre os tipos de inteligência artificial obteve a seguinte resposta:

> Existem diferentes maneiras de categorizar os tipos de inteligência artificial, mas aqui estão algumas das categorias mais comuns: 1. IA baseada em regras: esse tipo de IA segue um conjunto específico de regras para tomar decisões. As regras são definidas por humanos e a IA segue essas regras sem desvio. 2. Aprendizado de máquina supervisionado: esse tipo de IA é treinado com exemplos rotulados e usa esses exemplos para fazer previsões sobre dados novos e não rotulados. É usado para tarefas como classificação e regressão. 3. Aprendizado de máquina não supervisionado: esse tipo de IA é treinado com dados não rotulados e usa métodos estatísticos para encontrar padrões e agrupamentos nos dados. 4. Aprendizado de máquina por reforço: esse tipo de IA aprende a tomar decisões em um ambiente dinâmico, recebendo recompensas ou punições por suas ações. É usado em jogos e robótica. 5. Redes neurais: esse tipo de IA é inspirado na estrutura do cérebro humano e usa camadas de neurônios artificiais para processar informações. 6. Processamento de linguagem natural: esse tipo de IA é usado para entender e gerar linguagem natural, como texto e voz. 7. Visão computacional: esse tipo de IA é usado para entender e analisar imagens e vídeos, reconhecendo objetos e padrões. Essas são apenas algumas das muitas categorias de inteligência artificial que existem. Cada tipo tem seus próprios usos e limitações, e a escolha do tipo certo dependerá da tarefa que você está tentando realizar.[28]

---

(27) Disponível em: https://chat.openai.com/chat. Acesso em: 12 mar. 2023.

(28) *Idem.*.

A título ilustrativo, o laboratório de pesquisas do *Google*, em 2012, supervisionava 1.000 computadores de 16 núcleos cada, na composição de uma rede neural com mais de um bilhão de conexões equipadas com aprendizado profundo, mediante a apresentação de 10.000.000 (dez milhões) de imagens aleatórias de vídeos do *site Youtube*. Nenhuma informação foi dada a ela sobre o que deveria procurar, e as imagens não eram identificadas. "No entanto, transcorridos três dias, uma unidade (um neurônio artificial) tinha aprendido a reagir à imagem do rosto de um gato e outra, a imagens de rostos humanos" (BODEN, 2020, p. 61).

1.4. Inteligência artificial e organização de dados

A organização de dados e a explicabilidade devem ser um dos pilares de sustentação da Inteligência Artificial. Neste capítulo, conforme será abordado, pode-se verificar que os tribunais de justiça estaduais e superiores adotam sistemas lastreados em Inteligência Artificial com diversas bases de fontes. Alguns sistemas são desenvolvidos diretamente pelos próprios funcionários integrantes dos tribunais, outros por intermédio de convênios junto às universidades, além de outros modelos intermediados por contratações de empresas privadas especializadas no desenvolvimento de programas, o que, de certa maneira, dificulta a organização dos dados e o entendimento da explicabilidade no uso da Inteligência Artificial. Nesse sentido, cabem algumas reflexões: "O cientista jurídico tem acesso aos sistemas adotados pelos tribunais? O que e como são os algoritmos utilizados por tais tribunais? Há algum controle sobre esses sistemas?".

De início, cabe destacar que os direitos das pessoas estão cada vez mais afetados pelas decisões de Inteligência Artificial. E isso pode ser comprovado com o art. 5º da redação final da união dos Projetos de Lei n. 5.051/2019, n. 21/2020 e n. 872/2021(29), em que se aponta o "direito à explicação sobre a decisão, recomendação ou previsão tomada por sistemas de inteligência artificial". No mesmo sentido, o art. 19 destaca a necessidade da obediência a estruturas e processos internos seguros no atendimento dos direitos de pessoas afetadas no uso das tecnologias lastreadas na Inteligência Artificial(30).

---

(29) "I – direito à informação prévia quanto às suas interações com sistemas de inteligência artificial; II – direito a explicação sobre a decisão, recomendação ou previsão tomada por sistemas de inteligência artificial; III – direito de contestar decisões ou previsões de sistemas de inteligência artificial que produzam efeitos jurídicos ou que impactem de maneira significativa os interesses do afetado; IV – direito à determinação e à participação humana em decisões de sistemas de inteligência artificial, levando-se em conta o contexto e o estado da arte do desenvolvimento tecnológico; V – direito à não discriminação e à correção de vieses discriminatórios diretos, indiretos, ilegais ou abusivos; e VI – o direito à privacidade e à proteção de dados pessoais, nos termos da legislação pertinente. Parágrafo único. Os agentes de inteligência artificial informarão, de forma clara e facilmente acessível, os procedimentos necessários para o exercício desses direitos".

Disponível em: https://legis.senado.leg.br/comissoes/comissao?codcol=2504. Acesso em: 21 dez. 2022.

(30) "Art. 19. Os agentes de inteligência artificial estabelecerão estruturas de governança e processos internos aptos a garantir a segurança dos sistemas e o atendimento dos direitos de pessoas afetadas, nos termos previstos no Capítulo II desta Lei e da legislação pertinente, que incluirão, pelo menos: I – medidas de transparência quanto ao emprego de sistemas de inteligência artificial na interação com pessoas naturais, o que inclui o

Muitos países já se pronunciaram sobre as estratégias de utilização da Inteligência Artificial, porém, carece o Brasil de um posicionamento mais contundente de políticas públicas e aplicabilidade (CHIARINI; SILVEIRA, 2022). O Brasil é seguidor da OCDE, a qual define regras e princípios de utilização de IA. Mas não basta apenas seguir tais apontamentos, visto que a realidade pátria é específica em razão de dezenas de situações.

O Instituto de Pesquisa Econômica Aplicada (IPEA) é uma fundação pública vinculada ao Ministério da Economia, que fornece estudos governamentais para a formulação de programas de desenvolvimento e Políticas Públicas para a sociedade em geral. E foi assim que se elaborou o Estudo denominado "Exame comparativo das estratégias nacionais de Inteligência Artificial de Argentina, Brasil, Chile, Colômbia e Coreia do Sul; consistência do diagnóstico dos problemas-chave identificados"(31), da lavra de Tulio Chiarini e Sérgio Amadeu da Silveira. O estudo aponta, em síntese, a relevância atual da IA, "caráter transversal e pervasivo, que muitos governos têm elaborado estratégias nacionais de IA, em um movimento de competição tecnológica. Até o momento, 56 países, além da União Europeia (UE), possuem documentos mais ou menos sistematizados, os quais foram mapeados pelo Observatório de Políticas de IA da Organização para a Cooperação e o Desenvolvimento Econômico (OCDE)".

Mas qual seria a estratégia atualizada e existente de Inteligência Artificial no Brasil? Tulio Chiarini e Sérgio Amadeu da Silveira(32) explicitam a sequência cronológica

---

uso de interfaces ser humano-máquina adequadas e suficientemente claras e informativas; II – transparência quanto às medidas de governança adotadas no desenvolvimento e emprego do sistema de inteligência artificial pela organização; III – medidas de gestão de dados adequadas para a mitigação e prevenção de potenciais vieses discriminatórios; IV – legitimação do tratamento de dados conforme a legislação de proteção de dados, inclusive por meio da adoção de medidas de privacidade desde a concepção e por padrão e da adoção de técnicas que minimizem o uso de dados pessoais; V – adoção de parâmetros adequados de separação e organização dos dados para treinamento, teste e validação dos resultados do sistema; VI – adoção de medidas adequadas de segurança da informação desde a concepção até a operação do sistema. § 1° As medidas de governança dos sistemas de inteligência artificial são aplicáveis ao longo de todo o seu ciclo de vida, desde a concepção inicial até o encerramento de suas atividades e descontinuação. § 2° A documentação técnica de sistemas de inteligência artificial de alto risco será elaborada antes de sua disponibilização no mercado ou de seu uso para prestação de serviço e será mantida atualizada durante sua utilização".
Disponível em: https://legis.senado.leg.br/comissoes/comissao?codcol=2504. Acesso em: 21 dez. 2022.

(31) Disponível em: https://repositorio.ipea.gov.br/handle/11058/11528. Acesso em: 21 dez. 2022.

(32) "No Brasil, embora a Estratégia Brasileira de Transformação Digital (E-Digital) tenha sido publicada em 2018, foi apenas em 2020, com a Estratégia de Governo Digital, instituída pelo Decreto n. 10.332, que, pela primeira vez, houve uma iniciativa explícita relacionada ao caráter estratégico da implementação de IA. Ainda em 2020, é publicada a Política Nacional de Inovação, por meio do Decreto n. 10.534, sem se referir à IA. No âmbito do MCTI, a Portaria n. 1.122, de 2020 menciona a IA como uma tecnologia habilitadora, a qual deveria ser priorizada pelos órgãos que integram a estrutura ministerial. Também no MCTI, foi criada a Secretaria de Empreendedorismo e Inovação (SEMPI), à qual compete, entre outras funções, "propor, coordenar e acompanhar as medidas necessárias à implementação de políticas nacionais de desenvolvimento tecnológico, empreendedorismo e de inovação relacionadas de segurança cibernética, inteligência artificial e comunicações avançadas" (BRASIL, Secretaria de Empreendedorismo e Inovação 2020, art. 21, inciso XVIII). É nesse contexto que, em 2021, foi publicada a EBIA, mediante a Portaria n. 4.617 do MCTI, que assume o papel de nortear as

das estratégias de transformações digitais no Brasil. A Inteligência Artificial no âmbito nacional como estratégia pode ser definida como: "O conjunto de técnicas destinadas a emular alguns aspectos da cognição de seres vivos usando máquinas. Um sistema de IA é um sistema baseado em máquina que pode, para um determinado conjunto de objetivos definidos pelo homem, fazer previsões, recomendações ou tomar decisões que influenciam ambientes reais ou virtuais" (CHIARINI; SILVEIRA, 2022, p. 19).

No mesmo caminho, no estudo do IPEA (2022, p. 20) são enfatizadas e identificadas as premissas nas estratégias de IA no Brasil.

> Uma sociedade da informação inteligente é uma sociedade na qual um novo valor é gerado, e o progresso é alcançado por meio da aplicação da tecnologia da informação inteligente — apoiada pela geração, pela coleta e pela análise de dados por tecnologias avançadas de informação e comunicação — a todos os aspectos da economia, da sociedade e da vida humana. Sabe-se que, à medida que os dados e o conhecimento têm precedência sobre os fatores de produção convencionais (mão de obra e capital), as barreiras industriais são quebradas, com a crescente convergência de produtos, serviços e máquinas inteligentes. Sistemas automatizados chegam às áreas de trabalho que, antes, exigiam complexas capacidades cognitivas humanas. Como resultado, a IA conduz a uma modificação completa tanto da economia quanto da sociedade, que sofrerão transformações amplas e inovadoras.

Nesse sentido, o mesmo estudo ressalta os objetivos específicos de Inteligência Artificial no Brasil[33]: "— contribuir para a elaboração de princípios éticos para o desenvolvimento e uso de IA responsáveis; — promover investimentos sustesntados em P&D e em IA; — remover barreiras à inovação em IA; — capacitar e formar profissionais para o ecossistema da IA; — estimular a inovação e o desenvolvimento da IA brasileira em ambiente internacional; e — promover ambiente de cooperação entre os entes públicos e privados, a indústria e os centros de pesquisas para o desenvolvimento da IA".

Como se pode observar, é de suma importância construir uma matriz teórica e prática de estratégias para a aplicabilidade e governança da Inteligência Artificial. O estudo inédito no Brasil apontado pelo IPEA, em arremate, indicada uma correta estrutura no uso da Inteligência Artificial e sua governança, tanto no setor público, como no

---

ações do Estado brasileiro em prol do desenvolvimento das ações, em suas várias vertentes, que estimulem a pesquisa, inovação e desenvolvimento de soluções em Inteligência Artificial, bem como, seu uso consciente, ético e em prol de um futuro melhor" (CHIARINI; SILVEIRA, 2022, p. 13). Disponível em: https://repositorio.ipea.gov.br/handle/11058/11528. Acesso em: 21 dez. 2022.

(33) Disponível em: https://repositorio.ipea.gov.br/bitstream/11058/11528/1/TD_2805_Web.pdf. Acesso em: 16 nov. 2022.

setor privado; o incentivo no compartilhamento de dados, com supedâneo na LGPD; o desenvolvimento de padrões de monitoramento dos riscos trazidos pela Inteligência Artificial; a criação de observatórios em Inteligência Artificial; a facilitação ao acesso de dados abertos governamentais; o melhoramento da qualidade dos dados com o objetivo de identificar algoritmos enviesados e tendências discriminatórias; o estímulo com campanhas de conscientização, educação, além de diálogo social.

Atualmente há três Projetos de Lei sobre a regulamentação para um marco civil da Inteligência Artificial no Brasil: PL n. 5.051/2019, PL n. 21/2020 e PL n. 872/2021, que têm como foco firmar os princípios e regramento para regular o desenvolvimento e a aplicação da Inteligência Artificial no Brasil. Porém em meados de dezembro de 2022, a Comissão de Juristas responsáveis depositou o relatório final ao presidente do Senado Federal. O novo relatório tem 45 artigos, e a Comissão de Juristas foi presidida pelo Prof. Ricardo Villas Bôas Cueva. A Comissão de estudos para a regulamentação da Inteligência Artificial no Brasil iniciou seus trabalhos em fevereiro de 2022, tendo organizado dezenas de reuniões, audiências públicas, seminários, além de promover 12 painéis temáticos. Recebeu também 102 manifestações da sociedade civil e criou cinco subgrupos temáticos, com a realização de um seminário internacional[34]. O relatório final da Comissão de Juristas foi instituído pelo Ato do Presidente do Senado n. 4, de 2022, destinado a subsidiar a elaboração de minuta de substitutivo para instruir a apreciação dos Projetos de Leis acima mencionados. A organização do trabalho se deu por intermédio de três eixos temáticos: o primeiro para definir conceitos e a classificação da inteligência artificial, o segundo para identificar os impactos da IA e o terceiro e último para definir os direitos e deveres da utilização da IA.

O artigo inaugural aponta para o "desenvolvimento, implementação e uso responsável de sistemas de inteligência artificial (IA) no Brasil, com o objetivo de proteger os direitos fundamentais e garantir a implementação de sistemas seguros e confiáveis, Coordenação de Comissões Especiais, Temporárias e Parlamentares de Inquérito em benefício da pessoa humana, do regime democrático e do desenvolvimento científico e tecnológico".

Os fundamentos da Inteligência Artificial foram declinados no art. 2º:

> I – a centralidade da pessoa humana;

(34) "O texto encaminhado é resultado do trabalho da Comissão de Juristas que foi instituída em 17 de fevereiro de 2022, por meio do Ato do Presidente n. 4, de 2022. Além de ser um esforço coletivo concentrado pelos 18 (dezoito) membros nomeados, é desdobramento direto das 02 (duas) primeiras etapas de trabalho em que este grupo de especialistas se abriu para o diálogo com a sociedade a partir de uma perspectiva multissetorial e multidisciplinar, bem como local, regional e global com o objetivo de reunir visões plurais". Disponível em: https://www12.senado.leg.br/noticias/materias/2022/12/06/comissao-conclui-texto-sobre-regulacao-da-inteligencia-artificial-no-brasil. Acesso em: 16 nov. 2022.

II – o respeito aos direitos humanos e aos valores democráticos;

III – o livre desenvolvimento da personalidade;

IV – a proteção ao meio ambiente e o desenvolvimento sustentável;

V – a igualdade, a não discriminação, a pluralidade e o respeito aos direitos trabalhistas;

VI – o desenvolvimento tecnológico e a inovação;

VII – a livre iniciativa, a livre concorrência e a defesa do consumidor;

VIII – a privacidade, a proteção de dados e a autodeterminação informativa;

IX – a promoção da pesquisa e do desenvolvimento com a finalidade de estimular a inovação nos setores produtivos e no poder público;

X – o acesso à informação e à educação, bem como a conscientização sobre os sistemas de inteligência artificial e suas aplicações(35).

No que tange aos princípios fundamentais e reinantes no uso da Inteligência Artificial, a redação final dos Projetos de Lei(36) assim destacou:

I – crescimento inclusivo, desenvolvimento sustentável e bem-estar;

II – autodeterminação e liberdade de decisão e de escolha;

III – participação humana no ciclo da inteligência artificial e supervisão humana efetiva;

IV – não discriminação;

V – justiça, equidade e inclusão;

VI – transparência, explicabilidade, inteligibilidade e auditabilidade;

VII – confiabilidade e robustez dos sistemas de inteligência artificial e segurança da informação;

VIII – devido processo legal, contestabilidade e contraditório;

IX – rastreabilidade das decisões durante o ciclo de vida de sistemas de inteligência artificial como meio de prestação de contas e atribuição de responsabilidades a uma pessoa natural ou jurídica;

X – prestação de contas, responsabilização e reparação integral de danos;

XI – prevenção, precaução e mitigação de riscos sistêmicos derivados de usos intencionais ou não intencionais e efeitos não previstos de sistemas de inteligência artificial; e

XII – não maleficência e proporcionalidade entre os métodos empregados e as finalidades determinadas e legítimas dos sistemas de inteligência artificial.

---

(35) Disponível em: https://legis.senado.leg.br/comissoes/comissao?codcol=2504. Acesso em: 21 dez. 2022.

(36) *Idem*.

Ademais, para a aplicação da Inteligência Artificial no Poder Público, o estudo do IPEA compila as seguintes informações:

— Em linha com o estabelecido na Estratégia de Governo Digital, implementar recursos de IA em, no mínimo, doze serviços públicos federais até 2022;

— Incorporar a IA e a análise de dados nos processos de formulação de políticas públicas;

— Implantar espaços de experimentação de dados com IA e desenvolver parcerias de PD&I voltadas para IA com instituições de ensino superior (IES), setor privado e terceiro setor;

— Atualizar e reavaliar processos e práticas de trabalho, em preparação para possíveis mudanças nos ambientes em que sistemas de IA forem introduzidos;

— Considerar, em licitações e contratos administrativos voltados à aquisição de produtos e serviços de IA, critérios voltados não apenas à eficiência técnica, mas também relativos à incorporação de princípios éticos relacionados à transparência, à equidade e à não discriminação;

— Estabelecer mecanismos para a célere apuração de denúncias e reclamações sobre violações de direitos em decisões realizadas por sistemas de IA;

— Promover o intercâmbio de dados abertos entre entidades da administração pública e entre estas e o setor privado, sempre com respeito ao direito à proteção de dados pessoais e ao segredo comercial;

— Realizar análise de impacto nos casos de uso da IA que afetem diretamente o cidadão ou o servidor público;

— Estabelecer valores éticos para uso da IA na administração pública federal;

— Estimular que os órgãos públicos promovam a conscientização do uso de IA em seu corpo técnico;

— Estabelecer mecanismos de supervisão para monitorar o uso da IA para atividades de segurança pública;

— Estimular que os órgãos que venham a fazer uso da IA para monitoramento apresentem relatório de impacto de proteção de dados previamente à implementação;

— Disponibilizar mecanismos eficazes para que os indivíduos monitorados possam reagir à operação de vigilância;

— Apresentar relatórios com estatísticas e resultados do serviço implementado;

— Elaborar lei sobre proteção de dados aplicadas à segurança pública;

— Implementar um sandbox regulatório da privacidade e proteção de dados para sistemas de IA voltados para a segurança pública (IPEA, 2022, p. 55-56).

Quanto à utilização da Inteligência Artificial na Administração Pública, sobretudo no Poder Judiciário perante os tribunais estaduais e superiores, necessária se faz uma avaliação prévia dos impactos na sociedade, além da transparência desde o início de seu desenvolvimento até o funcionamento integral. Não se pode conceber sistemas de Inteligência Artificial opacos e sem a fiscalização para o devido entendimento. Ademais, quanto à aplicabilidade da Inteligência Artificial na administração pública, a Comissão de estudos para a regulamentação da Inteligência Artificial no Brasil sabiamente destacou alguns relevantes apontamentos(37).

(37) "Na sociedade civil, a **DDAL** [sociedade civil] entendeu que 'o incentivo estatal ao uso de tecnologias de IA (...) deve estar necessariamente condicionado à implementação de processos de avaliação de impacto aos direitos humanos', e o **Lapin** [sociedade civil] ressaltou 'que sistemas de IA utilizados pelo poder público sejam por padrão transparentes e explicáveis, de forma similar a como o determina, por exemplo, a lei francesa n. 2016-1321, a Loi pour une République Numérique'. O **Instituto Igarapé** [sociedade civil] discutiu especificamente a utilização da inteligência artificial na segurança pública, apontando que 'as instituições de segurança pública, desde o momento em que concebem ou iniciam a aplicação de uma tecnologia de IA, precisam determinar a cadeia de responsabilidade sobre as decisões que serão tomadas no seu emprego'. Dando outro foco, a PI [sociedade civil] defendeu que 'os algoritmos e outros processos de tomada de decisão implantados nas escolas sejam transparentes e abertos ao escrutínio e ao desafio'. A questão da necessidade de motivação dos atos foi abordada pelo **CEEJ/GDAC** [academia], para quem 'a decisão administrativa robótica deve ser suficientemente motivada, sendo a sua opacidade motivo de invalidação'; pelo **CEEJ** (André Saddy e João Victor Tavares Galil) [academia], que destacou a necessidade de se construir 'uma concepção doutrinária e jurisprudencial da utilização desses métodos na edição dos atos administrativos que visem, justamente, blindar as justificativas levianas para as condutas limitadas ou dirigidas da Administração', advertindo que, 'caso contrário, o que se terá é, meramente, a aceitação social da produção contínua de decisões automáticas caracterizadas por veicularem conteúdos ilegítimos'; pelo **CEEJ** (João Sergio dos Santos Soares Pereira) [academia], que enfatizou que 'os nortes da impessoalidade, publicidade, motivação exigem que a Administração Pública demonstre a legitimidade do modelo', apontando ainda que 'não é possível substituir por completo as decisões administrativas por sistemas artificiais'; entre outros. O **CEEJ** (Alexandre Magno Antunes de Souza) [academia] ressaltou os riscos relacionados à segurança dos dados especificamente com relação a contratações públicas que envolvam inteligência artificial, a **PI** [sociedade civil] sugeriu que, 'se for identificado viés discriminatório, ele deve ser retificado e, se não puder ser retificado, a tecnologia não deve ser implantada'; a **ENDPU** [governo] propôs 'assegurar a diversidade de gênero e raça nos times de programadores', 'exigir que [as empresas] mantenham e publicizem código de ética sobre a utilização de IA' e 'incentivar a contratação de empresas que adotem publicamente boas práticas vigentes em regimes internacionais de direitos humanos e inteligência artificial'; a **C4IR Brasil** [setor privado + governo] defendeu que 'é necessário incorporar às contratações públicas ferramentas que permitam avaliar de forma abrangente os riscos decorrentes do emprego dessa tecnologia', sugerindo o uso de relatórios de impacto algoritmo 'ainda na fase interna da contratação'; e **João Paulo Candia Veiga e Thiago Gomes Marcilio** [individual] propuseram que 'as atividades de alto risco deverão ser acompanhadas de contratação de Seguro de Responsabilidade Civil para empresas'. Para a

Com o objetivo de demonstrar a transparência dos modelos de algoritmos, Daniel Henrique Arruda Boeing e Alexandre Morais da Rosa (2020, p. 89-90), destacam:

> Divide-se em ao menos duas etapas o processo de prestação de contas dos modelos, ainda que se queira preservar a integralidade de seus códigos propriamente ditos. Em um momento pré-elaboração dos códigos, é fundamental que a sociedade em geral tenha ciência de quais aspectos da realidade serão levados em conta pelo modelo, o que é percebido nos dados que serão utilizados como *inputs*. Dessa forma, é possível, por exemplo, contestar os motivos que levaram a certos dados serem considerados pertinentes e as razões pelas quais outros não foram sequer considerados. Após escritos tais códigos, pode-se fiscalizá-los por meio da auditoria de seus resultados, momento em que são detectados eventuais vieses ou distorções. Assim, uma vez implementado um modelo e verificado que ele penaliza um certo segmento social desproporcionalmente aos demais, sem razão justificada, pode-se pleitear sua alteração ou seu desativamento. É claro que o ideal seria uma atuação preventiva e não paliativa, mas isso não diminui a importância de sempre se estar verificando os *outputs* obtidos. Para tanto, mais uma vez, é necessário que tais resultados estejam acessíveis ao público, especialmente àqueles que são diretamente afetados.
>
> Por fim, e talvez mais importante, é necessário que a própria ideia de concepção do algoritmo provenha de uma construção conjunta entre todas as partes interessadas, a saber, gestores, público em geral e desenvolvedores. A participação de diversos setores da sociedade na elaboração de algoritmos é essencial para que suas definições de sucesso e as tarefas nas quais eles são empregados sejam estabelecidas da forma mais benéfica ao maior número de pessoas ou, quando isso não seja possível, sejam implementados de forma a mitigar ao máximo seus malefícios.

Com foco na transparência dos Sistemas Autônomos e Inteligentes — SAIs —, o que, via de consequência, promove a confiança nas tecnologias, aponta Erik Navarro Wolkart (2022, p. 131) alguns requisitos: "— O funcionamento dos SAIs e os resultados que eles produzem são explicáveis; — A operação e os resultados dos SAIs são justos; — A operação e os resultados dos SAIs são imparciais; — Os SAIs atendem aos padrões normativos de operação e resultados; — Os SAIs são eficazes; — Os resultados dos SAIs são replicáveis; e — Os envolvidos no projeto, desenvolvimento, aquisição, implantação, operação e validação da eficácia de SAIs podem ser responsabilizados, quando apropriado,

---

Microsoft [setor privado], 'um dos pilares estruturantes para a transformação digital do país como um todo é justamente a consolidação de uma base governamental de dados abertos'" (SALOMÃO, 2020, p. 255-257). Disponível em: https://legis.senado.leg.br/comissoes/comissao?codcol=2504. Acesso em: 21 dez. 2022.

por resultados negativos, e ações corretivas ou punitivas podem ser tomadas quando justificadas".

Sob a coordenação de Luis Felipe Salomão[38], um detalhado estudo foi realizado, identificando-se os criadores e origens da utilização das Inteligências Artificiais no âmbito dos tribunais estaduais, federais e superiores. Na tabela abaixo restarão devidamente identificados os desenvolvedores das tecnologias utilizadas nos Tribunais brasileiros, a saber:

Tabela 1 – Origem dos principais projetos nos Tribunais Superiores, Federais e Estaduais.

Projeto	Tribunal	Origem
VICTOR	STF	Desenvolvido pela equipe interna do Tribunal.
ATHOS	STJ	Desenvolvido pela equipe interna do Tribunal.
SÓCRATES	STJ	Desenvolvido pela equipe interna do Tribunal.
E-JURIS	STJ	Desenvolvido pela equipe interna do Tribunal.
TUA – Tabela Unificada de Assuntos	STJ	Desenvolvido pela equipe interna do Tribunal.
BEM-TE-VI	TST	Desenvolvido pela equipe interna do Tribunal.
SINAPSES	CNJ	Desenvolvimento interno pela equipe do Tribunal de Justiça de Rondônia em parceria com o CNJ.
ROBÔ SECOR	TRF-1	Desenvolvimento pela equipe interna do Tribunal em parceria com a empresa Sonda Tecnologia.
BANCO DE SENTENÇAS	TRF-1	Desenvolvido pela equipe interna do Tribunal.
SIB – Sistema de Inteligência de Busca	TRF-1	Desenvolvido pela equipe interna do Tribunal.
ALEI PROJETO EXECUÇÃO CÉLERE Análise Legal Inteligente	TRF-1	Desenvolvido pela equipe interna do Tribunal em parceria com o Grupo de Pesquisa em Aprendizado de Máquina – GPAM/UnB.
PROJETO EXECUÇÃO CÉLERE	TRF-1	Acordo de Cooperação Técnica entre o TRF 1ª Região e o Conselho Federal da OAB.
Atendente Virtual	TRF-2	Desenvolvido pela equipe interna do Tribunal.
SINARA	TRF-3	Desenvolvido pela equipe interna do Tribunal.
SIGMA – Sistema Inteligente de Gestão de Modelos de Admissibilidade	TRF-3	Desenvolvido pela equipe interna do Tribunal.

(38) Disponível em: https://portal.fgv.br/noticias/inteligencia-artificial-judiciario-mais-completa-pesquisa-sobre-assunto. Acesso em: 21 dez. 2022.

Projeto	Tribunal	Origem
PREVENÇÃO	TRF-3	Desenvolvido pela equipe interna do Tribunal.
Classificação de temas na vice-presidência e turmas recursais	TRF-4	Desenvolvido pela equipe interna do Tribunal.
Análise de assunto dos processos	TRF-4	Desenvolvido pela equipe interna do Tribunal.
Triagem automática de processos a partir da petição inicial	TRF-4	Desenvolvido pela equipe interna do Tribunal.
Sugestão de modelos de minutas	TRF-4	Desenvolvido pela equipe interna do Tribunal.
JULIA – Jurisprudência Laborada com Inteligência Artificial	TRF-5	Desenvolvido pela equipe interna do Tribunal.
LEIA – Legal Intelligent Advisor Precedentes	TJ-AC	Desenvolvido pela Softplan. Durante o processo de desenvolvimento, são envolvidos atores internos do Tribunal no NUGEP, Corregedorias, equipe de TI e unidades judiciais de primeiro e segundo graus.
LEIA – Legal Intelligent Advisor Precedentes	TJ-AL	Desenvolvido pela Softplan. Durante o processo de desenvolvimento, são envolvidos atores internos do Tribunal no NUGEP, Corregedorias, equipe de TI e unidades judiciais de primeiro e segundo graus.
HÉRCULES	TJ-AL	Desenvolvido pela equipe interna do Tribunal em parceria com a UFAL.
LEIA – Legal Intelligent Advisor Precedentes	TJ-AM	Desenvolvido pela Softplan. Durante o processo de desenvolvimento, são envolvidos atores internos do Tribunal no NUGEP, Corregedorias, equipe de TI e unidades judiciais de primeiro e segundo graus.
QUEIXA CIDADÃ	TJ-BA	Desenvolvido pela equipe interna do Tribunal.
LEIA – Legal Intelligent Advisor Precedentes	TJ-CE	Desenvolvido pela Softplan. Durante o processo de desenvolvimento, são envolvidos atores internos do Tribunal.
HÓRUS	TJ-DF	Desenvolvido pela equipe interna do Tribunal.
IA332 (Identificação automática 332) Sistema Automático de Identificação de Temas Repetitivos e Súmulas	TJ-GO	Desenvolvido pela equipe interna do Tribunal em parceria com a UFGO.
LEIA – Legal Intelligent Advisor Precedentes	TJ-MS	Desenvolvido pela Softplan. Durante o processo de desenvolvimento, são envolvidos atores internos do Tribunal no NUGEP, Corregedorias, equipe de TI e unidades judiciais de primeiro e segundo graus.

Projeto	Tribunal	Origem
Sem nome	TJ-MT	Desenvolvimento pela equipe interna do Tribunal em parceria com a Amazon.
Sem nome	TJ-PR	Desenvolvido pela equipe interna do Tribunal.
ELIS	TJ-PE	Desenvolvido pela equipe interna do Tribunal.
Sem nome	TJ-RJ	Desenvolvido pela equipe interna do Tribunal.
SINAPSE	TJ-RO	Desenvolvido pela equipe interna do Tribunal.
SCRIBA	TJ-RR	Desenvolvido pela equipe interna do Tribunal.
MANDAMUS	TJ-RR	Desenvolvido pela equipe interna do Tribunal.
Sem nome	TJ-RS	Desenvolvido pela equipe interna do Tribunal.
JUDI	TJ-SP	Desenvolvido pela equipe interna do Tribunal em parceria com a Microsoft.
LEIA – Legal Intelligent Advisor Precedentes	TJ-SP	Desenvolvido pela Softplan. Durante o processo de desenvolvimento, são envolvidos atores internos do Tribunal.
MINERJUS – Solução de apoio à classificação processual com uso de inteligência artificial	TJ-TO	Desenvolvido pela equipe interna do Tribunal em parceria com a UFT.
INTELIGÊNCIA ARTIFICIAL E EFICIÊNCIA DO JUDICIÁRIO	TRT-1	Desenvolvido pela equipe interna do Tribunal.
CLUSTERIZAÇÃO DE PROCESSOS	TRT-4	Desenvolvido pela equipe interna do Tribunal.
GEMINI	TRT-5 TRT-7 TRT-15 TRT-20	Projeto em estágio embrionário, conduzido em conjunto pelos seguintes Tribunais: TRT – 7ª Região, TRT – 5ª Região, TRT – 15ª Região e TRT – 20ª Região.
B.I. TRT 11	TRT-11	Projeto em estágio embrionário, conduzido em conjunto pelos seguintes Tribunais: TRT – 7ª Região, TRT – 5ª Região, TRT – 15ª Região e TRT – 20ª Região.
CONCILIA JT	TRT-12	Projeto em estágio embrionário, conduzido em conjunto pelos seguintes Tribunais: TRT – 7ª Região, TRT – 5ª Região, TRT – 15ª Região e TRT – 20ª Região.

Fonte: SALOMÃO, Luis Felipe[(39)].

Com isso, podemos refletir sobre alguns questionamentos: Há padrões de desenvolvimento de Inteligência Artificial nos tribunais brasileiros? Há acesso aos dados? Os dados são estruturados? Há compartilhamento de dados entre os tribunais?

---

(39) Disponível em: https://portal.fgv.br/noticias/inteligencia-artificial-judiciario-mais-completa-pesquisa-sobre-assunto. Acesso em: 21 dez. 2022.

Como se pode observar com o estudo da tabela 1, não há uma padronização no desenvolvimento e comunicação entre os tribunais brasileiros, além da falta de estruturação dos dados. Dos 46 projetos de inteligência artificial apresentados e analisados na tabela acima, 28 projetos foram desenvolvidos pelas equipes internas dos próprios tribunais, 8 projetos desenvolvidos por empresas de tecnologia particulares, 4 projetos por intermédio de universidades, 3 projetos em estágio embrionários e 3 projetos em parceria com CNJ e OAB.

Muito bem explicitado por Erik Navarro Wolkart e Daniel Becker (2021, p. 851), com a estruturação da informação, o jurisdicionado terá previsibilidade:

> Contudo, apontamos que a ausência de consistência, padronização, legibilidade e interoperabilidade dos Tribunais brasileiros é um dos grandes entraves para a jurimetria e, por consequência lógica, para o *stare decisis* em nosso país.
>
> Dados estruturados e analisados de forma correta representam uma fonte de conhecimento que transcende a capacidade humana de produção. O primeiro passo para ampliar o acesso à Justiça é dar acesso estruturado à informação e previsibilidade ao jurisdicionado.

Nesse caminho, estudos traçados pelo Conselho Nacional de Justiça(40), determinam que os Tribunais desenvolvam na Plataforma Digital do Poder Judiciário brasileiro (PDPJ) ferramentas de buscas eficientes para localização de acórdãos que deram origem à Tese. Vale destacar que a PDPJ tem o objetivo de "incentivar o desenvolvimento colaborativo entre os tribunais, preservando os sistemas públicos em produção, mas consolidando pragmaticamente a política para a gestão e expansão do Processo Judicial eletrônico — PJe". Nesse aspecto, podemos destacar o respeito ao princípio da economia processual ou da tempestividade da tutela jurisdicional.

Conjugando a transparência e a Inteligência Artificial, dentro do atual cenário e avanços tecnológicos, podemos suscitar divergências no que tange à aplicação das decisões tomadas pela Inteligência Artificial e suas consequências múltiplas e incontroláveis. Com isso, a Comissão Europeia para a Eficiência da Justiça (CEPEJ) aponta alguns princípios relacionados à Inteligência Artificial. A Carta Europeia da CEPEJ foi o instrumento pioneiro sobre a conjugação, a transparência e a Inteligência Artificial, sintetizando em cinco princípios(41) fundamentais a utilização da Inteligência Artificial

---

(40) Disponível em: https://www.cnj.jus.br/tecnologia-da-informacao-e-comunicacao/plataforma-digital-do-poder-judiciario-brasileiro-pdpj-br/. Acesso em: 21 dez. 2022.

(41) "1. Princípio do respeito dos direitos fundamentais: Garantir que a concessão e a implementação de instrumentos e serviços de inteligência artificial sejam compatíveis com os direitos fundamentais. 2. Princípio da não discriminação: Prevenir especificamente o desenvolvimento ou a intensificação de qualquer

nos sistemas judiciais, aprovados na 31ª Sessão Plenária em Estrasburgo, nos dias 3 e 4 de dezembro de 2018.

Nota-se que os referidos princípios ostentados na Carta Europeia no que tange à utilização da Inteligência Artificial junto aos sistemas jurídicos refletem valores fundamentais, além de apontar precauções metodológicas essenciais a serem tomadas na criação e desenvolvimento dos algoritmos (LAGE, 2021, p. 145). Referidos princípios se compatibilizam com os direitos fundamentais.

No mesmo caminho, em 2019, o Conselho da Organização para a Cooperação e Desenvolvimento Econômico (OCDE) elaborou um relatório contendo princípios sobre a Inteligência Artificial. O referido documento foi assinado pelo Brasil e outros 42 países.

No Brasil, o Conselho Nacional de Justiça (CNJ), editou a Resolução n. 332, de 2020(42), tendo como tema fulcral a ética, a transparência e a governança na produção e no uso de Inteligência Artificial no Poder Judiciário, além de outras providências. O Conselho fundamentou que as decisões judiciais tomadas com base em Inteligência Artificial têm o dever de preservar a igualdade e não a discriminação e preconceitos, além de um olhar atento para a pluralidade e a solidariedade, sempre com o foco e auxílio no julgamento justo.

Como se observa, o Conselho Nacional de Justiça está buscando a efetiva aplicação da Inteligência Artificial no Poder Judiciário, com o objetivo de colaborar com a coerência e agilidade do processo de tomada de decisão, além de aprimorar o desenvolvimento dos tribunais superiores, sempre obedecendo aos critérios de transparência, previsibilidade, possibilidade de auditoria e garantia de imparcialidade e justiça substancial.

---

discriminação entre indivíduos ou grupos de indivíduos. 3. Princípio da qualidade e da segurança: No que diz respeito ao tratamento de decisões e dados judiciais, utilizar fontes certificadas e dados intangíveis com modelos concebidos de forma multidisciplinar, em ambiente tecnológico seguro. 4. Princípio da transparência, imparcialidade e equidade: Tornar os métodos de tratamento de dados acessíveis e compreensíveis, autorizar auditorias externas. 5. Princípio "sob controle do usuário": Impedir uma abordagem prescritiva e garantir que os usuários sejam atores informados e controlem suas escolhas".

Disponível em: https://rm.coe.int/carta-etica-traduzida-para-portugues-revista/168093b7e0. Acesso em: 11 jul. 2022.

(42) Resolução n. 332, de 2020, discorre em três artigos sobre o respeito aos direitos fundamentais, são eles: "Art. 4º. No desenvolvimento, na implantação e no uso da Inteligência Artificial, os tribunais observarão sua compatibilidade com os Direitos Fundamentais, especialmente aqueles previstos na Constituição ou em tratados de que a República Federativa do Brasil seja parte. Art. 5º. A utilização de modelos de Inteligência Artificial deve buscar garantir a segurança jurídica e colaborar para que o Poder Judiciário respeite a igualdade de tratamento aos casos absolutamente iguais. Art. 6º. Quando o desenvolvimento e treinamento de modelos de Inteligência exigir a utilização de dados, as amostras devem ser representativas e observar as cautelas necessárias quanto aos dados pessoais sensíveis e ao segredo de justiça. Parágrafo único. Para fins desta Resolução, são dados pessoais sensíveis aqueles assim considerados pela Lei n. 13.709/2018, e seus atos regulamentares". Disponível em: https://atos.cnj.jus.br/atos/detalhar/3429. Acesso em: 27 set. 2021.

A Resolução em comento destaca que, "os dados utilizados no processo de aprendizado de máquina deverão ser provenientes de fontes seguras, preferencialmente governamentais, passíveis de serem rastreados e auditados e que o uso da Inteligência Artificial deve respeitar a privacidade dos usuários, cabendo-lhes ciência e controle sobre o uso de dados pessoais".

E, por fim, "que a utilização da Inteligência Artificial deve se desenvolver com vistas à promoção da igualdade, da liberdade e da justiça, bem como para garantir e fomentar a dignidade humana".

A referida Resolução do Conselho Nacional de Justiça, no tocante a Inteligência Artificial, aponta, em seu art. 8º, a transparência que consiste em: I – divulgação responsável, considerando a sensibilidade própria dos dados judiciais; II – indicação dos objetivos e resultados pretendidos pelo uso do modelo de Inteligência Artificial; III – documentação dos riscos identificados e indicação dos instrumentos de segurança da informação e controle para seu enfrentamento; e IV – possibilidade de identificação do motivo em caso de dano causado pela ferramenta de Inteligência Artificial.

A Resolução do Conselho Nacional de Justiça preconiza que os modelos de Inteligência Artificial "utilizarão preferencialmente *software* de código aberto que permita maior transparência" e que "qualquer solução computacional do Poder Judiciário que utilizar modelos de Inteligência Artificial deverá assegurar total transparência na prestação de contas, com o fim de garantir o impacto positivo para os usuários finais e para a sociedade".

O Projeto de Lei n. 21/2020, que contém o Marco Civil da Inteligência Artificial, busca conceituar os princípios éticos, direitos-deveres, dentre outras tratativas para a utilização da Inteligência Artificial no Brasil. Denota-se que o Projeto de Lei busca a harmonização da transparência com a Inteligência Artificial, o que fica claro por intermédio do princípio da centralidade do ser humano, na redação do art. 6º, incisos I-VI, parágrafo único[43].

---

(43) "Art. 6º São princípios para o uso responsável de inteligência artificial no Brasil: I – finalidade: uso da inteligência artificial para buscar resultados benéficos para as pessoas e o planeta, com o fim de aumentar as capacidades humanas, reduzir as desigualdades sociais e promover o desenvolvimento sustentável; II – centralidade no ser humano: respeito à dignidade humana, à privacidade e à proteção de dados pessoais e aos direitos trabalhistas; III – não discriminação: impossibilidade de uso dos sistemas para fins discriminatórios, ilícitos ou abusivos; IV – transparência e explicabilidade: garantia de transparência sobre o uso e funcionamento dos sistemas de inteligência artificial e de divulgação responsável do conhecimento de inteligência artificial, observados os segredos comercial e industrial, e de conscientização das partes interessadas sobre suas interações com os sistemas, inclusive no local de trabalho; V – segurança: utilização de medidas técnicas e administrativas, compatíveis com os padrões internacionais, aptas a permitir a funcionalidade e o gerenciamento de riscos dos sistemas de inteligência artificial e a garantir a rastreabilidade dos processos e decisões tomadas durante o ciclo de vida do sistema; e VI – responsabilização e prestação de contas: demonstração, pelos agentes de inteligência artificial, do cumprimento das normas de inteligência artificial e da adoção de medidas eficazes para o bom funcionamento dos sistemas, observadas suas funções. Parágrafo único. Os

No mesmo Projeto de Lei, constata-se cautela para a conjugação da Inteligência Artificial e a inovação e o desenvolvimento tecnológico, conforme a redação do art. 4º, I, II e IV[(44)]. Verifica-se que a Inteligência Artificial deve ser adotada de forma transparente e livre de preconceitos, buscando a promoção do bem-estar da sociedade, a redução das desigualdades sociais e o desenvolvimento sustentável, com respeito à igualdade, à pluralidade, à livre-iniciativa e à defesa do consumidor e dos direitos trabalhistas. No mesmo sentido, o Projeto de Lei destaca a privacidade e a proteção de dados pessoais, a transparência, a segurança digital e a prestação de contas. Com efeito, o Projeto de Lei deixa claro sua preocupação com a ética.

Luis Felipe Salomão (2021, p. 23) destaca, para o contexto mundial da Inteligência Artificial, que,

> podemos observar uma tendência internacional de afirmar a necessidade de padrões éticos para o uso de sistemas de IA e a sua previsão no PL representa um aspecto positivo, uma vez que conferiu às questões éticas um tratamento similar de outros países, ainda que sem caráter vinculante. A análise das propostas estrangeiras é importante para a integração do Brasil no cenário internacional, tendo em vista que os sistemas de IA tendem a se expandir além das fronteiras nacionais e, por isso, é importante a criação de regras brasileiras harmônicas com padrões técnicos e éticos ajustados aos parâmetros globais.

Não se pode, todavia, afastar a atenção das diferenças de abordagens do conteúdo ético da Inteligência Artificial conforme a cultura do país. Prossegue Salomão (2021, p. 23):

> Em que pese a concordância internacional sobre a necessidade de padrões éticos, ainda não há um consenso sobre quais são eles e como devem ser implementados nos sistemas. Por isso, o debate público ainda precisa de amadurecimento, sob pena de o Brasil simplesmente importar padrões éticos de outros países, desconsiderando nossas particularidades culturais. Como se verá adiante, ressaltamos que, apesar de existir uma certa uniformidade sobre

---

princípios expressos nesta Lei não excluem outros previstos no ordenamento jurídico pátrio relacionados à matéria ou nos Tratados Internacionais em que a República Federativa do Brasil seja parte". Disponível em: https://www.camara.leg.br/propostas-legislativas/2236340. Acesso em: 11 jul. 2022.

(44) "Art. 4º O uso da inteligência artificial no Brasil tem como fundamentos: I – o desenvolvimento tecnológico e a inovação; II – a livre iniciativa e a livre concorrência; III – o respeito aos direitos humanos e aos valores democráticos; IV – a igualdade, a não discriminação, a pluralidade e o respeito aos direitos trabalhistas; e V – a privacidade e a proteção de dados". Disponível em: https://www.camara.leg.br/propostas-legislativas/2236340. Acesso em: 11 jul. 2022.

os princípios que devem reger o uso da IA, estes são vagos e imprecisos e dão uma margem de interpretação ampla, o que pode ocasionar conflitos e insegurança jurídica. Além disso, deve-se estimular que, a partir desse marco legal, sejam estabelecidas normativas específicas para determinados setores (autorregulação) a fim de guiar o uso de IA em certos mercados. Nessa linha, o Conselho Nacional de Justiça (CNJ) tratou do assunto por meio da Resolução n. 332/2020 e da Portaria n. 271/2020. A primeira dispôs sobre a ética, a transparência e a governança na produção e no uso de inteligência artificial no Poder Judiciário"; enquanto a segunda regulamentou o uso de inteligência artificial no âmbito do Poder Judiciário.

Em um panorama mundial, em janeiro de 2017, com o advento da Conferência em Asilomar[45], cientistas de renome identificaram 23 princípios sobre a temática da Inteligência Artificial, da Biotecnologia e das Tecnologias Nucleares. Referidos princípios foram assinados por 1.273 cientistas das áreas de Inteligência Artificial e Robótica. Nota-se que 13 princípios estão alinhados com a temática da transparência.

Com efeito, é por intermédio do princípio da transparência que se busca a consolidação do sistema e sua confiabilidade. O entendimento dos dados e sua origem são imprescindíveis para outorgar confiança ao sistema.

Com a presença de referidos princípios, denota-se o imperativo do respeito, da transparência, da dignidade, da privacidade e da segurança dos seres humanos, assim como a meta de se aprimorar o desenvolvimento dos tribunais superiores, sempre obedecendo aos critérios de previsibilidade, possibilidade de auditoria e garantia de imparcialidade.

(45) "6) Segurança: Os sistemas com IA devem ser seguros e protegidos durante toda a sua vida útil operacional, e verificáveis, quando aplicável e viável. 7) Transparência de falha: Se um sistema com IA causar dano, deve ser possível determinar o motivo. 8) Transparência Judicial: Qualquer envolvimento de um sistema autônomo na tomada de decisões judiciais deve fornecer uma explicação satisfatória passível de auditoria por uma autoridade humana competente. 9) Responsabilidade: *Designers* e construtores de sistemas avançados com IA são partes interessadas nas implicações morais de seu uso, abuso e ações, com responsabilidade e oportunidade de moldar essas implicações. 10) Alinhamento de valor: Sistemas com IA altamente autônomos devem ser projetados de modo que seja assegurado que seus objetivos e comportamentos serão alinhados com os valores humanos durante toda a operação. 11) Valores Humanos: Os sistemas com IA devem ser projetados e operados de modo a serem compatíveis com os ideais da dignidade humana, direitos, liberdades e diversidade cultural. 12) Privacidade Pessoal: As pessoas devem ter o direito de acessar, gerenciar e controlar os dados que geram, dado o poder dos sistemas com AI de analisar e utilizar esses dados. 13) Liberdade e Privacidade: A aplicação de IA aos dados pessoais não deve restringir de forma injustificável a liberdade real ou percebida das pessoas. 14) Benefício compartilhado: Tecnologias com IA devem beneficiar e capacitar o maior número de pessoas possível. 15) Prosperidade compartilhada: A prosperidade econômica criada pela IA deve ser compartilhada amplamente, para beneficiar toda a humanidade. 16) Controle Humano: Os seres humanos devem escolher como e se devem delegar decisões aos sistemas com IA, para realizar os objetivos escolhidos pelo homem. 17) Não subversão: O poder conferido pelo controle de sistemas com IA altamente avançada deve respeitar e melhorar, ao invés de subverter, os processos sociais e cívicos dos quais depende a saúde da sociedade. 18) Corrida Armada com IA: Deve ser evitada uma corrida armamentista com armas autônomas letais". Disponível em: https://www.asilomarsscconf.org/webpage/asil17/post_conf.htm. Acesso em: 27 set. 2021.

Como analisado, os princípios da transparência e da explicabilidade no uso da Inteligência Artificial devem ser respeitados. Porém nos tribunais de justiça estaduais e superiores, verificou-se a adoção de sistemas lastreados em Inteligência Artificial com diversas bases de fontes. Alguns sistemas são desenvolvidos diretamente pela equipe interna dos tribunais, outros elaborados por intermédio de convênios junto às universidades dos respectivos estados, além de outros modelos intermediados por contratações de empresas privadas especializadas no desenvolvimento de programas, o que, de certa maneira, dificulta o entendimento e explicabilidade no uso da Inteligência Artificial.

Verificou-se que os tribunais superiores (STF, STJ e TST), além de todos os TRTs, utilizam seus projetos de Inteligência Artificial, desenvolvidos exclusivamente pela equipe interna do respectivo Tribunal. Quanto aos TRFs, apenas o TRF-1 tem parceria com empresa de Tecnologia capacitada para gerar sistemas de desenvolvimento de Inteligência Artificial, adotando os demais TRFs (TRF-2, TRF-3, TRT-4 e TRF-5) igualmente sistemas desenvolvidos pela equipe interna do respectivo Tribunal. Quantos aos TJs, seis tribunais (TJ-AC, TJ-AL, TJ-AM, TJ-CE, TJ-MS, TJ-SP), desenvolveram seus sistemas com empresas privadas em harmonia com as equipes de TI e unidades judiciais de primeiro e segundo graus; 3 três tribunais (TJ-AL, TJ-GO, TJ-TO) desenvolveram seus sistemas em parceria com universidades; os demais tribunais estaduais (TJ-BA, TJ-DF, TJ-MT, TJ-PR, TJ-PE, TJ-RJ, TJ-RO, TJ-RR, TJ-RS) concentraram o desenvolvimento da Inteligência Artificial nas equipes internas dos próprios tribunais. Para obter respostas aos questionamentos iniciais suscitados, porém, o cientista jurídico não tem acesso aos sistemas adotados pelos tribunais, nem tampouco sabe quais os mecanismos, nem como e em que situações os algoritmos foram utilizados por tais tribunais. Enfim, não há controle sobre esses sistemas. Com isso, podemos responder que não há padrões de desenvolvimento de Inteligência Artificial nos tribunais brasileiros, que não há acesso aos dados, que os dados não são estruturados e que não há compartilhamento de dados entre os tribunais.

Ademais, cabe consignar que a Lei n. 12.527/2011[46], também conhecida como a lei que regula a garantia ao acesso às informações e os procedimentos a serem observados pela União, Estados, Distrito Federal e Municípios, em seu art. 3º, assegura os procedimentos previstos que "destinam-se a assegurar o direito fundamental de acesso à informação e devem ser executados em conformidade com os princípios básicos da administração pública". Dita as seguintes diretrizes em seus incisos: I – observância da publicidade como preceito geral e do sigilo como exceção; II – divulgação de informações de interesse público, independentemente de solicitações; III – utilização de meios de

(46) Disponível em: https://www.planalto.gov.br/ccivil_03/_ato2011-2014/2011/lei/l12527.htm. Aceso em: 27 dez. 2022.

comunicação viabilizados pela tecnologia da informação; IV – fomento ao desenvolvimento da cultura de transparência na administração pública; e V – desenvolvimento do controle social da administração pública.

E o conceito de "informação" é logo traçado no art. 4º, ao explicitar que são "dados, processados ou não, que podem ser utilizados para produção e transmissão de conhecimento, contidos em qualquer meio, suporte ou formato". No mesmo caminho, o art. 6º aponta a necessidade de o poder público observar normas e procedimentos específicos. Cabe aos órgãos e entidades do poder público, observadas as normas e procedimentos específicos aplicáveis, tais como, a "gestão transparente da informação, propiciando amplo acesso a ela e sua divulgação".

Marco Antonio Rodrigues e Jean Carlos de Albuquerque Gomes (2021, p. 833-836) enfatizam que a comunidade jurídica em geral tem o direito de conhecer os critérios de um algoritmo, a fim de respeitar a transparência no sistema democrático e os princípios da publicidade e informação:

> Em um sistema democrático, os tribunais têm que disponibilizar meios para que a comunidade jurídica e a sociedade conheçam quais critérios os algoritmos estão utilizando para decidir, atendendo positivamente os princípios da informação, transparência e publicidade.
>
> Nesta linha, entende-se essencial que haja uma transparência nos algoritmos utilizados pelos sistemas de inteligência artificial dos recursos. Isso para que os jurisdicionados e as funções essenciais à justiça possam exercer adequado controle dos algoritmos adotados, se estão consentâneos ao ordenamento jurídico, bem como se não estão imbuídos de inadequados vieses cognitivos.
>
> No entanto, para que a melhora também seja qualitativa, a transparência nos algoritmos é fundamental, permitindo o controle da atividade dos tribunais, assim como uma atuação mais eficiente dos jurisdicionados.

Qual o universo de pessoas ou mesmo de cientistas jurídicos têm acesso aos diversos sistemas elencados na tabela 1? Infelizmente desconhece-se a possibilidade de acesso aos referidos sistemas. Assim, o cientista jurídico não tem acesso aos sistemas adotados pelos tribunais, nem tampouco aos algoritmos utilizados por tais tribunais. No mesmo sentido, não há um controle transparente sobre esses sistemas, além da inexistência de padrões no desenvolvimento da IA e seus acessos aos dados. Enfim, os dados são desestruturados e não há compartilhamento de dados entre os tribunais. Para isso, foi elaborada a tabela 1 contendo um diagnóstico das origens da utilização das Inteligências Artificiais no âmbito dos tribunais estaduais, federais e superiores, identificando-se os desenvolvedores das tecnologias utilizadas nos tribunais brasileiros.

Desse modo, os tribunais devem informar e disponibilizar meios para que a sociedade conheça quais critérios os algoritmos estão utilizando para decidir. E a falta de transparência é algo que deve ser combatido. Não há uma matriz sobre os sistemas, nem mesmo para diagnosticar com segurança se os aludidos sistemas são públicos, privados ou mistos. Assim, a Lei n. 12.527/2011[(47)] aponta as diversas formas para se obter as informações, bem como as orientações sobre os procedimentos para se alcançar o acesso. E a negativa a tais informações pode ensejar a responsabilidade e medidas disciplinares.

Como analisado na tabela 1, os Tribunais utilizam sistemas tecnológicos diversos e não têm normas e regras uniformes, sendo suas tecnologias frequentemente adotadas em nível local ou regional, o que enseja, assim, um cenário variável de ferramentas tecnológicas e práticas de adoção (WOLKART, 2022, p. 94-98). No mesmo sentido, os "sistemas autônomos e inteligentes devem ser adotados em um sistema jurídico somente se as partes interessadas nos resultados tiverem acesso a informações pertinentes e apropriadas sobre o seu projeto".

Enfim, não é possível responder como os tribunais superiores, federais e estaduais estabeleceram critérios para a contratação e aquisição das ferramentas. Com isso, verifica-se a falta de transparência e diagnóstico confiável, haja vista a ausência de regulamentação por não estabelecerem requisitos objetivos para a necessidade, desenvolvimento e implantação das novas tecnologias.

Cabe aqui o destaque dado ao Conselho Nacional de Justiça, que deverá ser a mola propulsora para efetivar a aplicação da Inteligência Artificial no Poder Judiciário, com o objetivo de colaborar com a coerência, estruturação, transparência, explicabilidade e agilidade do processo de tomada de decisão, além de aprimorar o desenvolvimento dos tribunais superiores sempre incentivando o compartilhamento de dados, o desenvolvimento de padrões estruturados, o diálogo social e obediência aos critérios de transparência, previsibilidade, possibilidade de auditoria e garantia de imparcialidade.

---

(47) "Art. 7º O acesso à informação de que trata esta Lei compreende, entre outros, os direitos de obter: I – orientação sobre os procedimentos para a consecução de acesso, bem como sobre o local onde poderá ser encontrada ou obtida a informação almejada; II – informação contida em registros ou documentos, produzidos ou acumulados por seus órgãos ou entidades, recolhidos ou não a arquivos públicos; III – informação produzida ou custodiada por pessoa física ou entidade privada decorrente de qualquer vínculo com seus órgãos ou entidades, mesmo que esse vínculo já tenha cessado; IV – informação primária, íntegra, autêntica e atualizada; V – informação sobre atividades exercidas pelos órgãos e entidades, inclusive as relativas à sua política, organização e serviços; VI – informação pertinente à administração do patrimônio público, utilização de recursos públicos, licitação, contratos administrativos". Disponível em: https://www.planalto.gov.br/ccivil_03/_ato2011-2014/2011/lei/l12527.htm. Aceso em: 27 dez. 2022.

2

Os Tribunais Brasileiros e a Inteligência Artificial

O Poder Judiciário brasileiro é reconhecido, nacional e internacionalmente, como um dos mais custosos para a sociedade. Uma das formas de aferir os custos reside na análise das despesas globais com o Poder Judiciário, em paralelo com o Produto Interno Bruto (PIB)(48). O Poder Judiciário brasileiro tem um custo aproximado de 1,4%(49) do PIB, enquanto os países da Organização para a Cooperação e Desenvolvimento Econômico (OCDE) apresentam em média apenas 0,5%; os EUA apresentam os gastos equivalentes a 0,14% do PIB; a Itália, 0,19%, e a Alemanha, 0,32%. No que tange aos gastos em Ciência e Tecnologia (C&T), denota-se que Brasil investe 0,63% do Produto Interno Bruto (PIB)(50), enquanto que os investimentos públicos em infraestrutura (rodovias, portos, aeroportos, energia, telecomunicações, entre outros) respondem por apenas 0,4% do Produto Interno Bruto (PIB).

O Conselho Nacional de Justiça registrou, para as despesas totais do Poder Judiciário em 2021, a quantia aproximada de R$ 100 bilhões. Com efeito, os gastos com recursos humanos são responsáveis por aproximadamente 90% da despesa total e compreendem, além da remuneração com magistrados, servidores, inativos, terceirizados e estagiários, todos os demais auxílios e assistência devidos, tais como auxílio-alimentação, diárias, passagens, entre outros. Os 10% de gastos restantes referem-se às despesas de capital e outras despesas correntes, que somam aproximadamente 2 bilhões e 6,6 bilhões, respectivamente(51).

Anualmente, o Conselho Nacional de Justiça publica seu relatório *Justiça em Números*, e é ferramenta importante para reunir as informações dos órgãos do Poder

(48) PIB é o cálculo do somatório de todos os bens e serviços finais produzidos em um determinado país em um certo período de tempo.

(49) Dados extraídos do Relatório Justiça em Números, 2018, do Conselho Nacional de Justiça. Justiça em Números 2018: ano-base 2017/Conselho Nacional de Justiça – Brasília: CNJ, 2018.

(50) Disponível em: <https://www.ipea.gov.br>. Acesso em: 20 set. 2021.

(51) Justiça em Números. Conselho Nacional de Justiça. 2019. Disponível em: <www.cnj.jus.br>. Acesso em: 20 set. 2020.

Judiciário, excluídos o Supremo Tribunal Federal e o Conselho Nacional de Justiça, que apresentam relatórios à parte.

Conforme matéria veiculada no jornal *Valor Econômico* por Bárbara Pombo[52], "a Inteligência Artificial foi adotada em 43 tribunais do País, segundo a FGV". Os sistemas baseados em Inteligência Artificial apontam diversas soluções, quais sejam: agrupamento de processos, identificação de processos repetitivos, gerenciamento de processos, interpretação de possibilidade de admissão de recursos, bem como a vinculação de processos em julgamento a temas de precedentes firmados pelos tribunais superiores. Afirma a reportagem que, "atualmente, existem 58 projetos de Inteligência Artificial – em execução ou em desenvolvimento – em 43 tribunais e no Conselho Nacional de Justiça (CNJ), de acordo com pesquisa realizada pelo Centro de Inovação Pesquisa e Administração do Judiciário da FGV-Rio". De acordo com a mesma pesquisa, a tarefa realizada por um servidor do tribunal, que levaria, em média, 44 minutos, pelo robô é executada em apenas cinco segundos.

Na hipótese de ocorrer um real compartilhamento de dados e experiências para a aplicação da Inteligência Artificial dentro dos tribunais superiores, seguramente teríamos a redução do acúmulo de trabalho, celeridade processual, dentre outras infindáveis vantagens.

Assim, o investimento em tecnologia, sobretudo com a utilização da Inteligência Artificial, poderá ser um importante caminho a ser percorrido para a redução desses altos custos em comento. Ademais, é sabido que vivenciamos um evidente crescimento de demandas judiciais.

Como afirma Boeing (2022, p. 27), "crescem pelo país, em ritmo acelerado, tentativas de soluções tecnológicas para problemas do Judiciário, utilizando técnicas de Inteligência Artificial (IA), que, por si só, geram diversos outros questionamentos". Em razão de particularidades, cada país adota diferentes formas de tecnologia. Por exemplo, no Brasil, o Conselho Nacional de Justiça é o responsável por sistematizar e compartilhar, em todo o Território Nacional, diretrizes diversas, sobretudo na Portaria n. 25/2019, que criou o PJe (Processo Judicial eletrônico) e o Centro de Inteligência Artificial Aplicada ao PJe (LAGE, 2021, p. 167).

Como bem destaca Ricardo Vilas Bôas Cueva (2021, p. 86), não se pode olvidar que cada área do Poder Judiciário tem especificidades próprias, além de sistemas específicos, o que acaba por dificultar a uniformização dos sistemas:

Não apenas as peculiaridades de cada área da Justiça, mas também a autonomia administrativa e as realidades institucionais de cada tribunal são certamente elementos

(52) Disponível em: <https://valor.globo.com/legislacao/noticia/2022/04/11/robos-ja-estao-presentes-na-maioria-dos-tribunais-do-pais.ghtml>. Acesso em: 24 abr. 2022.

que dificultam a uniformização dos sistemas.

Ademais, o Conselho Nacional de Justiça fomenta os Tribunais de Justiça a aplicarem as novas tecnologias como forma de efetivar e racionalizar o processo judicial brasileiro. Antes mesmo das tecnologias de utilização de Inteligência Artificial, os tribunais superiores já dispunham de sistemas diversos para colaborar com a otimização de resultados do Poder Judiciário.

2.1. Inteligência artificial nos Tribunais de Justiça

Os Tribunais de Justiça estão em constante aprimoramento na concretização da Inteligência Artificial. Alguns exemplos podem ser citados de implementação de Inteligência Artificial nos Tribunais de Justiça brasileiros, a saber:

a) O Projeto RADAR(53), do Tribunal de Justiça de Minas Gerais (TJMG), é responsável pela identificação e separação de recursos com pedidos semelhantes. A ferramenta auxilia os juízes nas pesquisas por data de distribuição, palavras, advogado, parte, órgão julgador, dentre outros. A plataforma foi criada pela Diretoria de Informática do próprio Tribunal de Minas Gerais. Com olhar aguçado para segunda instância, a nova tecnologia identifica casos semelhantes e automaticamente propõe o julgamento de casos análogos, bem como disponibiliza ao julgador a inclusão dos votos em ambientes digitais para disponibilizar, em seguida, aos demais julgadores, a possibilidade de retificação ou ratificação da decisão. "Auxilia ainda nas tomadas de decisão referindo julgados dos tribunais superiores e do próprio Tribunal local. Com um clique, em novembro de 2018, a 8ª Câmara Cível do Tribunal de Justiça de Minas Gerais julgou 280 processos" (BRUCH, 2021, p. 75-76). O Radar também lê e processa textos não estruturados, permitindo a vinculação automática de processos a temas de precedentes qualificados (WOLKART, 2022, p. 238).

b) O Projeto ELIS(54), do Tribunal de Justiça de Pernambuco (TJPE), foi o "primeiro produto da Comissão para a Aplicação de Soluções em Inteligência Artificial (CIA) do Tribunal de Justiça do Pernambuco", representando, "conforme seus criadores, o começo do uso da IA pelo TJPE", com "impactos positivos na celeridade processual em matéria de execução fiscal", diminuição do contingente e aumento da recuperação de crédito público (BRUCH, 2021, p. 77). Por intermédio do

---

(53) O Projeto RADAR utiliza a Inteligência Artificial para identificar e agilizar os julgamentos de casos repetitivos. Disponível em: https://www.tjmg.jus.br/portal-tjmg/noticias/plataforma-radar-aprimora-a-prestacao-jurisdicional.htm#.YeSYhFlv_IU. Acesso em: 16 jan. 2021.

(54) O Projeto ELIS utiliza a Inteligência Artificial para analisar divergências nas certidões de dívida ativa, petições iniciais, executivos fiscais, bem como triagens de competência, prescrição, dentre outros. Disponível em: https://www.tjpe.jus.br/-/tjpe-disponibiliza-ferramenta-de-inteligencia-artificial-para-execucao-fiscal-em-programa-de-formacao-do-cnj. Acesso em: 16 jan. 2021.

ELIS, uma tecnologia baseada no *deep learning*, o algoritmo é treinado para buscar equívocos em cadastros, certidões de dívida ativa, divergência sobre competência, prescrição, dentre outros, que são suscitados pelo sistema a partir de processos identificados previamente por servidores públicos. O grande detalhe é que o sistema foi projetado pelo próprio Tribunal e, "em 15 dias sozinho, fez o trabalho que onze servidores fariam em mais de um ano" (BRUCH, 2021, p. 77). Basicamente a solução apoiada em IA automatiza atividades em processos de execução fiscal, cuja característica é a padronização e a repetição de atos juridicamente simples, com o objetivo de "reduzir as taxas de congestionamento desse tipo de processo, que são as mais altas do país, de acordo com o próprio CNJ" (WOLKART, 2022, p. 236).

c) O Projeto TRÊS ROBÔS[(55)] (Poti, Jerimum e Clara) é desenvolvido no Tribunal de Justiça do Rio Grande do Norte (TJRN). O algoritmo do "Poti", projetado em 2017 pela Universidade Federal do Rio Grande do Norte, realiza a atualização de débitos, bem como, em menos de um minuto, a penhora de bens de devedores em sede de demandas de execuções fiscais, além da transferência de valores para as contas indicadas nos autos, valendo-se do *software* BACEN-JUD. A novidade no TJRN vai ao encontro da celeridade tão perseguida pelo Poder Judiciário, além da economia em recursos humanos. No que tange aos robôs Jerimum e Clara, denota-se sua habilidade em categorizar e proceder à leitura de peças processuais e documentos diversos, assim como a apresentação de sugestões de tarefas e possíveis decisões judiciais correlatas ao caso posto em julgamento (CARVALHO; GUILHERME, 2019). "A Clara lê documentos e recomenda ações para servidores, enquanto o Jerimum classifica os processos por matérias. Enquanto um servidor-Juiz consegue realizar no máximo 300 ordens de bloqueio por mês, o Poti leva 35 segundos para performar a mesma tarefa" (WOLKART, 2022, p. 238).

d) O Projeto SINAPSES[(56)], dos Tribunais de Justiça de Rondônia (TJRO) e Sergipe (SE), foi desenvolvido por integrantes do próprio Tribunal de Rondônia basicamente para interagir com o PJe, possibilitando a sua utilização em qualquer tribunal por meio de redes neurais. O sistema busca distribuir e treinar modelos diversos de inteligência artificial. O Tribunal de Justiça se vale de um banco de dados de mais de 5.000 (cinco mil) acórdãos (BRUCH, 2021, p. 75). No ano de

(55) O Projeto TRÊS ROBÔS utiliza a Inteligência Artificial para reduzir o volume de ações judiciais. O Robô Poti, realiza a pesquisa e bloqueios de valores em contas bancárias; o Robô Jerimum rotula e classifica os processos; por último, o Robô Clara, realiza a leitura de alguns documentos e recomenda as possíveis decisões. Disponível em: https://bernardodeazevedo.com/conteudos/tjrn-investe-em-sistemas-para-automatizar-acoes-repetitivas/. Acesso em: 16 jan. 2021.

(56) O Projeto SINAPSES utiliza a Inteligência Artificial para otimizar tarefas repetitivas, predições, conferindo assim maior segurança e celeridade no andamento processual. Disponível em: https://www.tjro.jus.br/noticias/item/9472-inteligencia-artificial-desenvolvida-pelo-tjro-pode-revolucionar-o-judiciario. Acesso em: 11 jul. 2022.

2019, a plataforma Sinapses foi premiada no Congresso de Inovação, Tecnologia e Direito para o Ecossistema de Justiça, e o próprio Conselho Nacional de Justiça vem se utilizando da plataforma. O modelo de Inteligência Artificial utilizado é o *deep learning* para sugerir palavras e textos antes mesmo de o assunto ser escrito, bem como diagnosticar qual a movimentação mais adequada para o processo em andamento.

e) O Projeto *MANDAMUS*(57), do Tribunal de Justiça de Roraima (TJRR), é um sistema de Inteligência Artificial desenvolvido pela UnB (Universidade de Brasília) e pelo próprio Tribunal de Justiça de Roraima, que basicamente realiza a distribuição eletrônica de citações judiciais e mandados. Por intermédio de um *app mobile*, tudo é realizado de forma automatizada, desde a retirada do mandado pelo oficial de justiça até a sua devolução com certidão. Como se pode observar, com o *MANDAMUS* não há necessidade de o oficial de justiça se dirigir até a central de mandados, como destaca o Desembargador Mozarildo Cavalcanti(58): "Ainda estamos ajustando o módulo de expedição dos mandados. Mas já vamos atuar com o cumprimento todo em modo digital, com um grupo de oficiais que utilizará as ferramentas de manuseio externo do *Mandamus*". A sequência dada pela Inteligência Artificial é a interpretação da decisão judicial proferida e a conferência de qual o documento correto para o respectivo cumprimento da ordem judicial. Como exemplo, a citação por carta precatória, edital, ofícios diversos, dentre quaisquer outros mandados. Após tal definição, outro formato de Inteligência Artificial faz a distribuição do mandado para o oficial de justiça, identificando a natureza, prioridade e relevância etc. Com isso, é possível até mesmo conferir a localização dos oficiais de justiça em tempo real, além da distribuição imediata de acordo com a geografia, o que, sem dúvida, contribui com a eficiência e racionalidade da justiça. Nesse sistema, o oficial de justiça, por intermédio de um simples *smartphone*, "acessa o mandado e as peças processuais relacionadas, lê o inteiro teor e colhe a assinatura da pessoa na própria tela do aparelho. Por fim, imprime o mandado em uma mini-impressora portátil, com todas as informações de acesso ao processo. Finalizada a diligência, o oficial clica nas opções, gerando a certidão de modo automatizado. Caso sejam necessárias informações além das padronizadas, o oficial insere o texto, digitando no próprio celular. Por fim, assina eletronicamente a certidão e junta no sistema de processamento eletrônico de

(57) O Projeto MANDAMUS utiliza a Inteligência Artificial para a distribuição de mandados e localização de oficiais de justiça, endereços das partes, etc. Disponível em: http://tjrr.jus.br/index.php/noticias/noticias/4562-mandamus-tecnologia-do-tjrr-e-disponibilizada-para-tribunais-de-todo-o-pais. Acesso em: 16 jan. 2021.

(58) Disponível em: https://www.aasp.org.br/noticias/mandamus-automacao-de-processos-e-distribuicao-eletronica-de-mandados-comeca-a-funcionar-no-tjrr/. Acesso em: 21 abr. 2022.

onde estiver, dando a possibilidade de as partes e o juiz tomarem conhecimento instantâneo sobre o resultado da diligência"(59).

f) No Tribunal de Justiça do Estado do Rio de Janeiro (TJRJ), a Inteligência Artificial auxilia na diminuição das demandas na área da saúde. Por intermédio do Núcleo Permanente de Métodos Consensuais de Solução de Conflitos (NUPEMEC) e do Centro de Integração *on-line*, a ferramenta, que pode ser acessada por celular via aplicativo, busca resolver as querelas com planos de saúde, porém, de forma extrajudicial, na fase pré-processual, podendo a demanda obter sucesso em um lapso temporal de até três horas. A iniciativa do projeto de desenvolvimento foi da FGV Projetos, com o apoio de associações de usuários dos planos de saúde, operadoras e do Ministério Público do Rio de Janeiro. A dinâmica do funcionamento da Inteligência Artificial se dá com a explicação dos fatos da reclamação lançados no corpo do *app* e, logo em seguida, a inteligência artificial proporá, com fulcro nas jurisprudências predominantes do próprio Tribunal de Justiça do Estado do Rio de Janeiro, as soluções mais viáveis para o caso posto em debate, momento em que, com a concordância de uma das partes com as possibilidades ofertadas, imediatamente o *app* notifica o plano de saúde para o cumprimento da decisão. Caso não ocorra a concordância de uma das partes, o passo seguinte é a designação de uma mediação *on-line* ou uma audiência de conciliação presencial. Para o Desembargador César Cury, presidente do NUPEMEC, "esses processos são extremamente caros e demorados, e representam um alto custo para toda a sociedade. Só em 2018, o TJRJ recebeu mais de 50 mil processos na área de saúde"(60).

g) O Projeto Queixa Cidadã, do Tribunal de Justiça da Bahia (TJBA), é um sistema via aplicativo, de iniciativa da Coordenação dos Juizados Especiais (COJE) e da Secretaria de Tecnologia da Informação e Modernização (SETIM), disponível nas plataformas IOS e Android, que permite a realização de queixas e denúncias selecionadas pelo Sistema dos Juizados Especiais até vinte salários mínimos. A tecnologia, que utiliza o reconhecimento facial e a inteligência artificial, tem como ênfase as relações consumeristas. O *App* auxilia os usuários na feitura da petição inicial, sem a presença de um advogado, tanto para a reparação de danos materiais, como também para a reparação dos danos morais, inclusive com a possibilidade de tutelas provisórias de urgência. O *app* permite a gravação de um vídeo simples em harmonia com a documentação apresentada. "O usuário pode acompanhar

(59) Disponível em: https://www.aasp.org.br/noticias/mandamus-automacao-de-processos-e-distribuicao-eletronica-de-mandados-comeca-a-funcionar-no-tjrr/. Acesso em: 21 abr. 2022.

(60) Disponível em: http://www.tjrj.jus.br/noticias/noticia/-/visualizar-conteudo/5111210/6137834. Acesso em: 21 abr. 2022.

toda a movimentação do processo pelo próprio aplicativo, recebendo notificações e lembretes". Enfim, é notória a comodidade ofertada ao consumidor"[(61)].

h) No TJ do Rio Grande do Sul[(62)], a Inteligência Artificial está presente de várias formas e funcionalidades, a saber: a) para validação de assuntos, mediante a plataforma do *eProc* em conformidade com o texto da Petição Inicial; b) para gerar sínteses de textos de documentos; c) classificação por conteúdo em que ajusta documentos de acordo com as semelhanças de textos; d) em processos de execução fiscal, analisa as petições iniciais de execução com classificação dos despachos a serem proferidos pelo magistrado (citação, prescrição, intimação, dentre outros).

i) No TJ de Santa Catarina[(63)], a Inteligência Artificial é uma ferramenta que se concentra na busca de localização de endereços das partes juntos aos processos judiciais. Um algoritmo sem nome definido realiza a varredura nos sistemas conveniados junto ao Tribunal de Justiça de Santa Catarina, na tentativa de localizar os endereços atuais dos litigantes, mediante a pesquisa nos sistemas cadastrais (Infojud[(64)], Renajud[(65)] e outros). Após o resultado das buscas, as informações são automaticamente juntadas aos processos. Com isso, o advogado que não dispõe da informação do atual paradeiro do réu obtém maior efetividade e celeridade no andamento processual.

j) No Tribunal de Justiça do Paraná[(66)], a Inteligência Artificial auxilia na busca automática de informações no sistema Bacenjud e endereços. O sistema denominado como Projudi e o Projeto de PIAA (Projeto de Inteligência Artificial e Automação), com o auxílio de um robô (Larry), faz a comunicação entre o sistema e o Bacenjud, "proporcionando economia de tempo e evitando a realização de tarefas repetidas"[(67)]. A explicação dada pelo Tribunal de Justiça do Paraná apontou os números entre setembro a dezembro de 2019: "mais de 16 mil buscas

(61) Disponível em: http://www5.tjba.jus.br/juizadosespeciais/index.php/noticias/286-queixa-cidada-novo-servico. Acesso em: 21 abr. 2022.

(62) Disponível em: https://www.tjrs.jus.br/novo/institucional/direcoes/ditic/projetos-com-inteligencia-artificial-no-tjrs/. Acesso em: 18 ago. 2022.

(63) Disponível em: https://www.oab-sc.org.br/noticias/veja-como-vai-funcionar-utilizacao-do-sistema-inteligencia-artificial-implantado-no-tjsc-para-consul/18901. Acesso em: 18 ago. 2022.

(64) INFOJUD (Sistema de Informações ao Judiciário), trata-se de um sistema eletrônico ligado entre o Judiciário brasileiro e a Delegacia da Receita Federal, em que pesquisas podem ser realizadas a fim de viabilizar ordens judiciais no intuito de localização de bens em nome de devedores-executados.

(65) RENAJUD (Restrições Judiciais sobre Veículos Automotores), trata-se de um sistema eletrônico ligado entre o Judiciário brasileiro e o Departamento Nacional de Trânsito, em que pesquisas podem ser realizadas a fim de viabilizar ordens judiciais de restrição de veículos cadastrados no Registro Nacional de Veículos em nome de devedores-executados.

(66) Disponível em: https://www.tjpr.jus.br/noticias/-/asset_publisher/9jZB/content/tjpr-utiliza-inteligencia-artificial-para-acesso-a-informacoes-do-sistema-bacenjud/18319. Acesso em: 17 ago. 2022.

(67) *Idem*.

de endereço no BacenJud foram realizadas em 240 varas (com uma economia de tempo de 5 minutos em cada busca, em média). Atualmente, o projeto tem 524 usuários ativos — em apenas um dia, um servidor realizou 279 buscas. No mesmo período, por meio da ferramenta experimental de bloqueio de valores, foram realizados mais de 4.500 pedidos de bloqueio. Com a utilização do robô, uma das Varas de Execução Fiscal de Curitiba bloqueou cerca de R$ 400 mil em favor do Estado do Paraná. A plataforma já auxiliou o bloqueio de mais de R$ 3,5 milhões em apenas 3 meses"(68).

k) No Tribunal de Justiça de Goiás, foi lançado, em 2019, o projeto de Inteligência Artificial denominado BERNA, com o objetivo de unir, identificar e agrupar automaticamente demandas judiciais em andamento com teses jurídicas e fatos semelhantes lançados na petição inicial. O sistema alerta o julgador com a informação de ações semelhantes, além de realizar a leitura de petições iniciais com o objetivo de diagnosticar semelhanças e permitir a distribuição por competências e possíveis julgamentos em bloco.

l) No Tribunal de Justiça do Distrito Federal e Territórios(69), são quatro projetos que utilizam a tecnologia em Inteligência Artificial: *Amon, Artiu, Hórus* e Natureza Conciliação. São sistemas desenvolvidos pela Coordenadoria-Geral de Tecnologia da Informação (CGTI) e equipes da Secretaria de Desenvolvimento de Sistemas (SEDES) do próprio Tribunal. O algoritmo *Amon* implementou o reconhecimento facial; com base em fotografias, ele auxilia e monitora os acessos às dependências do Tribunal; seu objetivo é assegurar segurança aos servidores, magistrados e a população em geral que utiliza o espaço forense.O algoritmo *Artiu* realiza o encaminhamento de mandados para distribuição e o cumprimento. A "IA procura identificar qual é o setor ao qual será enviado o mandado e faz o ajuste do endereço de forma automática. O sistema também foi treinado para obter o tipo de mandado, sendo capaz de classificá-lo e enviá-lo com a prioridade necessária"(70). Já o algoritmo *Hórus* faz a inclusão automática no sistema PJe dos processos digitalizados, além de identificar o código dos caracteres dos documentos via OCR, e também procede à classificação dos diversos tipos de documentos. Por último, o algoritmo Natureza Conciliação orienta os CEJUSCs (Centros Judiciários de Solução de Conflitos e Cidadania), mediante a classificação de "procedimentos por meio do processo de aprendizado da máquina.Para cada processo importado, é gerado um novo procedimento que resultará em uma ou mais sessões

(68) Disponível em: https://www.tjpr.jus.br/noticias/-/asset_publisher/9jZB/content/tjpr-utiliza-inteligencia-artificial-para-acesso-a-informacoes-do-sistema-bacenjud/18319. Acesso em: 17 ago. 2022.

(69) Disponível em: https://www.tjdft.jus.br/institucional/imprensa/noticias/2021/janeiro/tjdft-e-o-tribunal-com-mais-projetos-de-inteligencia-artificial. Acesso em: 17 ago. 2022.

(70) *Idem*.

de conciliação. Após ser criado, cada um desses procedimentos ainda precisa passar por uma triagem visando a complementação de informação necessária para a realização da sessão. Isso era feito por um ou mais servidores ou estagiários e agora é realizado de maneira automática pelo próprio sistema, eliminando tarefas repetitivas e dispensando os servidores para novas atribuições"(71).

m) Junto ao Tribunal de Justiça do Amapá(72) o foco das aplicações da IA são os processos em trâmite perante os Juizados da Fazenda Pública. O sistema "Tucujuris" identifica as ocorrências com demandas repetitivas sem passar pelas mãos de um servidor. Com a inserção da petição inicial no sistema, de imediato o algoritmo detecta se existe no banco de dados uma demanda semelhante. Com isso, o magistrado pode proferir a decisão em blocos.

n) Quanto à aplicabilidade de Inteligência Artificial no Poder Judiciário de Mato Grosso(73), nasceu o algoritmo denominado *Mako*. O modelo é interligado com o PJe (Processo Judicial eletrônico) e o Sisbajud (Sistema de Busca de Ativos do Poder Judiciário). A ferramenta faz um mapeamento de quantias para pagamento de dívidas judiciais. O Sisbajud — que substituiu o Bacenjud — é uma potente plataforma, em que os julgadores solicitam bloqueios de ativos de devedores. Assim, a harmonia entre o Sisbajud e PJe possibilita transferências, desbloqueios e bloqueios das quantias de forma automática.

o) No Tribunal de Justiça da Paraíba(74), foi instituído o Sistema Codex-Sinapses, desenvolvido inicialmente pelo CNJ em parceria com o Tribunal de Justiça de Rondônia. O CNJ detém a consolidação das bases de dados processuais e o conteúdo textual de documentos e dados estruturados. Tal ferramenta alimenta o *DataJud*, que "de forma automatizada transforma, em texto puro, decisões e petições, a fim de ser utilizado como insumo de modelo de Inteligência Artificial"(75). "O Codex é uma plataforma de transformação e extração de informações processuais que possibilita a alimentação de dados estatísticos para gestão e, ainda, permite a utilização de modelos de Inteligência Artificial, que é o atual estudo da Ditec"(76).

(71) Disponível em: https://www.tjdft.jus.br/institucional/imprensa/noticias/2021/janeiro/tjdft-e-o-tribunal-com-mais-projetos-de-inteligencia-artificial. Acesso em: 17 ago. 2022.

(72) Disponível em: https://www.tjap.jus.br/portal/publicacoes/noticias/9768-%C2%B4rob%C3%B4-de-intelig%C3%AAncia-artificial-%C3%A9-criado-no-tjap-para-agilizar-andamento-de-processos-com-demandas-repetitivas.html. Acesso em: 17 ago. 2022.

(73) Disponível em: http://www.tjmt.jus.br/noticias/61428#.Yv0wE73MLIU. Acesso em: 17 ago. 2022.

(74) Disponível em: https://www.tjpb.jus.br/noticia/tjpb-ja-implantou-plataforma-codex-sinapses-e-tera-primeiro-modelo-de-inteligencia. Acesso em: 17 ago. 2022.

(75) *Idem*.

(76) *Idem*.

p) No Tribunal de Justiça de Tocantins(77) está presente o algoritmo denominado *Tanatose*. A Inteligência Artificial tem como foco extrair informações dos processos e detectar compatibilidades entre as demandas. "A expectativa é dar rapidez à leitura e identificação dos processos, uma vez que ela substitui, de maneira dinâmica, a prática e manuseio dos processos, juntando-se a outros programas e iniciativas do TJ-TO, com vistas a modernizar todo o sistema de prestação jurisdicional da Corte"(78). A Tanatose mantém a comunicação com banco de dados do Eproc – Sistema Processual Eletrônico. "A Tanatose realiza a extração, processa e faz comparação textual, proporcionando com técnicas de processamento de linguagem natural resultado capaz de auxiliar os técnicos na tomada decisão quanto aos procedimentos adequados. A ferramenta obtém taxas de similaridades (maior e/ou menor) dos conteúdos captados. Os índices dessas taxas podem ultrapassar os 90%"(79).

Tabela 2: Resumo dos principais projetos e funcionalidades nos Tribunais de Justiça Estaduais

Tribunal	Projeto	Funcionalidade
TJ-AC	Sem nome definido	Classifica petições intermediárias com apoio na tecnologia de PLN — Processamento de Linguagem Natural. Analisa, identifica e sugere a categoria da petição.
TJ-AL	Hércules	Realiza a análise e categorização de petições em sede de execuções fiscais.
TJ-AP	Tucujuris	Com foco nos processos em trâmite perante os Juizados da Fazenda Pública, a ferramenta identifica as ocorrências com demandas repetitivas logo após a inserção da petição inicial, possibilitando ao magistrado proferir decisões em bloco.
TJ-AM TJ-CE TJ-MS TJ-SP	LEIA Precedentes (Legal Intelligent Advisor)	Busca processos com temas de precedentes, repercussão geral e resolução de demandas repetitivas. Identifica o objetivo da petição inicial e apresenta a conexão de um tema ao processo em análise. Classifica processos em primeiras e segundas instâncias para a vinculação a temas de precedentes judiciais vinculantes.
TJ-BA	Queixa Cidadã	Permite a realização de queixas e denúncias selecionadas pelo Sistema dos Juizados Especiais até vinte salários mínimos.
TJ-DF	Amon, Artiu, Hórus e Natureza Conciliação	Amon — realiza o reconhecimento facial para monitorar os acessos às dependências do Tribunal; Artiu — realiza o encaminhamento de mandados para distribuição e o cumprimento. Hórus — faz a inclusão automática no sistema PJe dos processos digitalizados e procede à classificação dos diversos tipos de documentos. Natureza Conciliação — orienta os CEJUSCs.

(77) Disponível em: https://www.tjto.jus.br/index.php/noticias/8737-tjto-apresenta-nova-ferramenta-para-detectar-similaridade-entre-processos-com-uso-de-inteligencia-artificial. Acesso em: 17 ago. 2022.

(78) *Idem*.

(79) *Idem*.

Tribunal	Projeto	Funcionalidade
TJ-ES	Sem projeto	Sem IA.
TJ-GO	Berna	Identifica, reúne e agrupa automaticamente as demandas judiciais com teses jurídicas e fatos semelhantes lançados na petição inicial.
TJ-MA	Sem nome definido	Realiza análise de precedentes judiciais vinculantes e sua aplicação no STF ou STJ para auxiliar os julgadores na celeridade processual.
TJ-MT	Mako	Faz um mapeamento de quantias para pagamento de dívidas judiciais, interligando o PJe e o Sisbajud.
TJ-MG	Radar	Identifica e separa recursos com pedidos semelhantes.
TJ-PA	Índia	Realiza a indexação de processos digitalizados mediante a criação de um índice-sumário em que o conteúdo do processo fica fracionado por assuntos.
TJ-PB	Codex-Sinapses	Transforma em texto puro decisões e petições.
TJ-PR	Larry	Busca automática de informações no sistema Bacenjud e endereços.
TJ-PE	Elis	Busca equívocos em cadastros, certidões de dívida ativa, divergência sobre competência, prescrição, dentre outros.
TJ-PI	Sem projeto	Sem IA.
TJ-RJ	Sem nome definido	Com foco em processos na temática de Planos de Saúde, mediante a explicação dos fatos da reclamação lançados no corpo de um *app*, a IA propõe jurisprudências predominantes sobre o assunto do próprio Tribunal de Justiça.
TJ-RN	Três robôs (Poti, Jerimun e Clara)	Atualiza débitos; transfere valores para contas identificadas nos autos; categoriza e procede à leitura de peças processuais.
TJ-RS	Sem nome definido	Valida assuntos na plataforma do eProc em conformidade com o texto da Petição Inicial; gera sínteses de textos de documentos; classifica documentos de acordo com a semelhança de textos; analisa petições iniciais de execução fiscal para classificar os despachos a serem proferidos pelo magistrado (citação, prescrição, intimação, dentre outros).
TJ-RO TJ-SE	Sinapses	Otimiza tarefas repetidas; Sugere palavras e textos antes do assunto ser escrito.
TJ-RR	Mandamus	Por intermédio de um *app mobile* realiza a distribuição eletrônica de mandados de citações judiciais para os Oficiais de Justiça.
TJ-SC	Sem nome definido	Busca automática de endereços dos litigantes junto a sistemas conveniados, mediante a pesquisa nos sistemas cadastrais (Infojud, Renajud, Sisp, Casan, Celesc e FCDL).
TJ-TO	Tanatose	Realiza a extração, processamento e comparação textual utilizando técnicas de PLN.

Fonte: (Autor).

Como se pode observar, os Tribunais de Justiça Estaduais estão se aprimorando e utilizando, cada vez mais, a Inteligência Artificial como tecnologia para auxiliar o Poder

Judiciário brasileiro, acompanhando, assim, a evolução e as novas técnicas de aplicar a distribuição da prestação jurisdicional na busca incessante pela racionalidade e efetividade das decisões judiciais.

Os Tribunais Regionais Eleitorais do Espírito Santo e do Rio Grande do Norte têm respectivamente os algoritmos "Bel" e "Celina", que funcionam como assistentes virtuais que informam o título de eleitor, a segurança das eleições, o local de votação, justificativa de ausência, dentre outras funcionalidades.

Não é diferente a crescente utilização da Inteligência Artificial em outros braços do Poder Judiciário. É o caso do Projeto SAPIENS, da Advocacia-Geral da União (AGU). Tal ferramenta dá sustentação para a estrutura interna da AGU, sobretudo em processos administrativos. O SAPIENS tornou-se o vencedor do Prêmio *Innovare* da 17ª edição, na categoria Advocacia. O Projeto foi tão bem-sucedido que, em 2020, foi lançado o "Super Sapiens" com o objetivo de interagir com o uso em *smartphones* e *tablets*, auxílio automático de material para defesa, pesquisas e informações diversas com maior velocidade de resposta. A nova tecnologia foi criada por duas comunidades de desenvolvimento: (SUPP) jurídica e (Super.BR) administrativa. "A implantação do Super Sapiens representa uma verdadeira revolução tecnológica no processo eletrônico de tomada de decisão e de elaboração dos mais diversos documentos jurídicos e administrativos. A nova plataforma consolida um grande avanço não apenas para a Advocacia-Geral da União (AGU), mas também para a Advocacia Pública brasileira e o Poder Executivo Federal. O Super Sapiens chega com a missão de substituir a versão anterior do Sistema AGU de Inteligência Jurídica"(80). Com a publicação da Portaria Normativa da AGU n. 8, de 31 de maio de 2021(81), houve a instrução das formas de acesso, utilização e manutenção do módulo Administrativo do Sistema AGU de Inteligência Jurídica — SUPER SAPIENS.

No mesmo sentido de aplicabilidade da Inteligência Artificial, o projeto "Dra. Luzia", oriundo da parceria entre a *startup Legal Labs* e da Universidade de Brasília (UnB), tem como foco, por intermédio da *machine learning*, o apoio ao peticionamento de processos de massa, com a confecção da petição inicial por intermédio da Inteligência Artificial e posteriormente também para o auxílio às Procuradorias de Estado, mediante a ajuda em resultados, gestão e acompanhamentos de processos. Destacou Ricardo Fernandes, professor na Faculdade de Direito da Universidade de Brasília e fundador da

(80) Disponível em: https://www.gov.br/agu/pt-br/sapiens-1/historico. Acesso em: 21 abr. 2022.

(81) Portaria Normativa da AGU n. 8, de 31 de maio de 2021. Art. 2º. O SUPER SAPIENS é o sistema oficial de informações, documentos e processos eletrônicos no âmbito da Advocacia-Geral da União, e sua utilização é obrigatória na gestão documental e controle de fluxos de trabalho pelos Membros e Servidores da Advocacia-Geral da União, nos órgãos em que implantado. Disponível em: https://www.in.gov.br/en/web/dou/-/portaria-normativa-agu-n-8-de-31-de-maio-de-2021-323553605. Acesso em: 21 abr. 2022.

startup, que "queria trazer esses desenvolvedores [de tecnologia] para fazerem trabalho de inovação no Direito. Foi quandopercebemos que elesprecisavam de remuneração, por isso construímos um projeto privado, a partir daí nasceu a LegalLabs"(82).

Igualmente, o projeto VICTORIA (Judicial Artificial Intelligence), também desenvolvido pela *startup Legal Labs*, tem como foco a interpretação de petições, bloqueios eletrônicos, a celeridade em atividades de cartório, dentre outras funções de Inteligência Artificial, porém, diferentemente da Dra. Luzia, que utiliza o *machine learning*, a Victoria utiliza o *Deep Learning*.

Os resultados são: redução em 2/3 do tempo médio de tramitação processual, acurácia maior que 99% para realizar o fluxo de bloqueios eletrônicos e propostas de minutas das decisões; maior disponibilidade dos servidores para dedicação aos processos mais complexos; redução de gastos com pessoal. Em resumo: a IA proporciona a redução de gastos dos tribunais e o aumento da eficiência na tramitação de processos(83).

No âmbito do Tribunal de Contas da União, empregam-se as seguintes ferramentas: o algoritmo ALICE (Análise de Licitações e Editais) realiza uma constatação automatizada e preventiva das licitações, com a busca incessante de possíveis equívocos nos editais de licitação e atas de pregão eletrônico publicados no Portal de Compras do Governo Federal (Comprasnet), o Alice dialoga com as unidades técnicas e foi desenvolvido inicialmente pelo Ministério da Transparência, Fiscalização e da Controladoria-Geral da União; o algoritmo MONICA (Monitoramento Integrado para o Controle de Aquisições) aponta todas as compras públicas mediante as contratações diretas e também meio de inexigibilidade de licitação, isto é, quando um serviço ou produto possui apenas um fornecedor; o algoritmo ADELE (Análise de Disputa em Licitações Eletrônicas) acompanha a dinâmica dos pregões eletrônicos, identificando indícios de fraudes

---

(82) Disponível em: https://www.startse.com/noticia/startups/legal-labs-lawtech. Acesso em: 11 jul. 2022.

(83) "Funcionalidades do Sistema VICTORIA de Inteligência Artificial (IA) para Tribunais, em sua versão Versão 1.0 para Execução Fiscal: 1. Automação da execução fiscal em Tribunais; 2. Integração da citação via AR (correios) e/ou Certidão do Oficial com auxílio de IA para verificação da citação válida ou encaminhamento para novos endereços; 3. Comunicação integrada – com consulta, bloqueios e transferências – com o sistema Banco Central (BACENJUD) para penhora em contas bancárias; 4. Comunicação integrada, com consultas e determinação de restrições de veículos junto ao sistema do DENATRAN (RENAJUD); 5. Comunicação integrada, com consultas junto ao Registro Geral de Imóveis, incluindo restrição do imóvel (onde houver); 6. Consultas com importação de extrato do INFOJUD, bem como análise com IA sobre a existência ou não de bens; 7. Geração de decisões com *Deep Learning* a partir dos resultados obtidos e enquadramento nos modelos de decisões disponibilizados pelo Tribunal; 8. Interligação com o Sistema do Tribunal (PJE, PROJUD, EProc, sistema próprio, etc.); 9. Disponibilização dos resultados em interface de fácil compreensão, incluindo *dashboard* com todas as métricas e resultados do sistema; 10. Análises com *Deep Learning* das exceções de pré-executividade e embargos à execução com a classificação dos temas suscitados pelos recorrentes, geração das minutas de decisões judiciais para conferência e análise; 10. Geração com *Deep Learning* das decisões relativas aos temas mais recorrentes, como pagamento, prescrição, cancelamento da CDA, suspensão por parcelamento, etc.". Disponível em: https://legalabs.com.br/. Acesso em: 22 abr. 2022.

e restrições à competitividade, bem como o conluio entre licitantes; o algoritmo SOFIA (Sistema de Orientação sobre Fatos e Indícios para o Auditor), mediante uma detalhada revisão na redação de textos, confere as fontes de referência e as respectivas correlações com as partes, CNPJ e CPF, mediante a consulta de cadastros de bancos de dados na busca de inconsistências de informações; o algoritmo CARINA (*Crawler* e Analisador de Registros da Imprensa Nacional) busca informações de aquisições governamentais, tais como, licitações, aditivos, contratos diversos; e, por último, o ÁGATA (Aplicação Geradora de Análise Textual com Aprendizado), por intermédio da Inteligência Artificial, realiza um termo de busca e apresentação de textos dos arquivos do edital. Enfim, "são as ferramentas tecnológicas adotadas pelo Tribunal de Contas da União (TCU) que, com utilização de algoritmos inteligentes, proporcionam maior eficiência, racionalidade e principalmente tempestividade para o controle externo"[(84)].

Por todo o exposto, os tribunais de justiça estaduais estão cada vez mais se aprimorando e utilizando as tecnologias lastreadas em Inteligência Artificial. São ferramentas que auxiliam o Poder Judiciário na classificação e identificação de petições; na identificação de demandas repetidas; na busca de processos semelhantes e com tema de precedentes para sugestão de vinculação; no encaminhamento de mandados para distribuição e cumprimento; na classificação de documentos; na identificação de recursos com pleitos semelhantes; na busca de endereços; na busca de equívocos cadastrais; na busca de prescrição; na atualização de valores; dentre outras infindáveis características na busca incessante pela racionalidade e efetividade das decisões judiciais.

2.2. Inteligência artificial nos Tribunais Superiores

A Inteligência Artificial também está presente nos tribunais superiores brasileiros. Grande inovação lançada pelo Tribunal Superior do Trabalho, com apoio na Inteligência Artificial, foi o projeto "Bem-te-vi", que orienta os Ministros e servidores na organização das demandas que adentram nos gabinetes, sobretudo com a reunião de processos que têm os mesmos temas. O projeto é atualizado constantemente pela equipe da Secretaria de Tecnologia da Informação e Comunicação (SETIN). A plataforma, com supedâneo em tecnologias de *big data,* procede, de forma automática, à "análise da tempestividade das ações e a possibilidade de realização de pesquisas textuais em acórdãos dos Tribunais Regionais do Trabalho (TRTs), a partir do Processo Judicial eletrônico (PJe). A ferramenta conta com diversos filtros e permite saber, por exemplo, quantos processos estão relacionados a determinado tema ou há quanto tempo deram entrada no gabinete"[(85)].

---

(84) COSTA, Marcos Bemquerer; BASTOS, Patrícia Reis Leitão. Alice, Monica, Adele, Sofia, Carina e Ágata: o uso da inteligência artificial pelo Tribunal de Contas da União. Controle Externo. *Revista do Tribunal de Contas do Estado de Goiás*, Belo Horizonte, a. 2, n. 3, p. 11-34, jan./jun. 2020.

(85) Disponível em: https://www.tst.jus.br/-/tst-vence-pr%C3%AAmio-inova%C3%A7%C3%A3o-judici%C3%A1rio-exponencial-com-o-programa-bem-te-vi. Acesso em: 11 jul. 2022.

Tal tecnologia aponta informações relevantes sobre os processos, acervo, triagem e gestão. A ferramenta ajuda na organização e reunião das demandas com temas semelhantes, a fim de otimizar o tempo de confecção dos votos dos Ministros. O objetivo fulcral do Bem-te-vi é ajudar nos novos Sistemas de Tecnologia da Informação para aumentar a produtividade dos Ministros em seus Gabinetes, além de aperfeiçoar os procedimentos administrativos e cartorários. Tal iniciativa outorgou ao TST o Prêmio de Inovação Judiciário Exponencial na categoria Institucional.

Ainda sobre o Bem-te-vi: O maior ganho é na agilidade, que permite uma pesquisa rápida para gerenciamento dos processos. Ao possibilitar ao gabinete uma triagem de processos mais eficiente e precisa, também viabiliza a definição de estratégias para aumento da produção do gabinete. Para a sociedade, o sistema contribui para a redução do tempo de tramitação do processo e, consequentemente, para a celeridade processual.(86)

No âmbito do Superior Tribunal de Justiça, há dois sistemas de aplicabilidade de Inteligência Artificial, o Athos e o Sócrates. O projeto de Inteligência Artificial denominado Athos (nomenclatura atribuída em homenagem ao Ministro Athos Carneiro(87)), com aplicabilidade no Superior Tribunal de Justiça, intensifica a formação dos precedentes qualificados, isto é, o sistema identifica os processos que possam ser afetados para o julgamento sob os ritos de processos repetitivos.

O Athos também permite identificar as demandas com entendimentos divergentes e convergentes entre os órgãos fracionários da Corte. Com isso, o Athos realiza o monitoramento, a identificação e o agrupamento dos temas repetitivos postos em julgamentos. O Athos "foi treinado com a leitura de aproximadamente 329 mil ementas de acórdãos do STJ, entre 2015 e 2017, e indexou mais de 2 milhões de processos com 8 milhões de peças, possibilitando o agrupamento por similaridade semântica, a busca por similares, o monitoramento de grupos, a pesquisa textual e a recuperação de jurisprudência"(88). "O STJ, inclusive, vem articulando com as cortes inferiores a adoção do sistema, melhorando a gestão de precedentes" (WOLKART, 2022, p. 238).

Dados importantes sobre o Superior Tribunal de Justiça são revelados pelo Min. Paulo de Tarso Sanseverino (2020, p. 33-35), destacando que o STJ,

> recebe em média 1.500 processos por dia útil, sendo natural que, nesse quantitativo, existam inúmeros processos idênticos ou semelhantes, constituindo um dos principais desafios históricos da sua Secretaria Judiciária a

(86) Disponível em: https://www.csjt.jus.br/web/csjt/justica-4-0/bem-ti-vi. Acesso em: 11 jul. 2022.

(87) Jurista brasileiro, Professor de Direito Processual Civil no Departamento de Direito da Universidade de Brasília e Ministro do Superior Tribunal de Justiça aplicando inovações e dinâmica no Direito. Integrante da Comissão de Reforma do Código de Processo Civil. Foi o grande responsável pelas reformas processuais no Congresso Nacional.

(88) Disponível em: https://www.stj.jus.br. Acesso em: 16 jan. 2021.

> identificação das correlações entre os processos. Foi desenvolvido no STJ, a partir de pesquisa feita por servidores, um sistema de inteligência artificial, cuja prática está permitindo um fluxo coordenado entre os objetivos da Corte Superior em racionalização de julgamentos e identificação dos temas centrais de milhares de recursos em tramitação no STJ. A prática, portanto, consiste na identificação pelo sistema Athos, em determinado período de tempo, de grupos de processos idênticos ou semelhantes entre o grande volume de processos que aportam diariamente no STJ. O Superior Tribunal de Justiça, portanto, está constantemente se reinventando, com a aproximação dos avanços tecnológicos, para investir cada vez mais em duas facetas fundamentais do seu trabalho judicante: (a) produtividade, com julgados mais céleres; e (b) racionalidade, com uma atuação mais previsível, estável e coerente, atendendo às exigências sociais de maior segurança jurídica.

Já o sistema Sócrates, igualmente com aplicabilidade no âmbito do Superior Tribunal de Justiça, utiliza a Inteligência Artificial para examinar automaticamente a decisão recorrida e os documentos juntos em sede de recurso, sugerindo, assim, a aplicação de casos similares julgados perante o STJ. Desse modo, informações imperiosas são fornecidas aos Ministros Relatores, identificando a aplicação de casos similares e repetitivos. A primeira versão do sistema Sócrates basicamente monitora os processos para triagem, procede e incorpora ao agrupamento semântico. Já na segunda versão do Sócrates (2.0), a ferramenta apresenta sugestões de precedentes, jurisprudências e identificação de termos relevantes em Recurso Especial e nos Agravos em Recursos Especiais.

O principal objetivo do Sócrates é a automatização do juízo de admissibilidade (pressupostos intrínsecos e extrínsecos) dos recursos especiais, com a apresentação da legislação e precedentes, bem como a recomendação para a ação subsequente, apontando para a admissão ou o afastamento do recurso especial. "Para cada petição de recurso especial, o modelo seleciona uma nuvem das 30 palavras mais frequentes na peça, ressaltando, assim, para o usuário, mesmo antes da leitura do recurso, a tese, seus fundamentos e as soluções possíveis" (WOLKART, 2022, p. 237).

O Min. João Otávio de Noronha (2020, p. 40), em comentários sobre o projeto Sócrates, aponta que,

> iniciado em maio de 2019 e já em operação em 21 gabinetes de ministros, foi desenvolvido por servidores da Assessoria de Inteligência Artificial e da Secretaria de Tecnologia de Informação e Comunicação, com o apoio do Núcleo de Gerenciamento de Precedentes (Nugep), da Secretaria Judiciária e dos gabinetes, sem custo adicional para a Corte, com os propósitos de

> reduzir o esforço na triagem de processos, apoiar as atividades de análise de processos e auxiliar a seleção de casos representativos de controvérsia — contribuindo, neste último ponto, para ampliar a formação de precedentes qualificados, importante caminho para o fortalecimento da segurança jurídica, a diminuição da quantidade de recursos e do tempo de tramitação processual.

O "*Corpus927*" é outro projeto ousado de Inteligência Artificial desenvolvido pela Escola Nacional de Formação e Aperfeiçoamento de Magistrados, em parceria com o STJ. O projeto se deu "com o objetivo de consolidar em um só local as decisões vinculantes do STF e do STJ, e a jurisprudência do STJ"(89). Por intermédio do *Corpus927* é possível localizar a jurisprudência atrelada a cada artigo dentro das principais leis e códigos. Com ele, não é necessário que o cientista jurídico acesse o *site* de cada tribunal pesquisado para conhecer os entendimentos jurisprudenciais sobre determinado artigo de lei, mas apenas o acesso direto da própria lei. Com a nova tecnologia, é possível clicar em um "martelo", ao lado esquerdo do artigo, e conhecer súmulas, enunciados, decisões vinculantes, repercussão geral, posicionamento agrupado e isolado perante o STJ e STF a partir de 2009, controle de constitucionalidade, recursos repetitivos, jurisprudências em tese, dentre outras importantes funcionalidades.

O *Corpus927* tem como principal objetivo agrupar as jurisprudências vinculantes, além das decisões elencadas no art. 927 do CPC com posicionamento similar e apontando a tendência da jurisprudência, graus de similitude entre as decisões e posicionamentos divergentes. "O *treshold* para fins de similaridade é de 80%. Ou seja, o sistema agrupa acórdãos que tenham pelo menos 80% de similaridade em relação a determinado tema. Abaixo desse valor, as decisões são consideradas como posicionamentos isolados" (WOLKART, 2022, p. 236).

Em questionário constante do *site corpus927.enfam.jus.br* perguntas e respostas são dadas a título ilustrativo:

> "Qual é a regra utilizada para vincular uma jurisprudência a um artigo? São dois critérios: o sistema pesquisa o teor do acórdão, de forma automática, e também a classificação legislativa feita pela equipe de jurisprudência do STF e do STJ.
>
> O que é a Jurisprudência em Tese? É uma publicação periódica feita pela equipe de jurisprudência do STJ, que apresenta um conjunto de teses sobre determinada matéria, com os julgados mais recentes do Tribunal sobre a questão, selecionados até a data especificada.

(89) Disponível em: https://corpus927.enfam.jus.br/. Acesso em: 12 jun. 2022.

O que são os posicionamentos agrupados do STJ? Todos os acórdãos do STJ que referenciam expressamente um determinado artigo são comparados entre si, formando grupos de similaridade (a similaridade mínima entre os textos é de 80%). Dentro dos grupos de similaridade encontrados, o acórdão mais similar em relação aos demais é identificado e exibido como paradigma.

O que são os posicionamentos isolados do STJ? São todas as decisões do STJ que referenciam um determinado artigo e cujo conteúdo não é suficientemente similar a outras decisões que referenciam este mesmo artigo. Consideramos o posicionamento como 'suficientemente similar' quando o texto de um acórdão tem ao menos 80% de similaridade com outro acórdão.

Por que alguns artigos não mostram todos os enunciados previstos pelo art. 927 do CPC? Para facilitar a leitura, o sistema oculta os enunciados sem vínculo com o artigo selecionado".(90)

No mesmo sentido, o Supremo Tribunal Federal criou o Projeto Victor, em homenagem ao ex-Ministro do Supremo Tribunal Federal Victor Nunes Leal (1960-1969). O ex-Ministro teve notório trabalho na Comissão de Jurisprudência, sendo um dos principais responsáveis pela sistematização, catalogação e organização da jurisprudência do STF(91).

O sistema de Inteligência Artificial Victor é fruto de uma parceria do STF com a Universidade de Brasília. Tal sistema realiza a classificação de petições e temas com repercussão geral.

---

(90) Disponível em: https://corpus927.enfam.jus.br/. Acesso em: 12 jun. 2022.

(91) "Com a premissa de facilitar o trabalho dos servidores do STF através da Inteligência Artificial (IA), o projeto Victor chega na quarta etapa de desenvolvimento e já é um grande marco na história do judiciário brasileiro, com ascensão internacional. Iniciado em 2017, o Victor foi idealizado para auxiliar o tribunal na análise dos recursos extraordinários recebidos de todo o país, especialmente em relação a sua classificação em temas de repercussão geral de maior incidência. O STF recebe recursos em meio eletrônico de todos os Tribunais do país, além de processos que tramitam nos juizados especiais, que se encontravam em "volumes" de arquivos no formato pdf, documentos textuais em formato de imagem, sem camada de texto puro que viabilizasse a leitura por máquina. Fruto de uma parceria entre o STF, a UnB e a Finatec, o projeto apresentou bons resultados ainda em laboratório. Além dos desafios de um projeto dessa magnitude, como a extração de dados para a pesquisa, que por si só leva meses para ser concluída, rapidamente constatou-se que, para desenvolver um classificador de temas, era necessário resolver também o problema subjacente quanto ao dado: o texto puro. Para conseguir aplicar a IA em linguagem textual, o projeto Victor elencou a execução das seguintes atividades: conversão de imagens em textos no processo digital ou eletrônico, separação do começo e do fim de um documento (peça processual, decisão, etc.), separação e classificação das peças processuais mais utilizadas nas atividades do STF e a identificação dos temas de repercussão geral de maior incidência. Por se tratar de uma inteligência artificial com o objetivo de analisar os recursos processuais, classificado por temas gerais aos autos, o Victor é um indicativo, ou seja, não decide os recursos e sempre é validado ou confirmado durante a efetiva apreciação do caso concreto pelos ministros. O nome do projeto é uma homenagem ao ministro do Supremo de 1960 a 1969, Victor Nunes Leal, autor da obra "Coronelismo, Enxada e Voto" e principal responsável pela sistematização da jurisprudência do STF em súmula, o que facilitou a aplicação dos precedentes judiciais aos recursos". Disponível em: https://www.finatec.org.br/noticia/projeto-victor-usa-a-inteligencia-artificial-para-facilitar-o-trabalho-dos-servidores-do-stf/. Acesso em: 20 set. 2020.

Basicamente o Victor realiza o reconhecimento de padrões em textos dentro de um documento em PDF. O Victor também realiza a etiquetagem dos recursos com os temas mais recorrentes no STF. O Victor,

> classifica documentos de forma automática, com precisão de 95%, reduzindo o tempo de análise de cada recurso de 44 minutos para 5 segundos. O STF recebe 80 mil recursos por ano. O esperado é que o Victor seja utilizado para solucionar 10 mil processos já no juízo de admissibilidade (WOLKART, 2022, p. 237).

Em exposição didática de Pedro Inazawa, Fabiano Hartmann, Teófilo de Campos, Nilton Silva e Fabricio Braz[92].

> Inicialmente, o STF disponibiliza sua base de dados de processos jurídicos para que a equipe do Grupo de Aprendizado de Máquina (GPAM) da Universidade de Brasília [1] os processe. Atualmente, o banco de dados do projeto Victor conta com cerca de 952 mil documentos oriundos de cerca de 45 mil processos. Os arquivos são então submetidos a um fluxo de tratamento de documentos que: 1 – Filtra elementos considerados espúrios, como erros de digitalização e imagens; 2 – Divide frases em partes menores e cria símbolos para as partes mais relevantes do texto; 3 – Reduz palavras muito parecidas ou que possuem mesmo radical a símbolos comuns; 4 – Dá uma etiqueta a cada arquivo, classificando-o em uma das peças relevantes ao projeto; 5 – Atribui um rótulo com a repercussão geral do processo. A partir desse processamento, modelos de NLP são aplicados aos dados visando determinar em qual repercussão geral tal processo se encaixa. Houve a produção também de dois subprodutos ao projeto que são relevantes ao tribunal: transformação de imagens em textos para posteriores buscas e edições e outro classificador capaz de determinar automaticamente se uma peça jurídica é Recurso Extraordinário, Agravo em Recurso Extraordinário, Sentença, Acórdão, Despacho ou outra categoria genérica de documentos. Espera-se que uma vez em produção, o Victor contribua na celeridade e qualidade do fluxo de análises de processos jurídicos, sendo uma solução adequada às necessidades dos servidores e operadores do Direito do Supremo Tribunal Federal.

Ressalta Maia Filho (2018, p. 218) que o objetivo do projeto Victor não é exatamente que o algoritmo tome a decisão final acerca da repercussão geral, mas sim que,

---

(92) Disponível em: https://cic.unb.br/~teodecampos/ViP/inazawa_etal_compBrasil2019.pdf. Acesso em: 26 jan. 2022.

com as máquinas "treinadas" para atuar em camadas de organização dos processos, os responsáveis pela análise dos recursos possam identificar os temas relacionados de forma mais clara e consistente (STF, 2018). Isso vai gerar, em consequência, mais qualidade e velocidade ao trabalho de avaliação judicial, com a redução das tarefas de classificação, organização e digitalização de processos.

Por outro lado, duras críticas são dirigidas aos sistemas de Inteligência Artificial que classificam os recursos de forma automática e colocam filtros de acesso — como no caso do projeto Victor, por serem decisões opacas, cerceando, assim, a subida dos recursos para as instâncias superiores (WOLKART, 2022, p. 32).

Outra ferramenta integrante no Supremo Tribunal Federal que se utiliza de Inteligência Artificial é o RAFA (Redes Artificiais Focadas na Agenda 2030), a nova tecnologia que busca classificar as ações em conformidade com a Agenda 2030 da ONU. Por sua vez, a Agenda da ONU 2030 consiste em diretrizes globais com a meta de alcançar, em 2030, um planeta mais justo com as nações e povos. Tais metas foram estabelecidas na Assembleia Geral da ONU, em setembro de 2015, em Nova York, da qual participaram 193 Estados. Nessa data, foram confeccionados 17 objetivos centrais para o desenvolvimento sustentável[93], estando o pacto ratificado pelos países signatários da referida Agenda atrelado à adoção de abrangentes medidas para fomentar os direitos humanos, o Estado de Direito e a responsabilidade das instituições políticas.

Com a Inteligência Artificial auxiliando na classificação de processos perante o STF, o RAFA busca uma sincronia com os Objetivos fulcrais de Desenvolvimento Sustentável da Organização (ODS) das Nações Unidas até 2030. Dentre as Metas Nacionais 2021, aprovadas no XIV Encontro Nacional do Poder Judiciário, destaca-se a Meta 9: "Integrar a Agenda 2030 ao Poder Judiciário (STJ, Justiça Estadual, Justiça Federal, Justiça Eleitoral, Justiça do Trabalho e Justiça Militar da União e dos Estados), realizar ações de prevenção ou desjudicialização de litígios voltadas aos Objetivos de Desenvolvimento Sustentável (ODS), da Agenda 2030"[94].

Notícia publicada no portal do STF[95] apontou que, atualmente, "2.557 processos são monitorados e 3.804 ocorrências relacionadas aos Objetivos de Desenvolvimento

(93) "1. Erradicação da pobreza; 2. Erradicação da fome; 3. Saúde e Bem-Estar; 4. Educação de qualidade; 5. Igualdade de gênero; 6. Água Potável e Saneamento; 7. Energia acessível e limpa; 8. Trabalho decente e crescimento econômico; 9. Inovação e infraestrutura; 10. Redução das desigualdades; 11. Cidades e comunidades sustentáveis; 12. Consumo e produção responsáveis; 13. Ação contra a Mudança Global do Clima; 14. Vida na Água; 15. Vida Terrestre; 16. Paz, Justiça e Instituições Eficazes; 17. Parcerias e Meios de Implementação".

(94) Disponível em: https://agenda2030.stj.jus.br/wp-content/uploads/Metas-Nacionais-aprovadas-no-XIV-ENPJ.pdf. Acesso em: 11 jul. 2022.

(95) Disponível em: https://portal.stf.jus.br/noticias/verNoticiaDetalhe.asp?idConteudo=505767&tip=UN. Acesso em: 22 abr. 2023.

Sustentável (ODS) da Agenda 2030 da Organização das Nações Unidas (ONU)". No mesmo informativo, a secretária Aline Dourado, responsável pela Gestão de Precedentes (SPR), "exemplificou, com esses números, o avanço promovido pela utilização da ferramenta RAFA 2030 para classificar os processos de acordo com esses critérios. Até então, quando a classificação era feita manualmente, o saldo era de 177 processos classificados e 300 ocorrências de ODS".

Tabela 3: Resumo dos principais projetos e funcionalidades nos Tribunais Superiores

Tribunal	Projeto	Funcionalidade
TST	Bem-te-vi	Orienta os Ministros e servidores na organização das demandas que adentram nos gabinetes, mediante a reunião de processos que possuem os mesmos temas.
STJ	Athos e Sócrates	Athos — intensifica e monitora a formação e agrupamento dos precedentes qualificados; identifica os processos que podem ser afetados para julgamento com ritos de processos repetidos. Sócrates — examina automaticamente a decisão recorrida e os documentos juntos em sede de recurso, sugerindo a aplicação de casos similares julgados perante o STJ.
STF	Victor e Rafa	Victor — realiza a classificação de petições e temas que possuem Repercussão Geral. Rafa — classifica as ações em conformidade com a Agenda 2030 da ONU.

Fonte: (Autor).

Como se pode observar, por intermédio da historicidade verifica-se que a evolução da Inteligência Artificial é constante e caminhamos, a passos largos, para sua adoção. São crescentes as implementações de ferramentas de Inteligência Artificial. Temos diferentes espécies de tecnologias lastreadas em Inteligência Artificial, *machine learning*, *deep learning*, dentre outras. Como visto, o Poder Judiciário brasileiro adota, em seus tribunais superiores, dezenas de diferentes sistemas baseados em Inteligência Artificial, entre eles, na vinculação de temas de precedentes firmados nos tribunais superiores; na identificação de processos semelhantes e seus agrupamentos; no gerenciamento e interpretação da possibilidade de admissibilidade de recursos, dentre outras relevantes funções.

Cabe ao CNJ promover o estímulo, agrupamento e compartilhamento das experiências positivas e negativas da Inteligência Artificial junto aos tribunais superiores, a fim de contribuir para a racionalidade processual, padronização e fortalecimento dos referidos tribunais.

2.3. Da informatização do poder judiciário brasileiro e o Programa Justiça 4.0

O início da informatização no Poder Judiciário brasileiro se deu no Superior Tribunal de Justiça em 2001. Sob a denominação "Sistema Justiça", o objetivo era sua utilização na gestão de documentos nos processos judiciais e organizacionais. Posteriormente, na Justiça Federal, no ano de 2003, iniciou-se com o *e-Proc*, um sistema de tramitação processual desenhado pelo Tribunal Regional Federal da 4ª Região com foco nos Juizados Especiais Federais. Ressalta-se que a Lei n. 9.800, de 26 de maio de 1999, também foi das precursoras ao permitir "às partes a utilização de sistema de transmissão de dados para a prática de atos processuais". Mas foi pela Lei n. 10.259/2001 que se iniciou a "era da informatização do processo judicial brasileiro", permitindo o uso da informática para envio e recepção de petições, além da comunicação de atos processuais. Por outro lado, a Emenda Constitucional n. 45/2004, alavancou alterações relevantes no Poder Judiciário brasileiro, sobretudo com a inclusão do inciso LXXVIII no art. 5º da Constituição Federal, que garantiu a "razoável duração do processo e os meios que garantam a celeridade de sua tramitação".

Com o advento da Lei n. 11.419, de 19 de dezembro de 2006, houve a normatização da informatização dos processos judiciais no Brasil. Todavia, foi no ano de 2007 que ocorreu a regulamentação do peticionamento eletrônico. Em 2009, por intermédio do Acordo de Cooperação Técnica n. 73/2009 entre Conselho Nacional de Justiça e o Conselho da Justiça Federal, além dos Tribunais Regionais Federais, ocorreu o marco da implantação do PJe (Processo Judicial eletrônico). Gradativamente, teve início a conversão dos processos físicos para eletrônicos no Superior Tribunal de Justiça, e os cientistas jurídicos passaram a acessar os autos eletronicamente mediante a assinatura eletrônica com *token*. Muitos processos foram digitalizados de modo a facilitar a sua tramitação de forma eletrônica perante o Superior Tribunal de Justiça.

Nas palavras de Ricardo Villas Bôas Cueva (2021, p. 80), foi por intermédio da implantação do processo eletrônico que foram aceleradas as decisões judiciais, dentre outros tantos fatores positivos:

> A Lei do Processo Eletrônico (Lei n. 11.419/2006) tem ensejado expressiva redução da inércia processual com a informatização dos trabalhos das secretarias judiciais. Com isso, os processos chegaram à conclusão mais rapidamente. Foram reduzidos os "tempos mortos" — aqueles períodos em que os processos estavam em deslocamento, cadastro etc. — e realocadas as pessoas que se dedicavam a tarefas manuais. Além disso, têm sido desenvolvidas ferramentas que permitem o julgamento virtual de processos, a comunicação de atos processuais por meio eletrônico e a utilização de computação em nuvem. Tudo isso exige uma requalificação dos servidores, para que possam efetivamente se adaptarem as tecnologias disruptivas,

como, por exemplo, a inteligência artificial, o uso de *big data*, da internet das coisas, do *blockchain* e dos *smart contracts.*

O Conselho Nacional de Justiça lançou, em junho de 2022, um sistema de informática desenvolvido para a completa automação processual, cujo objetivo,

> é manter um sistema de processo judicial eletrônico capaz de permitir a prática de atos processuais pelos magistrados, servidores e demais participantes da relação processual diretamente no sistema, assim como o acompanhamento desse processo judicial, independentemente de o processo tramitar na Justiça Federal, na Justiça dos Estados, na Justiça Militar dos Estados e na Justiça do Trabalho. Além disso, o CNJ pretende convergir os esforços dos tribunais brasileiros para a adoção de uma solução única, gratuita para os próprios tribunais e atenta para requisitos importantes de segurança e de interoperabilidade, racionalizando gastos com elaboração e aquisição de *softwares* e permitindo o emprego desses valores financeiros e de pessoal em atividades mais dirigidas à finalidade do Judiciário: resolver os conflitos(96).

No Tribunal de Justiça Bandeirante, a regulamentação do processo eletrônico se deu com a Resolução n. 551, em 31 de agosto de 2011, que, em seu art. 3º, dispõe: "O sistema de processamento eletrônico do Tribunal de Justiça do Estado de São Paulo, nos termos da Lei n. 11.419, de 19 de dezembro de 2006, será utilizado como meio eletrônico de tramitação de processos judiciais, comunicação de atos e transmissão de peças processuais". Em 1997, o Tribunal de Justiça do Estado de São Paulo adotou o e-SAJ — Sistema de Automação da Justiça (desenvolvido pela Empresa Softplan).

Flávia Piva Almeida Leite e Adriano Fernando Segantin (2019, p. 1.239) explicitam a finalidade e vantagens do processo eletrônico no Tribunal de Justiça do Estado de São Paulo:

> Trata-se de uma solução cuja finalidade é promover expressiva redução no tempo de tramitação dos processos judiciais e obter agilidade nas tarefas burocráticas do dia a dia de magistrados e servidores. Está sendo implantado para todos os tipos de processos em 1º e 2º graus, além de permitir a migração do trabalho das unidades judiciárias do processo físico para o processo digital e a integração das soluções de todo o sistema da Justiça.

(96) Disponível em: https://atos.cnj.jus.br/atos/detalhar/1933. Acesso em: 09 jan. 2023.

Oportuno esclarecer que o processo eletrônico no TJSP tem duas facetas. O SAJ é o sistema usado internamente no Tribunal de Justiça de São Paulo por magistrados e servidores enquanto o e-SAJ, o portal de peticionamento e acompanhamento de processos, disponível para os jurisdicionados e para seus procuradores.

A partir do advento do "processo eletrônico" foi experimentada uma significativa redução do tempo de ajuizamento e tramitação processual, também por conta da integração entre os Tribunais, os Ministérios Públicos, as Procuradorias e a advocacia privada. O resultado que se pretende alcançar é, ao fim e ao cabo, uma justiça rápida e efetiva.

Na sequência dessa evolução do processo eletrônico, em parceria entre o CNJ, o Programa das Nações Unidas para o Desenvolvimento (PNUD) e o Conselho da Justiça Federal (CJF), com apoio do Tribunal Superior Eleitoral (TSE), Superior Tribunal de Justiça (STJ) e Conselho Superior da Justiça do Trabalho (CSJT), nasceu o "Programa Justiça 4.0". O Programa tenta aproximar o Judiciário brasileiro da sociedade e disponibiliza novas tecnologias e inteligência artificial. A nova ferramenta acelera a transformação digital do Judiciário na busca de serviços mais eficazes, acessíveis e céleres. O Programa, dentre muitas facetas, busca automatizar as atividades dos tribunais sem se afastar da transparência dos processos. Em síntese, o Programa atua em quatro eixos:

Figura 3: Estrutura do Programa Justiça 4.0

Fonte: CNJ.

O Conselho Nacional de Justiça (CNJ), em 06 de abril de 2021, criou a Resolução n. 385, que dispõe sobre a criação dos "Núcleos de Justiça 4.0". O Conselho, preocupado com o aumento da eficiência pública, desburocratização, inovação e transformação digital, instituiu princípios para o fortalecimento, simplificação e modernização do poder público, "mediante serviços digitais, concedendo a possibilidade aos cidadãos, às pessoas jurídicas e aos outros entes públicos de demandar e de acessar serviços públicos por meio digital, sem necessidade de solicitação presencial"(97). A Resolução do CNJ dispõe sobre a informatização do processo judicial e autoriza os órgãos do Poder Judiciário a regulamentar a informatização do processo judicial para o aumento da celeridade e da eficiência da prestação jurisdicional, destacando "a necessidade de racionalização da utilização de recursos orçamentários pelos órgãos do Poder Judiciário".

No artigo primeiro da Resolução, o CNJ aponta que os "tribunais poderão instituir 'Núcleos de Justiça 4.0' especializados em razão de uma mesma matéria e com competência sobre toda a área territorial situada dentro dos limites da jurisdição do tribunal", e que nos "'Núcleos de Justiça 4.0' tramitarão apenas processos em conformidade com o Juízo 100% Digital"(98).

O CNJ deixa livre, à parte autora, a escolha irretratável para a opção do "Núcleo de Justiça 4.0", a qual deverá ser manifestada no exato momento da distribuição da ação. O réu poderá se opor à tramitação do processo no "Núcleo de Justiça 4.0" até o momento da apresentação de sua primeira manifestação nos autos feita pelo seu procurador. O CNJ destacou que será por intermédio de "atos do Tribunal que definirá a estrutura de funcionamento dos Núcleos de Justiça 4.0, de acordo com seu volume processual, bem como providenciará a designação de servidores para atuarem na unidade, o que poderá ocorrer cumulativamente às atividades desenvolvidas na sua lotação de origem"(99).

Em cartilha lançada pelo CNJ, destacou-se que o "Programa Justiça 4.0 — Inovação e efetividade na realização da Justiça para todos", é a concretização do 4º Eixo da atual gestão do CNJ e objetiva a promoção do acesso à Justiça, por meio de ações e projetos desenvolvidos para o uso colaborativo de produtos que empregam novas tecnologias e inteligência artificial. "A Justiça Digital propicia o diálogo entre o real e o digital para o incremento da governança, da transparência e da eficiência do Poder Judiciário, com efetiva aproximação com o cidadão e redução de despesas"(100).

---

(97) Disponível em: https://atos.cnj.jus.br/atos/detalhar/3843. Acesso em: 21 ago. 2022.

(98) Disponível em: https://atos.cnj.jus.br/atos/detalhar/3843. Acesso em: 09 jan. 2023.

(99) Disponível em: https://atos.cnj.jus.br/atos/detalhar/3843. Acesso em: 09 jan. 2023.

(100) Disponível em: https://www.cnj.jus.br/wp-content/uploads/2021/06/Cartilha-Justica-4-0-WEB-28-06-2021.pdf. Acesso em: 21 ago. 2022, p. 3.

As ações que auxiliam a Justiça 4.0, são: — Implantação do Juízo 100% Digital; — Projeto da Plataforma Digital do Poder Judiciário (PDPJ), com possibilidade de ampliar o grau de automação do processo judicial eletrônico e o uso de Inteligência Artificial (IA); — Auxílio aos Tribunais no processo de aprimoramento dos registros processuais primários, consolidação, implantação, tutoria, treinamento, higienização e publicização da Base de Dados Processuais do Poder Judiciário (DataJud), visando contribuir com o cumprimento da Resolução CNJ n. 331/2020; — Colaboração para a implantação do sistema Codex, que tem duas funções principais: alimentar o DataJud de forma automatizada e transformar, em texto puro, decisões e petições, a fim de ser utilizado como insumo de modelo de IA; — Desenvolvimento de ferramenta de pesquisa e recuperação de ativos (Sniper), visando fornecer subsídios aos magistrados e servidores que favoreçam a diminuição do acervo e do congestionamento processual na fase de execução, facilitando a compreensão de crimes que envolvem sistemas financeiros complexos, como corrupção e lavagem de dinheiro; — Desenvolvimento de um novo Sistema Nacional de Bens Apreendidos (SNBA) que possibilite não apenas o cadastramento dos bens, mas também sua gestão e destinação pelo Poder Judiciário(101).

O CNJ destacou, ainda, como o programa será implementado por intermédio de parcerias com os tribunais brasileiros, na colaboração dos produtos do Programa Justiça 4.0 e do Projeto Aprimoramento da efetividade, transparência e efetividade do sistema Processo Judicial Eletrônico (PJe).

As etapas que serão seguidas para a sua completa implementação do programa são as seguintes: — apresentação do programa aos tribunais, por meio de webinários com os segmentos de Justiça; — reuniões com juízes auxiliares e equipes técnicas dos tribunais para esclarecimentos e alinhamento das informações, quando necessário; — formalização de acordo de cooperação técnica — ACT entre CNJ e tribunais; — elaboração de um plano de ação; — identificação das necessidades e dificuldades de cada tribunal; — fornecimento de suporte técnico aos tribunais para a concretização dos projetos e das ações do programa(102).

Até 10 de janeiro de 2022, as adesões ao novo Projeto foram de 100% no Conselho da Justiça Federal e Conselho Superior da Justiça do Trabalho; 100% nos Tribunais Superiores (STJ, TSE, TST e STM); 100% nas Justiças Federais e do Trabalho; 59% na Justiça Eleitoral; 33% na Justiça Militar e 96% na Justiça Estadual. A Equipe que

(101) Disponível em: https://www.cnj.jus.br/wp-content/uploads/2021/06/Cartilha-Justica-4-0-WEB-28-06-2021.pdf. Acesso em: 21 ago. 2022, p. 4.

(102) *Ibidem*, p. 7.

comanda o Programa Justiça 4.0 diagnosticou 88 Tribunais e 44 deles já estão com planos de ação finalizados e em monitoramento para as técnicas do novo Programa[(103)].

O novo programa oferece constante aperfeiçoamento aos servidores do CNJ e dos tribunais brasileiros: "Em 2021, dois cursos foram ofertados: – Introdução à Gestão de Projetos, com 206 concluintes de todas as regiões do país; – Formação em Gestão de Projetos, com 41 concluintes, totalizando 247 profissionais do Judiciário capacitados pelo Justiça 4.0"[(104)].

Um dos últimos sistemas implementados no Poder Judiciário foi a utilização das bases integradas ao Infojud (infomações fiscais) e Sisbajud (informações bancárias), nascendo o Sistema Nacional de Investigação Patrimonial e Recuperação de Ativos (SNIPER), ferramenta moderna e atual integrante tanto do pacote estabelecido pelo CNJ quanto do Programa 4.0 e da Plataforma Digital do Poder Judiciário (PDPJ). O grande objetivo do Sniper é a busca patrimonial em nome dos devedores-executados das demandas em fase de cumprimento de sentença e execução. O sistema realiza a pesquisa em nome de pessoas físicas e pessoas jurídicas deixando ao usuário o melhor percurso para a entrega da prestação jurisdicional com mais eficiência e agilidade.

O Conselho Nacional de Justiça[(105)] destacou os principais benefícios do Sniper, a saber: — Processos concluídos em tempo reduzido e maior possibilidade de cumprimento de uma ordem judicial em sua totalidade. A expectativa é que o Sniper contribua para a diminuição do acervo e do congestionamento processual na fase de execução, tornando a Justiça mais efetiva e garantindo o direito do jurisdicionado e da jurisdicionada de pagamento da dívida. — Agilidade e eficiência para descobrir relações e vínculos de interesse do processo judicial em curso. Permite uma investigação patrimonial em segundos e a identificação de grupos econômicos. — Fortalece a estratégia de atuação da Justiça na prevenção e no combate à corrupção e à lavagem de dinheiro e na recuperação de ativos. Inibe a ocultação de patrimônio. — Segurança e privacidade. Apenas perfis autorizados em cada tribunal poderão acessar os dados, após a decisão de quebra de sigilo endoprocessual. — Ambiente pronto para receber novas bases de dados. O Sniper já possui nove fontes de dados e está pronto para receber novas bases. — Fácil acesso com um *login* único. Usuários autorizados poderão acessar com o seu *login* único da Plataforma Digital do Poder Judiciário ou credenciais *gov.br* (nível prata ou ouro).

(103) Disponível em: https://www.cnj.jus.br/wp-content/uploads/2022/01/1anodej4-0.pdf. Acesso em: 21 ago. 2022.

(104) Disponível em: https://www.cnj.jus.br/wp-content/uploads/2022/01/1anodej4-0.pdf. Acesso em: 21 ago. 2022.

(105) Disponível em: https://www.cnj.jus.br/tecnologia-da-informacao-e-comunicacao/justica-4-0/sniper/. Acesso em: 02 jan. 2023.

Atualmente, o Conselho Nacional de Justiça tem mais de 40 projetos integrantes do "Programa Justiça 4.0". Todos os projetos propõem "soluções tecnológicas disruptivas para acelerar a transformação digital do Poder Judiciário brasileiro"[(106)].

No mesmo sentido da tentativa de proporcionar avanços tecnológicos, o Conselho Nacional de Justiça editou a Resolução n. 335, de 29 de setembro de 2020. Em síntese, o comando dado pelo CNJ, como sequência para o aperfeiçoamento da informatização do Poder Judiciário, diz respeito à necessidade de "racionalização da utilização dos recursos orçamentários pelos órgãos do Poder Judiciário". A resolução cria a Plataforma Digital do Poder Judiciário Brasileiro (PDPJ-Br) e, logo em seu primeiro artigo, explica a política pública para a gestão e governança dos processos judiciais eletrônicos, "integrando todos os tribunais do país com a criação da Plataforma Digital do Poder Judiciário Brasileiro — PDPJ-Br". Os objetivos da PDPJ-Br foram estruturados e elencados no art. 2º da resolução[(107)].

A crítica que se faz à Resolução n. 335/2020 do CNJ diz respeito à diretriz expressa que veda a contratação de qualquer sistema ou funcionalidade privada, mesmo de forma não onerosa, conforme apontado no art. 5º[(108)]. Com isso, o impedimento lançado pelo CNJ endereçado aos tribunais superiores e de justiça para que não mantenham relações com empresas de tecnologia representa um retrocesso. Com efeito, não é da essência e competência de tais tribunais o desenvolvimento de programas e *expertise* na ciência da computação. Assim, do ponto de vista tecnológico, a resolução é limitante. Ademais, como

(106) Disponível em: https://www.cnj.jus.br/tecnologia-da-informacao-e-comunicacao/justica-4-0/sniper/. Acesso em: 02 jan. 2023.

(107) Art. 2º A PDPJ-Br tem por objetivo: I – integrar e consolidar todos os sistemas eletrônicos do Judiciário brasileiro em um ambiente unificado; II – implantar o conceito de desenvolvimento comunitário, no qual todos os tribunais contribuem com as melhores soluções tecnológicas para aproveitamento comum; III – estabelecer padrões de desenvolvimento, arquitetura, experiência do usuário (*User Experience* – UX) e operação de *software*, obedecendo as melhores práticas de mercado e disciplinado em Portaria da Presidência do CNJ; e IV – instituir plataforma única para publicação e disponibilização de aplicações, microsserviços e modelos de inteligência artificial (I.A.), por meio de computação em nuvem. Disponível em: https://atos.cnj.jus.br/atos/detalhar/3496. Acesso em: 21 abr. 2023.

(108) Art. 5º Fica proibida a contratação de qualquer novo sistema, módulo ou funcionalidade privados, mesmo de forma não onerosa, que cause dependência tecnológica do respectivo fornecedor e que não permita o compartilhamento não oneroso da solução na PDPJ-Br. § 1º A dependência tecnológica indicada no *caput* diz respeito à hipótese em que o tribunal contratante não tenha direito à propriedade do que for desenvolvido e não tenha direito aos códigos fonte, documentação e quaisquer outros artefatos que venham a ser produzidos. § 2º Os tribunais que possuem contratos nas condições previstas no § 1º deste artigo terão prazo fixado em ato normativo próprio para início de projeto-piloto de adequação. § 3º O descumprimento da regra prevista no *caput* poderá ensejar: I – a responsabilização do ordenador de despesas por improbidade administrativa, sem prejuízo da comunicação ao Tribunal de Contas respectivo; II – apuração de possível responsabilidade disciplinar dos gestores de TIC e da administração do respectivo tribunal. Disponível em: https://atos.cnj.jus.br/atos/detalhar/3496. Acesso em: 21 abr. 2023.

abordado na tabela 1, dos 46 projetos tecnológicos apresentados pelos TJs, 8 projetos foram desenvolvidos por empresas particulares e 4 em parcerias com universidades. Denota-se assim, que muitos tribunais utilizam tecnologias por intermédio de empresas privadas.

2.4. O uso de processamento de linguagem natural e o *machine learning* como auxílio para a aplicação do sistema de precedentes judiciais

O Processamento de Linguagem Natural (*Natural Language Processing* — NLP) trata de uma das inúmeras facetas que se desdobram a Inteligência Artificial, com o objetivo centrado em processar e analisar linguagens naturais humanas. Nesse momento, o foco será a compreensão de textos em linguagem natural. As tarefas de classificação de textos, em sua maioria, envolvem o aprendizado de máquina supervisionado. Para muitos especialistas em Inteligência Artificial, as representações em Processamento de Linguagem Natural são as abordagens preferidas de trabalho.

Nesse momento será abordada a ferramenta do Processamento de Linguagem Natural (PLN) e sua viabilidade como caminho a ser seguido para a identificação de temas para as decisões jurídicas. Com o Processamento de Linguagem Natural é possível identificar a proximidade do julgamento com o Precedente Vinculante? E, via de consequência, é possível adotar-se o melhor tema para apoio à tomada de decisão? Com a adoção da Inteligência Artificial, por intermédio do Processamento de Linguagem Natural, será possível imprimir maior segurança jurídica e efetividade da atividade jurisdicional?

O Processamento de Linguagem Natural busca identificar padrões característicos e estatísticos dentro de um texto. Com tais padrões, é possível compreender tarefas, extrair relações semânticas e sintáticas de palavras, além de classificar documentos, dentre outras dezenas de funcionalidades (BOEING, 2020, p. 33). Porém para a aplicação da PLN junto a textos jurídicos, requer-se um esforço redobrado em comparação a textos comuns, haja vista a complexidade do raciocínio e argumentação jurídica.

Sintetizando a análise artificial de textos jurídicos, Daniel Henrique Arruda Boeing e Alexandre Morais da Rosa (2020, p. 32-34) apontam didaticamente sobre tal procedimento:

> É necessário transformar um *corpus* textual (um conjunto de dados textuais, tais como o acervo de processos de um tribunal), em um espaço vetorial multidimensional, no qual um algoritmo de ML possa trabalhar. O primeiro passo consiste em coletar e processar dados não tratados (ou "crus"), ou seja, textos jurídicos em linguagem natural. Em seguida, é necessário "tratar" ou "normalizar" tais dados através de diferentes processos. Isso é feito

> transformando-se todas as letras em minúsculas (assim, "Direito" torna-se "direito") e reduzindo as palavras às suas raízes inflexionadas ("pagaram" e "pagou" tornam-se "pag"). A tokenização remove caracteres especiais do texto, tais como acentos, hífens, pontuação, bem como certas palavras que são muito repetitivas e possuem pouco ou nenhum significado, tais como "e" "do", "a", "quem", assim chamadas as "*stop words*".
>
> Em seguida, dividem-se os documentos em dados de treino e de teste. Pode-se fazer isso selecionando aleatoriamente alguns para compor os dados de teste e utilizando os demais para "treinar" o algoritmo.
>
> Tais algoritmos têm por fim realizar uma classificação ou predição. Como exemplos de classificação, pode-se distinguir entre documentos relevantes e irrelevantes para um determinado caso, diferenciar trechos de decisões judiciais (*e.g.* relatório, fundamentação e dispositivo de uma sentença), identificar estruturas argumentativas em documentos legais, bem como indicar a pertinência de um processo a um determinado tema repercussão geral ou recurso repetitivo. Com relação à predição, poderia-se utilizar o aprendizado de máquina para indicar a probabilidade de êxito de uma determinada ação, comparando processos similares ou levando em conta o histórico de decisões de um determinado juiz ou tribunal.

Para a utilização do Processamento de Linguagem Natural, um computador necessita das seguintes habilidades:

> Processamento de linguagem natural: para conseguir se comunicar com os seres humanos através de linguagem naturais (tais como o português); representação de conhecimento: para armazenar seus conhecimentos; raciocínio automatizado: para responder questões e chegar a novas conclusões a partir do conhecimento acumulado; e aprendizado de máquina: para se adaptar as novas circunstâncias e detectar padrões. Tais disciplinas, junto com a robótica e a visão computacional, formam boa parte dos campos do que hoje é entendido por IA. (RUSSEL, 2013, p. 02).

Muitos aplicativos de Inteligência Artificial se valem da utilização do Processamento de Linguagem Natural, os quais se concentram, em sua grande maioria, na compreensão pelo computador da linguagem que lhe é apresentada, não em sua própria produção linguística (BODEN, 2020, p. 83).

O primeiro questionamento que se faz é se os sistemas que se utilizam de PLN conseguem lidar corretamente com a gramática. Na utilização da linguagem humana, a relevância e o contexto são de grande valia.

Sobre a extensão e compreensão do PLN, nas palavras de Margaret A. Boden (2020, p. 88-89), tem-se:

> A PLN atual depende mais de músculos (capacidade computacional) do que de cérebro (análise gramatical). As novas abordagens da PLN, que vão de textos escritos ao reconhecimento de fala, são tão eficazes que atualmente se considera que o padrão de acertibilidade das aplicações práticas é de 95%. A PLN é capaz de aprender e construir vetores de palavras que representam nuvens probabilísticas de significado que acompanham um determinado conceito. Contudo, o foco geralmente é nas palavras e nas frases, não na sintaxe.
>
> Com isso, verifica-se que a utilização-aplicação do Processamento de Linguagem Natural em textos jurídicos é permeada de grande complexidade e desafios. Para se iniciar um modelo de PLN, também será necessária uma boa base de estatística.

Um algoritmo de Processamento de Linguagem Natural detecta "padrões estatísticos entre os termos de um texto". Referidos algoritmos de PLN classificam documentos e extraem relações semânticas e sintáticas entre palavras (BOEING, 2020, p. 33).

Contudo, a linguagem escrita está coberta de interpretações diversas. "O conjunto de premissas para o raciocínio é aberto" (BONAT; PEIXOTO, 2020, p. 59). Com isso, a atenção deverá ser redobrada para o tratamento de ambiguidades no Processamento de Linguagem Natural, sobretudo no que tange à aplicação da PLN em linguagem jurídica.

A nova plataforma ChatGPT utiliza-se da tecnologia e ferramenta de Processamento de Linguagem Natural. Quando questionada sobre o tipo de Inteligência Artificial utilizada, extrai-se a seguinte resposta:

> O ChatGPT é um modelo de linguagem natural baseado em redes neurais. Ele utiliza a técnica de aprendizado de máquina denominada "*transformers*" para processar e gerar linguagem natural. Especificamente, o ChatGPT é um modelo de linguagem pré-treinado de grande escala que foi treinado em grandes conjuntos de dados textuais para entender e gerar texto em linguagem natural. O modelo é capaz de gerar respostas coerentes e relevantes para as perguntas e mensagens dos usuários, com base na análise do contexto e das informações fornecidas. O ChatGPT é uma das aplicações mais avançadas da tecnologia de processamento de linguagem natural na atualidade(109).

(109) Disponível em: https://chat.openai.com/chat. Acesso em: 12 mar. 2023.

Outro questionamento realizado perante a plataforma ChatGPT, se deu em perguntar como se elabora uma Inteligência Artificial (IA), sendo a resposta obtida a seguinte:

> É um processo complexo que requer conhecimentos em programação, matemática, estatística e outras áreas relacionadas. Aqui estão alguns passos que podem ser seguidos para criar uma IA: 1. Definição do objetivo: defina o objetivo da IA, ou seja, o que ela deve ser capaz de fazer ou resolver. Por exemplo, pode ser criar uma IA que aprenda a jogar xadrez, reconhecer imagens ou traduzir textos. 2. Escolha do algoritmo: escolha o algoritmo que será utilizado para a criação da IA. Existem diversos algoritmos disponíveis, como redes neurais, árvores de decisão, algoritmos genéticos, entre outros. A escolha dependerá do objetivo da IA e dos dados disponíveis para treinamento. 3. Coleta de dados: colete os dados que serão utilizados para treinar a IA. Esses dados devem ser representativos do problema que a IA deve resolver. Por exemplo, para criar uma IA que reconheça imagens de gatos, é preciso coletar imagens de gatos e não de outros animais. 4. Pré-processamento de dados: processe os dados coletados para que possam ser utilizados na criação da IA. Isso pode envolver a limpeza dos dados, transformação de dados e normalização de dados. 5. Treinamento da IA: utilize os dados coletados e pré-processados para treinar a IA. Isso envolve alimentar a IA com os dados e permitir que ela aprenda a partir desses dados. O processo de treinamento pode levar dias, semanas ou até meses, dependendo do tamanho e complexidade da IA. 6. Teste da IA: teste a IA utilizando dados que não foram utilizados no processo de treinamento. Isso permite verificar se a IA está apta a resolver o problema proposto. 7. Implementação da IA: implemente a IA em uma aplicação ou sistema para que possa ser utilizada para resolver o problema proposto. Esses são apenas alguns passos básicos para criar uma IA. É importante lembrar que a criação de uma IA é um processo complexo e que requer conhecimentos técnicos e habilidades específicas(110).

Na linguagem computacional, a palavra *dataset* significa a reunião de dados organizados (banco de dados). Essa reunião de dados é a base para o treinamento de um algoritmo baseado em Inteligência Artificial. Por exemplo, no sistema de IA que o STF utiliza (Projeto Victor), são selecionados os processos que têm o critério da repercussão geral, buscando decisões semelhantes embasadas na base de dados organizados (*dataset*) do próprio tribunal. No mesmo sentido, os sistemas *Athos, Socrates* e o *Corpus 927*, vigentes no STJ, selecionam casos semelhantes a fundamentar as demandas postas em julgamento perante a jurisprudência predominante do STJ.

---

(110) Disponível em: https://chat.openai.com/chat. Acesso em: 12 mar. 2023.

Esse treinamento do algoritmo lastreado na Inteligência Artificial se dá com base nos dados organizados, e isso se chama *machine learning* (treinamento de máquina), que nada mais é que o aprendizado com os dados constantes em seu *dataset*. Ademais, quanto mais amplo for o banco de dados, melhor será o treinamento e desempenho do algoritmo. Mas infelizmente os tribunais têm seus sistemas diferentes, com bases independentes, como estudado no item 2.3.

Masha Medvedeva (*In* BONAT; PEIXOTO, 2020, p. 60) relata a pesquisa realizada sobre as predições de decisões para a Corte Europeia de Direitos Humanos, com a tarefa principal de aplicar o Processamento de Linguagem Natural (PLN), com objetivo de prever automaticamente as decisões do seu próprio Tribunal.

> Em essência, a pesquisa foi feita pela aplicação de uma análise quantitativa com base em palavras e conjuntos de palavras associadas ao uso no CEDH e, a partir dessa análise, treinando a máquina para prever a decisão. Entretanto, o caminho não foi fácil. No caso pesquisado por eles, para encaminhar uma solução, foi introduzida uma tarefa binária (violação e não violação) de um artigo específico e, eventualmente, havendo para um caso duas ou mais decisões sobre o mesmo artigo (em um panorama de múltiplas ofensas), retirando-se do *dataset,* isto é, considerando apenas os casos de uma única decisão. A justificativa da pesquisa foi a possibilidade de obter uma imagem mais clara para o treinamento.

"A partir da análise da sentença, do acórdão, do recurso e das contrarrazões, o algoritmo consegue, com acurácia de 0.911 F1[(111)] Score, selecionar o precedente e aplicá-lo ao caso que chega para julgamento" (BONAT; PEIXOTO, 2020, p. 126). Ainda sob o argumento dos doutrinadores, "O Brasil desponta nessa área e pode contribuir para o desenvolvimento de algoritmos capazes de facilitar a atividade jurisdicional e promover maior acesso à justiça".

A utilização da viabilidade do Processamento de Linguagem Natural já está presente no âmbito do Tribunal de Justiça do Estado de São Paulo, criado pelo Projeto LEIA PRECEDENTES, da empresa Softplan, por meio do "processamento de linguagem natural". Tal sistema busca, nos processos, temas de precedentes, repercussão geral e resolução de demandas repetitivas. Pelo LEIA, ocorrem a identificação do objetivo da petição inicial e a conexão de um tema ao processo em análise. Os temas dos precedentes são ratificados com antecedência pelo Núcleo de Gerenciamento de

(111) A simbologia *F-score* para o estudo estatístico de classificação binária representa uma medida de precisão de um determinado teste. Esse teste é fruto do cálculo da precisão, sendo um número de resultados verdadeiros e positivos dividido pelo número dos demais resultados positivos. Essa precisão ou valor positivo preditivo é denominado como uma maior sensibilidade na classificação diagnóstica binária. Exemplo: O escore F1 representa a média harmônica da precisão e da revocação. Quanto mais genérico escore aplica pesos adicionais, valorizando um de precisão ou *recall* mais do que o outro. O valor mais alto possível de um F-score é 1,0, indicando precisão e recuperação perfeitas, e o valor mais baixo possível é 0, se a precisão ou a recuperação for zero. Disponível em: https://en.wikipedia.org/wiki/F-score. Acesso em: 08 jul. 2022.

Precedentes (NUGEP)[112] do Tribunal de Justiça do Estado de São Paulo. O novo sistema sugere ao julgador o tema de precedente relacionado ao pedido da petição inicial. Isso é uma grande conquista para o Tribunal Paulista, visto que será possível racionalizar os julgamentos, bem como uniformizar os entendimentos judiciais postos em julgamento.

São apontados três tipos mais recorrentes do aprendizado de máquina no Poder Judiciário: a) Robô-classificador; b) Robô-relator; c) Robô-julgador (BOEING; ROSA, 2020, p. 10).

Em 2018, mais de 28 milhões de processos novos adentraram no Poder Judiciário, cada juiz julgando em média 1.877 processos, o que dá uma média de 8 sentenças por dia útil. Restaram pendentes de julgamento, no mesmo ano, aproximadamente 79 milhões de processos (BOEING; ROSA, 2020, p. 14).

Em manual lançado pelo Tribunal de Justiça do Estado de São Paulo, é comentada a relevância do sistema, bem como seu auxílio na uniformização de entendimentos sobre os temas. "Diante das demandas repetitivas, os Tribunais podem eleger alguns processos como representativos da controvérsia jurídica, para daí tomar uma decisão que servirá como Precedente para julgamento dos demais feitos espalhados pelos foros do país"[113].

Algumas etapas relevantes foram observadas para a confecção do LEIA PRECEDENTES (BOEING, 2020, p. 37-38):

> a) Após a seleção dos temas de precedentes judiciais vinculantes, ocorrerá a construção de uma matriz de entendimento para cada respectivo tema, com critérios que levam às sugestões de vinculação, ao registro detalhado de cada uma das regras, respeitando a autonomia humana, uma vez que as razões pelas quais um processo foi sugerido são explicáveis a seres humanos que são os responsáveis por decidir pela vinculação ou não do tema.
>
> b) A transformação em texto líquido por intermédio de técnicas de normatização. Padrões de escrita (sinônimos, abreviações, espaçamento etc.), remoção de pontuações e termos irrelevantes. Os dados necessitam de preparo antes de serem estudados.

---

(112) O NUGEP (Núcleo de Gerenciamento de Precedentes foi criado pela Resolução do CNJ sob n. 235/2016, que dispõe sobre a padronização de procedimentos administrativos decorrentes de julgamentos de repercussão geral, de casos repetitivos e de incidente de assunção de competência previstos na Lei n. 13.105, de 16 de março de 2015 (Código de Processo Civil), no Superior Tribunal de Justiça, no Tribunal Superior Eleitoral, no TST, no Superior Tribunal Militar, nos Tribunais Regionais Federais, nos Tribunais Regionais do Trabalho e nos Tribunais de Justiça dos Estados e do Distrito Federal, e dá outras providências. Disponível em: https://atos.cnj.jus.br/files/d7e92f193562f9c95d79a15a2bf0f47f.pdf#:~:text=A%20Resolu%C3%A7%C3%A3o%20CNJ%20n.%20235%2F2016%20representa%20importante%20marco,a%20integra%C3%A7%C3%A3o%20tecnol%C3%B3gica%20por%20meio%20de%20Web%20Service. Acesso em: 26 jan. 2022.

(113) Disponível em: https://www.tjsp.jus.br/Download/CapacitacaoSistemas/LEIAPrecedentes/LEIAPrecedentesGuiaRapido.pdf. Acesso em: 26 jan. 2022.

c) Definição e processamento de regras para minerar dados e implementar a PLN.

d) Calibrar as regras de buscas até levar ao melhor índice satisfatório de assertividade.

e) Carregamento dos processos candidatos à aplicação do tema de precedentes e o acompanhamento dos resultados pós-pesquisa, por intermédio de esclarecimento e verificação de dúvidas e validação com as equipes de NUGEPs dos Tribunais.

Figura 4 – Fluxo de Etapas do Projeto LEIA Precedentes

Fonte: (BOEING, 2020, p. 38).

Os números apontados pelo Projeto LEIA são significativos, já que foram analisados somente 50 temas de precedentes judiciais vinculantes.

> O Projeto teve total de 8,157 milhões de Processos judiciais que compuseram seu Universo, dentro do qual o LEIA sugeriu a vinculação de 555 mil a um dos cinquenta temas de precedentes, ou seja, 6,8% do total de Processos. A título comparativo, o volume de processos sobrestados historicamente pelos mesmos temas, segundo os dados do Painel de Demandas Repetitivas do CNJ, foi de 488,6 mil (BOEING, 2020, p. 41).

Vale destacar, ainda, que atualmente temos mais de 1.000 temas consolidados de precedentes judiciais vinculantes. O STJ publica, desde 2018, mensalmente, boletins informativos(114), contendo os recursos repetitivos afetados, as controvérsias criadas, as

(114) "O sistema de precedentes brasileiro exige intensa integração entre as instâncias do Poder Judiciário nacional. O Boletim de Precedentes do STJ foi idealizado com o importante objetivo de permitir a consulta unificada e direta a respeito dos processos que ensejam a criação de precedentes qualificados no STJ (RISTJ, art. 121-A), do recurso indicado pelos tribunais de origem como representativo da controvérsia e dos pedidos de suspensão nacional em incidente de resolução de demandas repetitivas, com a finalidade de auxiliar mag istrados e servidores nas atividades de sobrestamento de processos, de aplicação de tese e de juízo de retratação". Disponível em: https://www.stj.jus.br/sites/portalp/Precedentes/boletim-de-precedentes. Acesso em: 13 jul. 2022.

afetações criadas e canceladas, dentre outras. O Conselho Nacional de Justiça apontou que o Poder Judiciário terminou o ano de 2020 com 75,4 milhões de processos em tramitação, isto é, processos que aguardam uma solução definitiva, tendo ingressado em todo o Poder Judiciário, durante o mesmo ano de 2020, 25,8 milhões de novos processos (mais da metade desses processos — 52,3% — refere-se à fase de execução). Com isso, a conjugação da Inteligência Artificial com os precedentes judiciais vinculantes tem o condão de transformar o Poder Judiciário e propiciar maiores interações governamentais, econômicas e sociais.

O Projeto LEIA, desenvolvido pela Empresa de Tecnologia Softplan e utilizado pelo TJ-SP, é um exemplo bem-sucedido de projeto que sugere a vinculação de temas de precedentes judiciais vinculantes logo na análise da petição inicial. A ferramenta que utiliza o Processamento de Linguagem Natural (PLN) oferece ao julgador o eventual tema de precedente a ser utilizado para o processo em análise logo no início da lide, o que para tanto acarreta uma maior segurança jurídica e estabilidade no sistema de precedentes. Mas a limitação imposta pelo CNJ em sua Resolução n. 335/2020 — discutida no item 3.3, a qual impede a contratação com empresas particulares de tecnologia, pode desencadear uma involução e engessamento no campo tecnológico.

2.5. A contribuição da inteligência artificial para melhoria e eficiência do Poder Judiciário

Após o estudo das diversas tecnologias lastreadas em Inteligência Artificial no Poder Judiciário brasileiro analisadas nos tópicos anteriores, cumpre refletir sobre a utilização da Inteligência Artificial na busca da maior eficiência do Poder Judiciário. É possível afirmar que a utilização da Inteligência Artificial nos mais diversos braços do Poder Judiciário tem o condão de proporcionar melhorias na eficiência do Poder Judiciário?

Nesse sentido, primeiramente, cumpre destacar e conceituar o princípio da eficiência, bem como analisar os dados encontrados no Poder Judiciário que aplicam a Inteligência Artificial. Como estudado nos itens anteriores, há dezenas de tecnologias operantes e em desenvolvimento nos tribunais superiores brasileiros e tribunais estaduais. É notória a expansão da utilização das tecnologias baseadas em Inteligência Artificial, dentre outras técnicas de automação. Esse aumento exponencial de utilização de ferramentas de Inteligência Artificial teria a possibilidade de acelerar e melhorar a qualidade da atividade jurisdicional?

O cientista jurídico, em geral, tem a expectativa de um Poder Judiciário que proporcione justiça célere e racional. Como analisado até aqui, a Inteligência Artificial consegue orientar e proporcionar melhorias na qualidade da entrega da atividade jurisdicional por intermédio de suas mais diversas técnicas computacionais disponíveis. Cabe a seguinte indagação: É possível identificar que a utilização da Inteligência Artificial proporcionará a melhor eficiência, produtividade, celeridade, previsibilidade e racionalidade nas decisões judiciais?

Antes de tentar dar as respostas aos questionamentos suscitados, convém conceituar o princípio da eficiência. O Direito é busca incessante pela harmonização de interesses conflitantes. Em toda a sociedade haverá o direito como forma de tutelar as divergências-disputas existentes. O Direito está interligado com dezenas de disciplinas, entre elas, a economia, sociologia, informática, filosofia, medicina, psicologia, dentre outras. Nesse ponto, cabe um destaque entre o elo da disciplina do Direito com a Economia, pois, numa perspectiva e enfoque basilares, o Direito regula as divergências do ser humano na sociedade, enquanto a Economia estuda como os recursos são gastos de forma a satisfazer os anseios da sociedade.

O Direito conectado à ciência econômica é "a aplicação da teoria econômica, e dos métodos econométricos, ao exame da formação, da estrutura, dos processos e dos impactos do direito e das instituições legais" (PORTO; GAROUPA, 2021, p. 59).

Para Antônio Maristrello Porto e Nuno Garoupa (2021, p. 61), "a perspectiva econômica vê o Direito como uma instituição que deve promover a eficiência, contribuindo, dessa forma, para melhorar o bem-estar social".

Nesse sentido:

> A aplicação de uma perspectiva de "eficiência" às normas jurídicas. A suposição que a permeia é que a jurisprudência deveria avaliar as normas e os preceitos legais de acordo com um critério que determinasse se eles facilitam ou atrapalham o uso eficiente dos recursos conforme o seu custo, ou seja, a partir da avaliação do custo-benefício. Quando analisamos as normas de acordo com o grau em que facilitam o uso de recursos escassos, estamos avaliando consequências que terão efeitos sobre toda sociedade. Nesse sentido, a AED pertence ao que é conhecido como ética consequencialista.
>
> O conceito de eficiência está associado à maximização da fórmula do bem-estar social. Será eficiente toda medida que gerar a maior satisfação do maior número de indivíduos de uma sociedade. Esta ideia é a base da filosofia utilitarista. Outra forma de analisar a referida questão, diferentemente da abordagem utilitarista seria pela fórmula de Pareto. (PORTO; GAROUPA, 2021, p. 59-63).

Para Erik Navarro (2022, p. 21), "do ponto de vista normativo, sob o pálio da eficiência, a análise econômica é capaz de medir em que grau uma determinada norma processual é socialmente desejável ou não". No mesmo sentido, Marcelo Mazzola (2021, p. 893) relaciona a união da Inteligência Artificial com os princípios da eficiência e da duração razoável do processo:

> Antes de avançar, vale lembrar que a utilização da inteligência artificial se conecta aos princípios da eficiência (arts. 37 da CF e 8º do CPC/15) e da

> duração razoável do processo (arts. 5º, LXXVIII, da CF e 4º, 6º, e 139, II, do CPC/15), sendo certo que o novo diploma processual delegou ao Conselho Nacional de Justiça a regulamentação dos avanços tecnológicos (art. 196 do CPC/15).
>
> Mas o que vem a ser a eficiência? A eficiência deve ser vista como "utilidade", representada por uma agregação do bem-estar de todos os indivíduos de uma determinada sociedade. Com isso, tudo o que aumenta o bem-estar é eficiente; nesse caminho, temos a adoção das tecnologias que se valem da Inteligência Artificial no Poder Judiciário brasileiro, ferramenta essa que permite o desenvolvimento e aumento do bem-estar da sociedade brasileira. A eficiência pode ser conceituada como a soma das utilidades individuais acrescida em cada pessoa atingida pela norma (WOLKART, 2022, p. 22).

O princípio da eficiência foi contemplado constitucionalmente com a reforma administrativa, por meio da Emenda n. 19/1998, que o definiu expressamente no art. 37 da Constituição Federal. No entanto, leis infraconstitucionais já o previam, como o Código de Defesa do Consumidor (arts. 4º, VII, 6º, X, e 22) e a Lei n. 8.987/1995, que trata das Concessões e Permissões de Serviços Públicos (arts. 6º e 7º).

O princípio da eficiência pode ser definido como presteza na atividade estatal, isto é, a busca pela satisfação positiva dos serviços públicos, firmada por intermédio dos agentes públicos que a realizam. O princípio em questão também se coaduna com a necessidade de avanço e na desburocratização da atividade estatal, garantindo-se mais agilidade, presteza e qualidade dos serviços públicos e também nos resultados desses serviços, o que denota a preocupação do constituinte com a atuação estatal.

Sintetizando o princípio da eficiência, explica Uadi Lammêgo Bulos (2020, p. 1.044):

> Seu objetivo é claro: obter resultados positivos no exercício dos serviços públicos, satisfazendo as necessidades básicas dos administrados. Princípio moderno de função administrativa, a eficiência é um reclamo contra a burocracia estatal. Sua finalidade é combater a malversação dos recursos públicos, a falta de planejamento, os erros repetidos mediante práticas gravosas. O princípio da eficiência, tão estudado pelos autores italianos, foi expresso em nosso ordenamento constitucional por força da Emenda Constitucional n. 19/98 (reforma administrativa), que o incorporou ao texto primitivo da Constituição de 1988 (art. 37, *caput*). A inserção da eficiência, ao lado dos vetores da legalidade, impessoalidade, moralidade e publicidade, calcou-se no argumento de que o aparelho estatal deve revelar-se apto para gerar benefícios, prestando serviços à sociedade e respeitando o cidadão contribuinte.

Outra vertente do princípio em questão diz respeito à atenuação de formalismos e burocracias desnecessárias, tornando a atuação estatal mais gerencial, com resultados e qualidade. Vê-se que o princípio da eficiência liga-se necessariamente com a atuação do Poder Judiciário na apreciação das lides e no bom e rápido julgamento das ações. O princípio em comento, em razão de sua essência, está correlacionado com um preceito individual, qual seja, o da razoável duração do processo (art. 5º, LXXVIII).

Nesse mesmo sentido, pontua Matheus Carvalho (2021, p. 82):

> Por fim, uma prestação de serviços eficiente deve garantir uma célere solução de controvérsias, razão pela qual, a eficiência diretamente ligada ao princípio da celeridade nos processos administrativos, inserido na Constituição da República, em seu art. 5º, LXXVIII que dispõe que: a todos, no âmbito judicial e administrativo, são assegurados a razoável duração do processo e os meios que garantam a celeridade de sua tramitação.

Imperioso destacar que o art. 8º do Código de Processo Civil destaca o princípio da eficiência ao proclamar que, "ao aplicar o ordenamento jurídico, o juiz atenderá aos fins sociais e às exigências do bem comum, resguardando e promovendo a dignidade da pessoa humana e observando a proporcionalidade, a razoabilidade, a legalidade, a publicidade e a eficiência".

O princípio da eficiência atinge o Poder Judiciário sob duas óticas: a primeira, no que tange à Administração Judiciária, e a segunda, quanto à gestão de um determinado processo. É imperioso destacar a ligação e o diálogo entre as ciências do Direito Processual Civil e do Direito Administrativo (DIDIER, 2015, p. 99-101). Prossegue Fredie Didier sobre o princípio da eficiência:

> Efetivo é o processo que realiza o direito afirmado e reconhecido judicialmente. Eficiente é o processo que atingiu esse resultado de modo satisfatório, nos termos acima. Um processo pode ser efetivo sem ter sido eficiente — atingiu-se o fim "realização do direito" de modo insatisfatório (com muitos resultados negativos colaterais e/ou excessiva demora, por exemplo). Mas jamais poderá ser considerado eficiente sem ter sido efetivo: a não realização de um direito reconhecido judicialmente é quanto basta para a demonstração da ineficiência do processo. (DIDIER, 2015, p. 103).

Pode-se afirmar que o nascimento do Conselho Nacional de Justiça, advindo da Emenda Constitucional n. 45/2004, no art. 103-B, § 4º, incisos I a VII[115], está em harmonia com o princípio da eficiência.

---

(115) "§ 4º Compete ao Conselho o controle da atuação administrativa e financeira do Poder Judiciário e do cumprimento dos deveres funcionais dos juízes, cabendo-lhe, além de outras atribuições que lhe forem conferidas pelo Estatuto da Magistratura:

Sendo assim, a atuação jurisdicional deve se pautar no princípio da eficiência, com a garantia de um processo justo, em tempo razoável, com uma decisão satisfatória e eficaz, garantindo aos administrados a aplicação concreta do princípio da eficiência.

Os sistemas utilizados pelos tribunais estaduais e superiores estudados nos tópicos anteriores bem demonstram que a utilização da Inteligência Artificial poderá, sim, aumentar a eficiência do Poder Judiciário. A tecnologia de Inteligência Artificial proporciona aos julgadores e servidores em geral a redução da tramitação processual e, via de consequência, o aumento de produtividade.

Como anunciado pelo Centro de Inovação, Administração e Pesquisa do Judiciário da Fundação Getulio Vargas, boa parte dos Tribunais brasileiros têm tecnologias e projetos embasados em Inteligência Artificial. "Em junho de 2020, os resultados preliminares indicavam a presença de 72 projetos de IA no Poder Judiciário brasileiro" (SALOMÃO, 2021, p. 26).

Erik Navarro Wolkart (2022, p. 90) destaca contribuições e caminhos diversos para o funcionamento adequado e com responsabilidade dos sistemas de Inteligência Artificial, aliados à prosperidade econômica: rapidez: permite a resolução rápida de processos civis e criminais; justiça: produz resultados que são justos e proporcionais às circunstâncias; ausência de vieses indesejados: opera livre de preconceitos; consistência: alcança resultados de forma consistente, não arbitrária e baseada em princípios; transparência: está aberto ao escrutínio e à supervisão públicos; acessibilidade: permanece ao alcance de todos os cidadãos e residentes de forma igualitária; efetividade: atinge os fins

I – zelar pela autonomia do Poder Judiciário e pelo cumprimento do Estatuto da Magistratura, podendo expedir atos regulamentares, no âmbito de sua competência, ou recomendar providências;

II – zelar pela observância do art. 37 e apreciar, de ofício ou mediante provocação, a legalidade dos atos administrativos praticados por membros ou órgãos do Poder Judiciário, podendo desconstituí-los, revê-los ou fixar prazo para que se adotem as providências necessárias ao exato cumprimento da lei, sem prejuízo da competência do Tribunal de Contas da União;

III – receber e conhecer das reclamações contra membros ou órgãos do Poder Judiciário, inclusive contra seus serviços auxiliares, serventias e órgãos prestadores de serviços notariais e de registro que atuem por delegação do poder público ou oficializados, sem prejuízo da competência disciplinar e correicional dos tribunais, podendo avocar processos disciplinares em curso, determinar a remoção ou a disponibilidade e aplicar outras sanções administrativas, assegurada ampladefesa;

IV – representar ao Ministério Público, no caso de crime contra a administração pública ou de abuso de autoridade;

V – rever, de ofício ou mediante provocação, os processos disciplinares de juízes e membros de tribunais julgados há menos de um ano;

VI – elaborar semestralmente relatório estatístico sobre processos e sentenças prolatadas, por unidade da Federação, nos diferentes órgãos do Poder Judiciário;

VII – elaborar relatório anual, propondo as providências que julgar necessárias, sobre a situação do Poder Judiciário no País e as atividades do Conselho, o qual deve integrar mensagem do Presidente do Supremo Tribunal Federal a ser remetida ao Congresso Nacional, por ocasião da abertura da sessão legislativa".

Disponível em: https://www.planalto.gov.br/ccivil_03/constituicao/constituicao.htm. Acesso em: 11 dez. 2022.

desejados pelas suas leis e regras sem consequências colaterais negativas; precisão: obtém resultados precisos, minimizando tanto falso positivos (pessoas injusta ou incorretamente rotuladas, investigadas ou condenadas por ilícitos em geral) como falsos negativos (pessoas incorretamente não rotuladas, não investigadas ou não condenadas por ilícito em geral); e Adaptabilidade: tem a flexibilidade necessária para se adaptar a mudanças no contexto social.

Como visto, um dos pressupostos basilares na composição da Análise Econômica do Direito é a busca incessante pela melhor eficiência a ser proporcionada na qualidade da prestação jurisdicional pelo Poder Judiciário. O Estudo arquitetado pelo Centro de Inovação, Administração e Pesquisa do Judiciário da Fundação Getulio Vargas[116] apontou os seguintes resultados nos projetos dos tribunais superiores que utilizam a Inteligência Artificial:

Tabela 4: Resultados nos projetos dos Tribunais Superiores que utilizam a Inteligência Artificial

Projeto	Tribunal	Resultado
VICTOR	STF	"Redução do tempo levado por um servidor do Tribunal na realização de uma tarefa: de, em média, 44 minutos para cinco segundos pelo Victor.
ATHOS	STJ	Aumento de afetações, redução de processos recebidos no STJ, aumento de Recursos Representativos da Controvérsia (RRC) e Incidentes de Resolução de Demandas Repetitivas (IRDR) advindos de tribunais parceiros, bem como a uniformização da jurisprudência com a utilização dos precedentes qualificados. Já possibilitou, desde o início da sua utilização, em setembro de 2019, a criação de 51 controvérsias (conjunto de processos com sugestão de afetação ao rito dos repetitivos) e afetação ao rito qualificado de 13 temas repetitivos, após análise de grandes volumes de processos. Para esse trabalho, a ferramenta analisa mensalmente cerca de 30 mil peças, volume praticamente impossível para os servidores da unidade. O sistema foi capaz de identificar processos recebidos na Corte referentes a uma das controvérsias já identificadas (tema 1.051/STJ), em um volume crescente a partir de março de 2019. Em relação à identificação de matéria de notória relevância, a entendimentos convergentes e/ou divergentes entre órgãos do STJ e a possíveis distinções ou superações de precedentes qualificados, a análise e a inclusão eram feitas manualmente por servidores, e passaram a ser automáticas em maio de 2020. Para ilustrar, dos acórdãos publicados em maio, 29% foram incluídos de forma automática e, em junho, cerca de 42%.

(116) Disponível em: https://portal.fgv.br/noticias/inteligencia-artificial-judiciario-mais-completa-pesquisa-sobre-assunto. Acesso em: 29 out. 2022.

Projeto	Tribunal	Resultado
SÓCRATES	STJ	Redução do esforço na triagem de processos; apoio das atividades de análise de processos; e auxílio da seleção de representativos da controvérsia pelo Gabinete. É possível, fornecendo um caso-exemplo, identificar os demais processos que tratam da mesma matéria em um universo de 2 milhões de processos e 8 milhões de peças processuais, o que abrange todos os processos em tramitação no STJ e mais 4 anos de histórico, em 24 segundos. Além disso, é possível monitorar automaticamente os 1,5 mil novos processos que chegam diariamente ao Tribunal para seleção de matérias de interesse. Entre os ganhos já observados estão mais agilidade no julgamento, maior eficiência na seleção de precedentes qualificados e automatização da identificação de processos repetitivos que chegam ao Tribunal para julgamento mais célere.
E-JURIS	STJ	Celeridade na execução do trabalho da Secretaria de Jurisprudência e incremento do atendimento à demanda da unidade.
TUA – Tabela Unificada de Assuntos	STJ	Identificação do assunto do processo pelo sistema, de forma automática, para fins de distribuição às seções do STJ conforme o ramo do direito em que atuam: Direito Público (Primeira), Direito Privado (Segunda) e Direito Penal (Terceira).
BEM-TE-VI	TST	Aumento de produtividade.
SINAPSES	CNJ	Os seguintes modelos estão sendo desenvolvidos no ambiente da Plataforma: • Movimento Inteligente: tem por finalidade sugerir o movimento que será aplicado no despacho (gratuidade de justiça, mero expediente, dentre outros); • Prevenção: identifica casos possíveis de prevenção; • Similaridade processual: identifica similaridade entre documentos, a partir de um documento escolhido; • Acórdão Sessões: identifica e extrai partes de um acórdão, como ementa, relatório e voto; • Gerador de texto jurídico (autocomplete); • Sumarizador: realiza resumos customizados de textos, reduzindo conforme o parâmetro recebido; • Triagem de Grande Massa: classifica as petições iniciais de acordo com temas preestabelecidos; • Verifica Petição: classifica um documento, informando se constitui ou não uma petição inicial.
ROBÔ SECOR	TRF-1	Levantamento de dados a serem enviados para o CNJ. Esse levantamento era realizado por analistas e técnicos. Maior celeridade e economia de recursos humanos.
BANCO DE SENTENÇAS	TRF-1	A indexação já está incluindo os documentos do e-CVD (tal sistema engloba documentos do TRF1 DOC, e-Jur e do próprio e-CVD) de todas as Seções Judiciárias do TRF 1ª Região. Em março de 2020, possuía 1.886.842 documentos indexados.

Projeto	Tribunal	Resultado
SIB – Sistema de Inteligência de Busca	TRF-1	Propor soluções automatizadas para agilizar a busca por conteúdos, de forma dinâmica, facilitando a identificação de repetitividade de processo.
Atendente Virtual	TRF-2	Trata-se de um *chatbot* que simula uma conversa humana em um *chat*, no *WhatsApp*, e automatiza tarefas repetitivas, como dúvidas frequentes, na forma de diálogo predefinido entre ele e o usuário.
SINARA	TRF-3	Identifica textos jurídicos como leis, artigos, alíneas, e possibilita a pesquisa por assuntos, a fim de facilitar o trabalho nos gabinetes. Objetiva-se a extração com precisão superior a 92%. Atualmente, está em 88%.
SIGMA – Sistema Inteligente de Gestão de Modelos de Admissibilidade	TRF-3	Facilita a produção de minutas de juízo de admissibilidade de recursos especial e extraordinário. Centraliza as minutas. Produz estatísticas de produtividade.
Classificação de temas na vice-presidência e turmas recursais	TRF-4	84% de assertividade de temas do STJ, 86% de temas do STF e 95% em temas da TNU.
Análise de assunto dos processos	TRF-4	Em 2018, 6% dos processos de 1º grau (38.117) tiveram sua classificação de assunto retificada. Em 2019, foram 9% (65.536). Redução de 33% nos eventos de retificação de assunto no 2º grau em relação ao mesmo período de 2018.
Triagem automática de processos a partir da petição inicial	TRF-4	A partir da análise da petição inicial, identificam-se os casos de demandas repetitivas.
Sugestão de modelos de minutas	TRF-4	Reduzir o tempo para produção de documentos e maior padronização nos documentos produzidos por um órgão judicial.
JULIA – Jurisprudência Laborada com Inteligência Artificial	TRF-5	Melhoria na produtividade do trabalho das assessorias dos magistrados a fim de agilizar o trabalho da Unidade de recursos para identificar processos a serem reformados em razão de decisão superior.
LEIA – Legal Intelligent Advisor Precedentes	TJ-AC	Fase n. 1 implantada e concluída em dezembro de 2019, contemplando a análise e a indicação de sugestão de sobrestamento do estoque de processos não criminais, eletrônicos e em andamento, entrados até 12/08/2019, para um conjunto de 50 temas. Objetiva maior isonomia no julgamento de processos similares; melhora nos indicadores da taxa de congestionamento líquida e o IPC-jus, que deduz processos sobrestados do seu cálculo; aumento da capacidade de trabalho das unidades judiciais, com a consequente redução do estoque de processos em andamento; e celeridade processual.

Projeto	Tribunal	Resultado
LEIA – Legal Intelligent Advisor Precedentes	TJ-AL	Fase 1 concluída, contemplando a análise e a indicação de sugestão de sobrestamento do estoque de processos não criminais, eletrônicos e em andamento, para um conjunto de 50 temas. Foram analisados 1,9 milhão de processos judiciais, e encontrada convergência entre petição inicial/matriz de entendimento em 168 mil processos. Identificação de 8,9% de processos candidatos à vinculação a algum dos 50 temas analisados.
HÉRCULES	TJ-AL	Com a assertividade acima de 95%, o robô já analisou mais de 10 mil petições intermediárias da 15ª Vara Cível da Capital.
LEIA – Legal Intelligent Advisor Precedentes	TJ-AM	Fase 1 concluída, contemplando a análise e a indicação de sugestão de sobrestamento do estoque de processos não criminais, eletrônicos e em andamento, para um conjunto de 50 temas. Foram analisados 1,9 milhão de processos judiciais e encontrada convergência entre petição inicial/matriz de entendimento em 168 mil processos. Identificação de 8,9% de processos candidatos à vinculação a algum dos 50 temas analisados.
QUEIXA CIDADÃ	TJ-BA	Diminuição de situações de agendamentos extensivos para atendimento, como: deslocamentos dos cidadãos, por várias vezes em razão de documentações incompletas; despadronização de queixas da mesma matéria; e oneração dos serviços de atendimentos presenciais. Abertura de queixas com reconhecimentos de usuários com até 55% de acurácia.
LEIA – Legal Intelligent Advisor Precedentes	TJ-CE	Fase 1 concluída, contemplando a análise e a indicação de sugestão de sobrestamento do estoque de processos não criminais, eletrônicos e em andamento, para um conjunto de 50 temas. Foram analisados 1,9 milhão de processos judiciais e encontrada convergência entre petição inicial/matriz de entendimento em 168 mil processos. Identificação de 8,9% de processos candidatos à vinculação a algum dos 50 temas analisados.
HÓRUS	TJ-DF	A meta inicial do Hórus era a de distribuir 48 mil processos já digitalizados, indexados e fragmentados de forma automatizada e inteligente, contabilizando menos de 10 segundos para a execução de todas as etapas processuais. Desde a sua implantação, o Hórus já distribuiu, de forma automatizada, mais de 275 mil processos da VEF.
IA 332 (Identificação Automática 332) Sistema Automático de Identificação de Temas Repetitivos e Súmulas	TJ-GO	Realiza a predição dos temas repetitivos e/ou de súmulas consolidadas com a maior acurácia possível. Apresenta minuta de decisões para determinados temas repetitivos e/ou súmulas consolidadas, auxiliando os magistrados e assessores jurídicos na preparação dos documentos. Busca agilizar o trâmite dos processos, atendendo, de forma ágil, aos anseios da sociedade. Na predição, tem-se alcançado acurácia superior a 80%.

Projeto	Tribunal	Resultado
LEIA – Legal Intelligent Advisor Precedentes	TJ-MS	Automatizar a identificação de possíveis casos de vinculação de temas de precedentes. Proporcionar isonomia no julgamento de processos similares e/ou de grande repercussão, redução do congestionamento do Judiciário e atendimento à Resolução 235/2016 do CNJ.
Sem nome	TJ-MT	Trata-se de um robô assessor aos magistrados que elaborará minuta de sentenças.
Sem nome	TJ-PR	Possibilitar o arquivamento significativo de processos já prescritos.
ELIS	TJ-PE	Antes de o sistema ser implantado, a conferência inicial de cerca de 70 mil processos levava aproximadamente 18 meses. Com o sistema de IA, tal processamento leva em torno de 15 dias, ou seja, é 36 vezes mais rápido.
Sem nome	TJ-RJ	O Tribunal está realizando o PoC (*Proof of Concept*): uma prova de conceito, com diversas tecnologias para verificar aquela mais plausível para ser utilizada no Tribunal. O objetivo é tratar de demandas repetitivas, realização de atos burocráticos, realização de penhoras e consultas em órgãos externos.
SINAPSE	TJ-RO	Celeridade processual. Em ambiente de testes, verificou-se que cada assessor leva, em média, 2 minutos e 50 segundos para realizar a triagem de um processo. A triagem de cerca de 227.728 processos levou apenas alguns minutos.
SCRIBA	TJ-RR	Transcrição com acurácia de, no mínimo, 80%. Indexação de, no mínimo, 80% (oitenta por cento) do conteúdo transcrito. Integração com o Projudi – Processo Eletrônico do Judiciário do Estado de Roraima.
MANDAMUS	TJ-RR	Eficiência no cumprimento dos mandados. Sustentabilidade: • eliminação de consumo de papel e tinta; • diminuição de gastos com combustível; • racionalização dos gastos públicos. Diminuição da sobrecarga de trabalho dos servidores com a eliminação da necessidade de realização. Eliminação do trabalho manual repetitivo.
Sem nome	TJ-RS	Automatizar despachos, minimizando a intervenção do juiz na análise inicial do processo. Pretende-se que cerca de 90% dessa tarefa prescinda de análise humana. Como a implantação é recente e o número de executivos fiscais é incipiente até este tempo, ainda não foi possível avaliar os resultados.

Projeto	Tribunal	Resultado
JUDI	TJ-SP	Garantir que o cidadão receba a informação correta de acordo com seu problema/sua dúvida e, se for o caso, que se dirija ao Juizado Especial Cível mais próximo, indicado pelo próprio *bot*, com a documentação necessária para dar entrada na sua causa. Desde o dia 17/12/2019, a Judi já realizou mais de 10 mil atendimentos virtuais, nos quais os usuários foram informados sobre a competência e a documentação necessária para eventual ajuizamento nos Juizados Especiais Cíveis. Nas avaliações opcionais registradas pelos usuários, a nota média dos atendimentos é 4,3 (sendo 5,0 a nota máxima possível), e os *feedbacks* de livre manifestação apontam, de uma maneira geral, uma grande expectativa dos cidadãos para que o *chatbot* aprimore alguns pontos e expanda os assuntos possíveis para o atendimento. Como toda ferramenta de aprendizado de máquina, a Judi ainda requer constante treinamento e curadoria das suas bases, de forma que possa continuar evoluindo com base nas interações dos usuários.
LEIA – Legal Intelligent Advisor Precedentes	TJ-SP	A LEIA Precedentes está em processo de implementação na rotina de entrada de novos processos, ou seja, já faria a análise de convergência e eventual sugestão de vinculação a partir da distribuição do processo. Além disso, essa mesma técnica permite a extração e classificação de praticamente qualquer tipo de texto, por indução. Fase inicial concluída, contemplando a análise e indicação de sugestão de sobrestamento do estoque de processos não criminais, eletrônicos e em andamento, para um conjunto de 50 temas. Foi analisado 1,9 milhão de processos judiciais e encontrada convergência entre petição inicial/matriz de entendimento em 168 mil processos. Identificação de 8,9% de processos candidatos à vinculação a algum dos 50 temas analisados.
MINERJUS – Solução de apoio à classificação processual com uso de inteligência artificial	TJ-TO	Classifica as petições iniciais de acordo com a TPU. Projeto-piloto iniciado no Juizado Especial Cível da Comarca de Palmas.
INTELIGÊNCIA ARTIFICIAL E EFICIÊNCIA DO JUDICIÁRIO	TRT-1	A solução proposta irá beneficiar diretamente os gestores do Tribunal Regional do Trabalho – RJ, uma vez que possibilitará adicionar um novo elemento de análise na melhoria da qualidade, eficiência e isonomia na prestação jurisdicional.
CLUSTERIZAÇÃO DE PROCESSOS	TRT-4	Maior celeridade na elaboração dos votos e dos despachos.
GEMINI	TRT-5 TRT-7 TRT-15 TRT-20	Aumentar a produtividade na elaboração das minutas dos votos nos gabinetes, por meio do agrupamento dos recursos ordinários por similaridade e palavras-chave, bem como identificação de acórdãos que têm origem em recursos similares, contribuindo para a uniformização dos votos sobre a mesma matéria no Gabinete.

Projeto	Tribunal	Resultado
B.I. TRT 11	TRT-11	Análise de dados para comparações e *insights* de *performance* do Tribunal, auxiliando também nas correições e no monitoramento de atividades processuais do Tribunal. Predição de *performance* baseada em informações do passado. Indicação de itens de melhoria (alerta) baseados em *performance* do passado, de forma a atingir metas previamente configuradas em determinado prazo.
CONCILIA JT	TRT-12	Melhoria na seleção dos processos que são encaminhados para os centros de conciliação. Melhor aproveitamento dos horários e da pauta de audiência, com base no potencial de acordo de cada processo. Ainda não existem dados suficientes para avaliar os resultados, pois o sistema ainda está em fase de introdução nas rotinas diárias das unidades judiciárias."

Fonte: FGV(117).

Denota-se que o Direito é um dos ramos que mais tem se destacado na aplicação de novas tecnologias, sobretudo na Inteligência Artificial. Com a simples análise da tabela acima constata-se que a maioria dos tribunais brasileiros já têm novas tecnologias ou estão no caminho de sua implantação.

A sociedade, desde o século XIX, convive com o atraso e todas as suas consequências sociais, e uma grande saída seria o investimento nas modernas iniciativas públicas e privadas, a fim de proporcionar a transformação estrutural de seus sistemas produtivos e, via de consequência, buscar os padrões mundialmente mais avançados (ARBIX, 2017, p. 35). No mesmo sentido, Gilberto Bercovici (2013, p. 253) assinala que as transformações foram vinculadas às forças da industrialização e da urbanização que se ampliaram a partir da segunda metade do século XIX e aos conflitos sociais, políticos e econômicos gerados nesse processo.

As ações governamentais se mostram decisivas para o desenvolvimento do Poder Judiciário. O Estado é um dos entes responsáveis em reunir o ambiente favorável para que as novas tecnologias de fato aconteçam, ressaltando-se que as políticas públicas são responsáveis por criar condições para que o Poder Judiciário possa investir nas atividades de novas tecnologias e realmente se mostrar como eficiente. A construção de um Sistema Nacional de Inovação e Tecnologia é um meio apto e adequado para a formação de um conjunto de instituições para o desenvolvimento. Mas esse caminho a ser percorrido se dá em longo prazo. Não podemos acreditar em situações imediatistas. Com o advento da Emenda Constitucional n. 85, em 2015, um novo tratamento foi dado à ciência e tecnologia, uma vez que se modernizou a redação dos arts. 218 e 219 da Constituição Federal e, posteriormente, nasceu a Lei n. 13.243/2016, que apontou estímulos ao desenvolvimento científico, à pesquisa, à capacitação científica e tecnológica e à inovação.

(117) Disponível em: https://portal.fgv.br/noticias/inteligencia-artificial-judiciario-mais-completa-pesquisa-sobre-assunto. Acesso em: 29 out. 2022.

Tema de grande relevância são as políticas públicas, sua compreensão e repercussões. Para Maria Paula Dallari Bucci e Diogo R. Coutinho (2017, p. 317), as políticas públicas são funções complexas e servem para:

> i) determinar normativamente os objetivos a serem perseguidos; ii) apontar, mesmo que de forma ampla, os instrumentos a serem utilizados para alcançá-los; iii) criar canais de participação social e legitimação democrática; e iv) estruturar arranjos institucionais voltados à coordenação de processos e à atribuição de tarefas e responsabilidades aos agentes em tais políticas envolvidos. Por isso, além de dar forma e norte às políticas públicas, o direito também é delas constitutivo e central em seu funcionamento, avaliação, aperfeiçoamento e substituição (BUCCI; COUTINHO, 2017, p. 317).

A inovação é um processo coletivo no qual diferentes tipos de instituições públicas desempenham um papel crucial; todavia esse papel é ignorado e, por isso, a teoria de criação de valor é falha (MAZZUCATO, 2018, p. 11). Com isso, destaca-se que o Estado é fundamental para a inovação. As políticas públicas fomentam a formação da liturgia e dos programas de ações governamentais. E isso se dá num primeiro momento com o estabelecimento de uma agenda. Assim, as instituições governamentais devem suscitar problemas e soluções. Com isso, as tomadas de decisão nos processos de políticas públicas são resultado de regras e procedimentos.

Para Luiz Ricardo Cavalcante (2013, p. 07), as políticas de inovação são consideradas essenciais por representantes do governo, sociedade civil, meio acadêmico e empresarial. E arremata no tocante às políticas públicas:

> i) é pouco aderente à percepção da natureza sistêmica do processo de inovação; ii) não cria incentivos suficientes para a alocação, pelos gestores e instituições públicas, de recursos no setor produtivo; iii) incentiva a pulverização de recursos, com a consequente perda de foco e escala que pode, em vários casos, reduzir a eficácia das políticas adotadas; e iv) incentiva a reprodução de modelos e prioridades formatados em contextos distintos do brasileiro.

Assim, o atual Sistema Nacional de Ciência, Tecnologia e Inovação, necessita de uma agenda sincronizada para a tomada de decisões e definições das Políticas Públicas, com a colaboração de todo os operadores do direito. O Sistema Nacional carece de um aperfeiçoamento dos mecanismos envolvendo a elaboração e a execução de programas e processos. Com isso, podemos apontar que as prioridades, em síntese, são a ciência, a tecnologia e a inovação. Com tais ingredientes, em qualidade e quantidade, podemos alcançar os objetivos desejados.

Nesse sentido, as transformações de vivemos apontam que "os instrumentos deixaram de ser fontes secundárias e acessórias de produção de dados públicos para se tornarem as fontes principais de como produzimos informações e construímos políticas públicas" (WOLKART, 2022, p. 11).

Um Poder Judiciário eficiente é essencial para o desenvolvimento social e econômico. Um Judiciário caro, grande e lento atrapalha a economia, a cidadania e a democracia. É notório que a implementação do CNJ na última década foi um grande avanço na tentativa de se conquistar a eficiência do Poder Judiciário, além de um controle administrativo mais organizado[(118)].

Como se pode observar, dezenas de facilidades tecnológicas e inovadoras são utilizadas no Poder Judiciário brasileiro e, com isso, auxiliam na eficiência, dentre elas, os julgamentos em bloco de processos semelhantes, a reunião-agrupamento de demandas repetidas, triagem, possibilidade de arquivamento de processos prescritos, classificação e catalogação de demandas, análise de dados. Os resultados obtidos são o aumento de produtividade nos Tribunais, a redução de tempo da tramitação processual e de valores despendidos para a manutenção de um processo em trâmite. Com isso, a possibilidade de análise em bloco de processos com o mesmo objeto já justifica a aplicabilidade, a racionalidade e a previsibilidade na utilização da tecnologia lastreada na Inteligência Artificial.

---

(118) Justiça atrasada não é justiça. *Estado de S. Paulo*, São Paulo, a. 143, n. 47.072, p. A4, 3 set. 2022. Espaço aberto. Disponível em: https://www.estadao.com.br/opiniao/justica-atrasada-nao-e-justica/. Acesso em: 03 set. 2022.

3

Aplicabilidade da Inteligência Artificial no Sistema dos Precedentes Judiciais Vinculantes

Foram estudados, no primeiro capítulo, a conceituação, a historicidade, a amplitude e os diferentes tipos de tecnologias baseadas em Inteligência Artificial. No capítulo segundo, foi monitorada a Inteligência Artificial e sua aplicabilidade de diversos sistemas perante o Poder Judiciário brasileiro e seus efeitos econômicos. Agora, no último capítulo, o foco se concentra na conceituação dos precedentes judiciais vinculantes, instituto novo, adotado pelo Brasil após a Lei n. 13.105, de 16 de março de 2015 (Código de Processo Civil), com a perspectiva voltada para o seu estudo em conjunto com a aplicabilidade da Inteligência Artificial no sistema.

A conexão da Inteligência Artificial com o sistema de precedentes judiciais vinculantes é uma importante ferramenta à disposição da população. A Inteligência Artificial pode criar parâmetros para aplicar o direito. Com isso, haverá uma sensível diminuição da margem de interpretação dos juízes, além de criar uma vinculação aos precedentes das cortes superiores. Como será estudado no presente capítulo, os precedentes vinculantes judiciais têm o condão de consolidar a segurança jurídica no tocante às decisões do Supremo Tribunal Federal e Superior Tribunal de Justiça, guardiões das matérias constitucionais e infraconstitucionais, respectivamente. Os precedentes auxiliam a população como forma de racionalizar o Poder Judiciário. Porém importante frisar que se trata de instituto relativamente novo e encontra-se em plena ebulição no Direito Pátrio.

O Código de Processo Civil vigente, que estabeleceu os precedentes judiciais, precisa ser acompanhado de meios que possam identificar e refletir se as instâncias inferiores estão seguindo as decisões superiores. Assim, o acoplamento da Inteligência Artificial com os precedentes judiciais vinculantes se dará no sentido de funcionar como um instrumento de aprimoramento do acompanhamento-cumprimento dos precedentes. A segurança jurídica é um dos pilares fundamentais da estrutura do Estado de Direito, e o Estado brasileiro não pode praticar atos que ignorem a segurança jurídica.

Com isso, as perguntas que se pretende ver respondidas são: a) É possível implementar a Inteligência Artificial para controlar a aplicação dos precedentes judiciais vinculantes, bem como a redução das divergências nos julgamentos? b) Os juízes e tribunais estão seguindo e respeitando as orientações do sistema dos precedentes judiciais vinculantes? c) A Inteligência Artificial é capaz de interpretar e até mesmo criar um precedente judicial? d) A Inteligência Artificial seria uma importante ferramenta para compilar os dados desses tribunais superiores e garantir uma segurança jurídica prévia perante a sociedade?

Antes do instituto dos precedentes judiciais, os juízes de primeiro grau não precisavam seguir os entendimentos dos tribunais de segunda instância ou até mesmo do STJ: era o sistema preponderante da *civil law*, de origem romano-germânico. No mesmo sentido, os Desembargadores igualmente não necessitavam seguir obrigatoriamente os entendimentos das Cortes Supremas, o que, via de regra, sempre gerou desarmonia em nosso Poder Judiciário, especialmente diante do ativismo judicial de alguns magistrados. Contudo, com a atual sistemática, a dos precedentes judiciais vinculantes, o Código de Processo Civil estabeleceu, em seus arts. 926 a 928, a obrigatoriedade do respeito à hierarquia dos entendimentos firmados nos tribunais. Agora, neste capítulo derradeiro, será possível compreender como a Inteligência Artificial pode se transformar em uma mudança paradigmática no sistema de Justiça e uniformizar o Direito, trazendo economia para a sociedade e maior eficiência para o Poder Judiciário.

Para comprovar as hipóteses suscitadas, buscou-se, nos julgamentos junto ao Tribunal de Justiça do Estado de São Paulo, identificar se o próprio Tribunal se encontra alinhado com o cumprimento dos entendimentos dos tribunais superiores, bem como a quantidade de decisões que foram modificadas, a fim de se adequarem ao novo sistema dos precedentes judiciais vinculantes. Com a conjugação entre a Inteligência Artificial e o sistema de precedentes judiciais, é possível identificar importantes mecanismos para contribuir na organização, estabilidade e eficiência do Poder Judiciário brasileiro.

A comprovação se dará por dados estatísticos. Nessa perspectiva, a integração dos precedentes judiciais com a Inteligência Artificial buscará trazer maior coerência à ordem jurídica, a fim de proporcionar a duração razoável do processo, a segurança jurídica, a redução de acesso às instâncias superiores e a racionalização das despesas aos jurisdicionados e ao próprio Estado.

3.1. Conceituação e evolução do sistema de precedentes judiciais

Um ponto de partida que deve ser esclarecido no tocante ao tema dos precedentes refere-se ao seu conceito. A palavra "precedente", de acordo com o vocabulário jurídico de De Plácido e Silva (1995, p. 416-417): "Do gerúndio *praecedens,* de *praecedere* (proceder, vir antes, anteceder) é empregado na forma substantiva e plural para designar os fatos anteriores ocorridos na vida de uma pessoa, referente ao procedimento dela". Essa conceituação, embora simples, elucida bem a questão introdutória e de aplicação dos precedentes no novo Código de Processo Civil, qual seja, a ideia de respeito a uma decisão judicial anterior e que servirá de base para julgamentos e decisões futuras.

O foco central da temática está na segurança jurídica, na previsibilidade e na confiança que um Precedente pode proporcionar e que servirá de parâmetro para futuras decisões sobre a mesma matéria. Porém deve-se consignar que o precedente não engessará o sistema jurídico automaticamente, pois existem mecanismos para que um determinado precedente seja modulado ou extinto do ordenamento jurídico, conforme será visto adiante.

Todo precedente é originário de uma decisão judicial. Todavia, nem toda decisão judicial gerará um precedente, pois é possível que a decisão judicial não transcenda a causa ou tão somente aplique a lei sem qualquer base interpretativa.

Com propriedade e traçando a diferenciação e a profundidade de um precedente de decisão judicial, dispõe Luiz Guilherme Marinoni (2019, p. 154):

> De modo que, se todo Precedente ressai de uma decisão, nem toda decisão constitui Precedente. Note-se que o Precedente constitui decisão acerca de matéria de direito — ou, nos termos do *common law*, de um *point of law* —, e não de matéria de fato. Quando são enfrentados pontos de direito, as decisões muitas vezes se limitam a anunciar o que está escrito na lei, não revelando propriamente uma solução judicial acerca da questão de direito, no sentido de solução que ao menos dê uma interpretação da norma legal. De qualquer forma, a decisão que interpreta a lei, mas segue julgado que a consolidou, apenas por isso não constitui Precedente. Contudo, para constituir Precedente, não basta que a decisão seja a primeira a interpenetrar a norma. É preciso que a decisão enfrente todos os principais argumentos relacionados à questão de direito posta na moldura do caso concreto. Até porque os contornos de um Precedente podem surgir a partir da análise de vários casos, ou melhor, mediante uma construção da solução judicial da questão de direito que passa por diversos casos.

O tema dos precedentes gera confusões conceituais com outros institutos do direito, como a jurisprudência e as súmulas. A jurisprudência de um tribunal não se confunde com um precedente. A jurisprudência não detém caráter objetivo, universal, mas de carga abstrata, que reproduz o entendimento do tribunal acerca da interpretação de uma questão jurídica posta em análise que pode ou não ser idêntica. A jurisprudência predominante pode influenciar a realização de um precedente futuro, mas com ele não se confunde.

As súmulas, por sua vez, são exteriorizações objetivas das jurisprudências dos tribunais acerca de determinadas questões jurídicas já analisadas recorrentemente. Diferem dos precedentes em razão do seu caráter abstrato e não vinculante. As súmulas vinculantes do STF, dispostas na Constituição Federal, no art. 103-A, *caput*, vinculam a Administração Pública e o Poder Judiciário ao cumprimento dos Preceitos alcançados pela interpretação da STF que vincularão os poderes, como também o julgamento de ações em controle concentrado de constitucionalidade, bem como as demais hipóteses elencadas nos incisos do art. 927 do CPC, que serão detalhadas a seguir.

Uma das questões mais sensíveis do processo sempre foi e ainda é a morosidade da Justiça na entrega do bem jurídico. São milhares de processos sem resolução definitiva e uma máquina judiciária incapaz de gerir e resolver esse problema. Os números do CNJ apontam mais de 75 milhões de processos. Outra questão de grande relevância a ser analisada diz respeito à morosidade processual. O CNJ disponibiliza anualmente seu relatório *Justiça em Números*(119). Em 2021, foi informado que "as maiores faixas de duração estão concentradas no tempo do processo pendente, em específico da fase de execução da Justiça Federal (8 anos e 7 meses) e da Justiça Estadual (6 anos e 11 meses)". Ainda se analisando os números da Justiça brasileira, depara-se com a afirmação de que "o tempo médio de duração dos processos em tramitação no segundo grau é de 2 anos e 2 meses, o tempo médio de duração dos processos em tramitação na fase de conhecimento de primeiro grau é de 3 anos e 4 meses; e o tempo médio de duração dos processos em tramitação na fase de execução do primeiro grau é de 7 anos e 1 mês". O que, de certa forma, o relatório anual do CNJ tem demonstrado é um aumento da duração dos processos e seu congestionamento, descumprindo-se, assim, o preceito constitucional e processual da razoabilidade da duração do processo.

A Constituição Federal, também chamada de Constituição Cidadã, enalteceu a cidadania ao elencar diversos direitos a patamares fundamentais, o que aumentou o acesso à Justiça pelos jurisdicionados e, consequentemente, as demandas processuais e a litigiosidade. Ademais, com o advento da Constituição Federal, outros microssistemas legais foram criados, a exemplo do Código de Defesa e Proteção do Consumidor e da criação dos Juizados Especiais, facilitando o acesso à justiça pelos cidadãos. Além da expansão de mecanismos de acesso à Justiça, a ampliação da interpretação jurídica pelos magistrados facilitou a implementação de teses criadas e, por via de consequência, o surgimento do tema dos precedentes. Foi-se abandonando o positivismo jurídico, muitas vezes ultrapassado em razão da não garantia de direitos fundamentais, para se implementar o sistema de precedentes judiciais.

Como observa Thiago Pádua (2016) a *civil law* e a *common law* nasceram de circunstâncias políticas e culturais completamente distintas, o que naturalmente levou à

(119) Disponível em: https://www.cnj.jus.br/pesquisas-judiciarias/justica-em-numeros/. Acesso em: 19 mar. 2023.

formação de diferentes tradições jurídicas, definidas por conceitos e institutos próprios". No sentido genérico, a *common law*, que significa direito comum, está atrelada ao sistema das "famílias de direitos" que receberam a influência da Inglaterra.

Os principais países que pertencem à família da *common law* são: Canadá (Província de Quebec), Nova Zelândia, Austrália, Índia, Bangladesh, Paquistão, Nigéria, Quênia, Guiana, Hong Kong, Barbados, Trinidad Tobago, dentre outros. Os Estados Unidos da América são considerados um sistema da *common law*. O Estado da Luisiana (com colonizadores franceses e espanhóis) é o único Estado da Federação que conservou a tradição dos direitos romano-germânicos (SOARES, 2020, p. 194).

Toni Fine (2011, p. 68) aponta que o sistema da *common law* da forma como é aplicado nos EUA denota-se no modelo em que os juízes utilizam decisões adotadas em casos pretéritos (precedentes) para julgar casos novos com fatos simulares e questões semelhantes. "As informações básicas sobre um caso (1) devem trazer a jurisdição e/ou hierarquia da Corte que emitiu a opinião e a data de sua prolação. Os fatos materiais (2), por sua vez, são os elementos fáticos pormenorizados, considerados importantes e que servirão para os termos de comparação (*distinguish*)". Com isso, os precedentes judiciais vinculantes seria algo prévio, vinculante e, a casos parecidos, o centro de um conceito *stare decisis* (LIMA, 2001, p. 44). Para alguns juristas, o sistema jurídico norte-americano é considerado como um sistema misto entre a família romano-germânica e a *common law*, constituindo, assim, uma "família de direitos" pertencente à maioria dos Estados da Federação norte-americana (SOARES, 2020, p. 170-175).

A *common law* tem como berço o Direito inglês, que tinha a preocupação de mitigar os poderes do monarca. Ou seja, o Judiciário e o Parlamento andavam juntos nesse objetivo, diferindo da *civil law*, que tem origem na Revolução Francesa e no princípio da separação dos poderes, defendida pelo filósofo Montesquieu. Desse modo, percebe-se nítida diferença entre os modelos de julgamento, sendo, no direito inglês, a preocupação maior o controle do monarca e de seus atos, com a união do Parlamento e dos juízes. Não havia tanta preocupação com o princípio da separação dos poderes. Por sua vez, no direito francês (*civil law*), a preocupação era com relação às decisões judiciais e com os juízes da época. No sistema francês, a ideia era que cada poder tinha a sua função e que o juiz não detinha qualquer autonomia criativa, isto é, devia seguir a lei de forma rigorosa, daí o surgimento da expressão "juiz boca da Lei". Como bem sintetiza Marinoni (2019, p. 37):

> O Parlamento, com a Revolução Gloriosa, venceu longa luta contra o absolutismo do rei. Diante da preocupação em conter os arbítrios do Monarca, os juízes sempre estiveram ao lado do Parlamento, chegando a com eles se misturar. Assim, aí não houve qualquer necessidade de afirmar a prevalência da lei — como produto do *Parliament* — sobre os magistrados, mas sim a

> força do direito comum diante do poder real. Ademais, a Revolução Puritana não objetivou destruir o direito antigo, mas, ao contrário, pautou-se pela afirmação do *common law* contra o rei.
>
> Assim, toda e qualquer norma elaborada pelo legislativo estaria inserida dentro do *common law,* na busca de afirmação dos direitos e liberdades do povo inglês contra o rei. A revolução, bem por isso, não teve a pretensão de elevar a lei a uma posição suprema ou a intenção de dotar o Parlamento de um poder absoluto mediante a produção do direito.

Lord Bingham (2000, p. 100), em comparação aos sistemas da *common law e civil law*, aponta que "os conteúdos das decisões jurídicas nos dois sistemas normalmente são iguais" e arremata: "apesar de as regras jurídicas usadas para resolver esses problemas podem ser bem diferentes, as soluções são frequentemente bem semelhantes". No mesmo sentido, Guy Canivet (2004, p. 191) destaca que os juristas da *common law* e *civil law* "sempre trabalharam sob uma cultura jurídica transnacional".

Guido Fernando Silva Soares (2020, p. 175) destaca que: "a *Common Law* é um direito comum, ou seja, aquele nascido das sentenças judiciais dos Tribunais de Westminster, cortes essas constituídas pelo Rei e a elas subordinadas diretamente, e que acabaria por suplantar os direitos costumeiros e particulares de cada tribo dos primitivos povos da Inglaterra".

Para Perelman (2000, p. 31), a escola de exegese, acerca do direito dominante na Revolução Francesa, era de "reduzir o Direito à lei e o código civil ao código de Napoleão". Já Luigi Moccia (2005, p. 896), constata três fases de contato da experiência jurídica inglesa com a continental:

> 1) No próprio período formativo da *common law,* do século XII ao século XIII; 2) no período do início do século XVI à primeira metade do século XVII, de máxima expansão pelos soberanos Tudor e Stuart das jurisdições especiais, instituídas como emanação direta da prerrogativa real no campo da justiça e como parte integrante da política destes soberanos voltada a um reforço da presença do Estado na vida do país; 3) no período durante o século XVIII, de afirmação da Inglaterra como potência econômica e da conexa participação no mundo europeu dos tráfegos marítimos e comerciais.

Os julgadores na *civil law* tinham como função principal julgar de acordo com o positivismo clássico, isto é, subsumindo os fatos à norma, sem alcançar a interpretação e a ponderação dos princípios fundamentais, dispostos na Constituição Federal.

A partir do surgimento de novas realidades sociais e do constitucionalismo moderno, a função do juiz "boca da lei" tornou-se insuficiente diante da dinâmica social. Passa-se, desse modo, da fase de declarar somente o direito disposto na lei para a fase de maior protagonismo dos magistrados, em especial pelo alcance maior nos processos interpretativos. Ilustrando a nova função dos julgadores e o novo panorama posto, Bonat e Peixoto (2020, p. 74) expõem que:

> Com maior liberdade na interpretação do caso e na lei, o Judiciário constitui uma forma rápida de fruição de direitos para grande parcela da população que se encontrava à margem de políticas públicas. Outra grande parcela dos jurisdicionados, com auxílio de normas ultrapassadas, buscou a protelação de deveres. Não se despreza uma grande questão: o poder atribuído nesse novo contexto aos magistrados. A liberdade de julgar, a independência garantida constitucionalmente em um regime democrático e a fluidez normativa alcançaram os juízes a patamares de legisladores e garantidores de políticas públicas.

O Judiciário passou a ser um órgão de atuação positiva de políticas públicas em razão da promulgação de diversos estatutos legais de cláusulas abertas, em especial: Constituição Federal, Código de Defesa e Proteção do Consumidor, Lei dos Juizados Especiais, Código Civil de 2002, Código de Processo Civil, dentre outros.

Como visto, o Judiciário ganha um papel mais ativo na consecução de seus fins, isto é, deixa de ser um ator passivo, declarando a vontade da Lei, para ganhar um protagonismo ao garantir ao cidadão, mediante técnicas de ponderação de princípios e interpretação jurídica das normas abertas, direitos violados pelo Estado. Com isso, os precedentes judiciais vão se formando, em razão das técnicas aqui esposadas.

Somam-se a isso as inúmeras demandas judiciais, o aumento de litigiosidade e a necessidade de filtro de recursos e sedimentações de questões jurídicas envolvendo as mesmas matérias de direito, em razão do acesso à justiça, sistemas de cláusulas e de interpretações abertas, bem como a reforma constitucional de 2004 (Emenda Constitucional n. 45/2004) e o Novo Código de Processo Civil.

Os precedentes judiciais começam a ser pensados e implantados no Brasil nas Súmulas do STF previstas inicialmente no seu Regimento Interno no ano de 1963, na previsão de uniformização de Jurisprudência do Código de Processo Civil de 1973 (art. 479), pelo instituto da Repercussão Geral do Código de Processo Civil de 1973 (art. 543-A) e julgamento de Recursos Repetitivos (art. 543-C), pela Constituição Federal de 1988, por meio da ação direta de Inconstitucionalidade e, posteriormente, pelas súmulas vinculantes do STF (Emenda Constitucional n. 45/2004).

A repercussão geral, prevista como mecanismo de filtro de recursos para o STF, tem o intuito de trazer questões que transcendem o caso concreto para atingir toda a sociedade, com questões de extrema relevância social, política e econômica.

Outro ponto de destaque para a implantação dos precedentes judiciais também se deu com as ações diretas de inconstitucionalidade que potencializaram a produção de precedentes judiciais, vinculando toda a Administração Pública e demais órgãos judiciais.

Igualmente, foi com a introdução da Emenda Constitucional n. 3/1993 que houve a criação da Ação Declaratória de Constitucionalidade e sequencialmente a Lei n. 9.668/1999, regulando a Ação Direta de Inconstitucionalidade (ADI), a Ação Declaratória de Constitucionalidade (ADC) e a Ação Direta de Inconstitucionalidade por Omissão (ADO). Como ponderam Patrícia Perrone Campos Mello e Luís Roberto Barroso (2016, p. 15) acerca das importantes mudanças constitucionais e do uso dos precedentes:

> A Constituição de 1988 potencializou o uso das ações diretas com inovações diversas, que compreenderam: a) maior autonomia reconhecida ao Procurador-Geral da República, nomeado para mandato certo e não mais sujeito à exoneração *ad nutum*; b) ampliação do elenco de órgãos e entidades com legitimação para proporem ações diretas; c) ampliação dos instrumentos de deflagração de controle concentrado, com a inclusão da ação direta de inconstitucionalidade (ADI), da ação direta de inconstitucionalidade por omissão (ADO) e da arguição de descumprimento de preceito fundamental (ADPF), esta última, inicialmente, sem contornos definidos. Por fim, a Emenda Constitucional n. 3/1993 criou a ação declaratória de constitucionalidade (ADC).

O Código de Processo Civil anterior, com o intuito de promover as mudanças procedimentais quanto ao conhecimento de recursos repetitivos, também regulou a questão no Superior Tribunal de Justiça, a fim de obter maior procedibilidade e unificação de julgados. Foi inserido o art. 543-C que disciplinava a matéria dos recursos repetitivos especiais, mudança que foi introduzida pela Resolução n. 8/2008 do STJ.

Daí, então, é possível afirmar que houve a migração do positivismo clássico da *civil law* para o novo sistema de precedentes e de aplicação de teses firmadas, denominado de *common law*? A resposta não é tão simples quanto parece. A *civil law* é marcada por um sistema que abarca todas as situações jurídicas postas, e o aplicador deve fazer a subsunção do fato à norma, ou seja, há um preceito normativo que atende às situações conflituosas, sendo papel do julgador e do aplicador subsumir o fato à norma. Já no sistema da *common law*, há inicialmente um sistema de precedentes que integram decisões firmadas, com ampla fundamentação daquela situação, em específico e razão de um caso idêntico. Não se busca, dessa forma, a solução em normas abstratas e gerais, mas, sim, em situação idêntica já decidida, com a identificação dos fatos do precedente com a análise dos fatos a serem julgados. Trata-se da *ratio decidendi*.

Como bem explanado por Bonat e Peixoto (2020, p. 91), "aqui a legislação processual concede caráter de Precedente a determinadas decisões proferidas por cortes de vértice, baseadas na quantidade de processos impactados e na transcendência das suas alegações". Os precedentes formados têm caráter universal, diferindo desse modo da jurisprudência tradicional, que pode ter influenciado na realização de um precedente obrigatório, mas que com ela não se confunde.

Questão tormentosa é a aplicabilidade e a aceitação pela comunidade jurídica do tema dos precedentes, em especial a aceitação pelos juízes de primeira instância, quanto a sua vinculação, como será explanado no item 4.5. Desse modo, asseverar categoricamente que o Judiciário e o Direito Brasileiro migraram do sistema *civil law* para o *common law* não é de todo verdadeiro.

A maior crítica que se faz aos precedentes apresenta-se na sua obrigatoriedade imposta mediante lei e não pela construção de debates e aceitação por toda a comunidade jurídica. A imposição legal de cumprimento obrigatório dos precedentes pelo tribunal pode acarretar o seu fracasso de implantação. Assim, asseverar de pronto que o Brasil adotou o sistema da *common law* não procede, uma vez que somente o tempo responderá se o sistema de precedentes, em conjunto com os dados colhidos pela Inteligência Artificial, foi capaz de sedimentar essa nova sistemática de julgamento.

Outra crítica lançada ao sistema de precedentes judiciais obrigatórios debatida por Luís Guilherme Maziero (2019, p. 186) diz respeito que a inclusão do sistema de precedentes se deu pelo legislador ordinário, isto é, via legislação ordinária (CPC), o que contraria o ordenamento jurídico. Assim aponta seu argumento:

> Portanto o que se pode concluir foi que o chamado sistema de precedentes judiciais implantado no Brasil, além de não formar precedentes, atentou contra o Estado Democrático de Direito, haja vista que transformou a cúpula do Poder Judiciário no principal criador de normas jurídicas, sem qualquer vinculação ou preocupação com o ordenamento jurídico, nem com a ilegitimidade democrática daquele órgão, bem como impediu que a sociedade tenha acesso e participação da criação destas normas jurídicas (MAZIERO, 2019, p. 196).

Como visto, o sistema de precedentes começou a ser implantado por diversos meios, como as súmulas expedidas pelo STF sem efeito vinculante, mas que já estipulava o sistema de controle e sedimentação de julgados, na previsão de uniformização de jurisprudência do Código de Processo Civil de 1973 (art. 479); pelo instituto da repercussão geral do Código de Processo Civil de 1973 (art. 543-A) e no julgamento de recursos repetitivos (art. 543-C), pela Constituição Federal de 1988, via ação direta de inconstitucionalidade e posteriormente pelas súmulas vinculantes do STF (Emenda Constitucional n. 45/2004).

Outro ponto que pode ser sopesado e também comparado na historicidade e compatibilidade do tema dos precedentes e com as súmulas vinculantes do STF, refere-se ao Direito português, por intermédio dos institutos dos assentos da Casa da Suplicação. Os assentos serviam como meio de interpretação da lei, em casos de dúvida, com efeito vinculante para os casos que sobreviessem e tivessem sido prescritos como jurisprudência obrigatória a ser seguida pelos juízes e desembargadores. Criou-se um Tribunal de Assentos para sanar eventuais dúvidas sobre a lei e que serviria de base de julgamento para casos futuros. Sobre o instituto dos assentos da Casa da Suplicação, ensina Osly da Silva Ferreira Neto, *apud* Roberto Rosas (2022, p. 3.070): "Os assentos da Casa da Suplicação, órgão que funcionava como Corte Superior de Portugal, eram escritos no chamado livro da Relação e possuíam caráter fortemente vinculador, pois os juízes ou desembargadores que decidissem em desconformidade com aqueles preceitos poderiam ser suspensos, como estava expressamente previsto nas Ordenações Manuelinas".

Os assentos portugueses foram declarados inconstitucionais em 1993, por meio do julgamento do Acórdão 810/93, pois conflitava com o art. 115º, n. 1 e 5, da Constituição Portuguesa, em razão de seu caráter imutável (NETO, 2022, p. 3.070).

Porém há de se perquirir que os assentos portugueses, com suas nuances particulares, em muito se assemelham com as súmulas vinculantes do STF, diferindo com relação a sua imutabilidade, pois, como é sabido, no Direito brasileiro, há a possibilidade de mudança ou extinção.

Em razão da preocupação com a segurança jurídica, Portugal, à época, criou o mecanismo dos assentos, mediante o Tribunal de Assentos e o Brasil, em razão dos inúmeros litígios batendo à porta do STF, criou o mecanismo das súmulas, a fim de acelerar e dar segurança a julgamentos envolvendo a mesma matéria, condensando a *ratio decidendi* e influindo nas decisões futuras dos juízes e desembargadores em casos envoltos era mesma questão.

Concluindo acerca dos dois institutos, pondera Neto (2022, p. 3.081): "Por tais motivos, não se deve cometer o erro de concluir que as súmulas vinculantes nasceram mortas em virtude de o ordenamento jurídico que as "idealizou" — o português — as ter julgado inconstitucional. Afirma-se isso, pois tais institutos possuem tantas semelhanças quanto diferenças, sendo importante destacar ainda que uma das principais características que ensejaram o julgamento da inconstitucionalidade parcial dos assentos pelo Tribunal Constitucional não está presente na sistemática das súmulas vinculantes, qual seja, a da imutabilidade do enunciado prescritivo".

Como debatido, com a Emenda Constitucional n. 45/2004, dois novos institutos foram introduzidos: a súmula vinculante e a repercussão geral. A primeira, contudo, não constitui um precedente. Trata-se de criação de uma norma, geral e abstrata, pelo Poder

Judiciário, autorizada pelo texto constitucional. Muito embora a Emenda Constitucional n. 45/2004 tenha expressado o instituto das súmulas vinculantes, é necessário ponderar que as súmulas foram inicialmente introduzidas no ordenamento jurídico pátrio em 1963, na busca de resolver o excesso de demandas repetitivas que adentravam no STF, que foram expressas mediante alteração do regimento interno daquela Corte. Em razão de sua aceitação e seu sucesso, isto é, do papel das súmulas como meio de desafogar o Tribunal Supremo mediante sedimentação de entendimento acerca da mesma matéria, o Código de Processo Civil de 1973, especificamente no seu art. 479, dispôs sobre a uniformização de jurisprudência dos tribunais e a edição de súmulas.

Verifica-se que foi com a previsão desses institutos acima mencionados o começo do instituto dos precedentes judiciais vinculantes, mais especificamente com o sistema da repercussão geral. Considerando a alta litigiosidade e os volumosos recursos para as instâncias superiores e com o intuito de diminuição de fluxo e de análise de pressupostos recursais, criaram-se as súmulas vinculantes do STF e o sistema de repercussão geral, a fim de diminuir a quantidade de recursos e de processos para a Corte Constitucional.

A repercussão geral tem origem norte-americana, basicamente com o instituto do *writ of certiorari*, que implementou um sistema de redução de recursos com base em premissas discricionárias do Judiciário que uniformizasse o sistema, a fim de transportar maior congruência, racionalidade e isonomia.

Explanando sobre o tema, Bonat e Peixoto (2020, p. 99-100):

> Outro ponto de proximidade entre o *writ of certiorari* e a repercussão geral era o de que o *writ of certiorari* auxiliasse na uniformização do direito aplicado em território americano, conferindo unidade ao sistema judicante, ou seja, trazendo maior racionalidade e isonomia. Assim, a criação e a aprovação legislativa do instituto processual norte-americano ocorreram para que o *writ* fosse utilizado toda vez que existisse conflito entre instâncias inferiores sobre a legislação federal, mas ele acabou sendo utilizado também para análises de questões constitucionais específicas que foram abordadas no caso, ampliando significativamente a atuação da Suprema Corte, a qual tem competência para decidir discricionariamente na escolha dos casos a serem julgados.

Vê-se certa influência do sistema americano no sistema brasileiro. Contudo, algumas diferenças podem ser apontadas entre os dois sistemas, como o grau de discricionariedade para o julgamento de questões de repercussão geral no sistema americano e requisitos mais objetivos e legais dispostos na legislação brasileira. No Brasil, para que uma questão seja aceita como de repercussão geral, a questão deve necessariamente transcender o caso concreto para o âmbito coletivo, com repercussão em níveis econômicos, sociais, políticos ou jurídicos, conforme determinação legal do art. 1.035 do Código de Processo Civil e de acordo com o art. 102, III, § 3º, da Constituição Federal. Verificada a repercussão geral de uma determinada matéria, os processos que estão pendentes de análise necessariamente são sobrestados até o julgamento pela Suprema Corte.

Toda essa sistemática foi trazida historicamente pelo regimento interno do STF (1963), na previsão de uniformização de Jurisprudência do Código de Processo Civil de 1973 (art. 479); pelo instituto da Repercussão Geral do Código de Processo Civil de 1973 (art. 543-A) e no julgamento de Recursos Repetitivos (art. 543-C), pela Constituição Federal de 1988 via ação direta de Inconstitucionalidade e posteriormente corporificada pela Emenda Constitucional n. 45/2004, e agora sedimentada pelo Código de Processo Civil, que enumerou e disciplinou o tema dos precedentes judiciais obrigatórios.

3.1.1. Da disciplina dos precedentes no Código de Processo Civil

O art. 926, *caput*, do Código de Processo Civil deixa claro que os Tribunais devem uniformizar sua jurisprudência e mantê-la estável, íntegra e coerente. Com base nesse dispositivo, extraem-se alguns princípios importantes que os precedentes judiciais buscam efetivar, tais como: isonomia, segurança jurídica, estabilidade processual, confiança na Justiça, previsibilidade, eficiência e economia processual.

A harmonia de julgamentos fortalece o Estado Democrático de Direito, bem como intensifica a confiança dos jurisdicionados na Justiça. O Código de Processo Civil, ao exigir a uniformização de jurisprudência, apostou na isonomia e na previsibilidade das decisões.

A jurisprudência estável, princípio norteador do art. 926 do CPC, traz como preceito a obediência à jurisprudência firmada pelo tribunal nas suas decisões futuras, isto é, na obediência aos entendimentos sedimentados pelo próprio tribunal, impedindo-o de modificar sem qualquer plausibilidade o entendimento fortalecido. Trata-se de regra de autorrespeito ou de autorreferência.

Aliás, essa nova concepção guarda coerência com o poder institucional que o STF detém em matéria constitucional e o STJ em matéria de direito federal, isto é, com o intuito de uniformizar a jurisprudência e na sua função nomofilácica, que guarda relação com o princípio da igualdade de decisões, estabilização do sistema e uniformidade. Segundo Marcos Destefenni[(120)]:

> Referida função foi magistralmente exposta no voto-vista proferido pelo Ministro Teori Zavascki, por ocasião do julgamento da RCL n. 4.335/AC. O eminente Ministro, após constatar a "evolução do direito brasileiro em

(120) Disponível em: http://estadodedireito.com.br/a-linguagem-do-novo-cpc-a-funcao-nomofilacica/. Acesso em: 10 jan. 2023.

> direção a um sistema de valorização dos precedentes judiciais emanados dos tribunais superiores, aos quais se atribui, cada vez com mais intensidade, força persuasiva e expansiva em relação aos demais processos análogos", consignou que o STF e o STJ "têm entre as suas principais finalidades a de uniformização da jurisprudência, bem como a função, que se poderia denominar nomofilácica — entendida a nomofilaquia no sentido que lhe atribuiu Calamandrei, destinada a aclarar e integrar o sistema normativo, propiciando-lhe uma aplicação uniforme —, funções essas com finalidades 'que se entrelaçam e se iluminam reciprocamente' e que têm como pressuposto lógico inafastável a força expansiva ultra partes dos seus precedentes".

A ideia de estabilização da jurisprudência impõe um dever de continuidade da ordem jurídica. Traduz-se numa noção de continuidade do que se tem decidido, fortalecendo o Estado Democrático de Direito, que não se alterna drasticamente. A jurisprudência estável não significa jurisprudência engessada. O próprio CPC, nos §§ 3º e 4º do art. 927, dispõe acerca da possibilidade de modulação da jurisprudência mediante fundamentação adequada e específica nesse sentido, ou seja, jurisprudência estável é uma jurisprudência que não se modifica com frequência. Como mencionado no tópico anterior, o sistema de precedentes brasileiro diferiu dos assentos portugueses exatamente nesse item, qual seja, na possibilidade de alteração de entendimento e no não engessamento eterno do sistema.

A coerência da jurisprudência, como determina o CPC, é a própria essência do entendimento de uniformização de jurisprudência, uma vez que garante a isonomia de julgados com base no que foi sedimentado, evitando-se decisões discrepantes e dissonantes com as teses devidamente uniformizadas. Trata-se da efetivação do princípio da igualdade substancial, evitando-se conflitos de decisões com base em casos análogos postos em julgamento.

Com base na efetivação do tratamento isonômico judicial e com o intuito de superar as desigualdades e as incertezas de decisões conflitantes, bem como superar a morosidade e a sobrecarga da justiça no julgamento de questões jurídicas relevantes, ensinam Mello e Barroso (2016, p. 46): "Três valores principais justificam a adoção de um sistema de precedentes normativos ou vinculantes: a segurança, a isonomia e a eficiência. No caso brasileiro, buscou-se com o novo sistema de precedentes vinculantes superar a incerteza e a desigualdade decorrentes de decisões conflitantes em situações idênticas, um quadro de sobrecarga e de morosidade da justiça e de insatisfação da sociedade com a prestação da tutela jurisdicional".

Questão tormentosa refere-se ao termo "observarão" constante no art. 927 do CPC. Seria um termo de observância obrigatória ou de observância facultativa? Segundo a doutrina majoritária, o *caput* do art. 927 do CPC carrega o sentido de vinculação dos juízes e desembargadores aos precedentes expostos nos incisos do art. 927.

Porém antes de entrar na problemática do art. 927 do CPC, há que se esclarecer os três efeitos de eficácia que os precedentes judiciais podem ter: fraco, médio-intermediário e forte. A eficácia fraca, ou precedente judicial persuasivo, pode ser conceituado como um precedente que vincula somente as partes em que foi proferido, contudo não deixa de ser fonte mediata do direito e pode influenciar os juízes ou o tribunal na produção de teses e jurisprudências futuras, bem como influenciar os legisladores na edição de leis. Quanto à eficácia intermediária, pode-se afirmar que os precedentes se encontram numa escala entre a eficácia persuasiva (fraca) e a eficácia forte (normativa), visto que a sua não observância, apesar de obrigatória pelos juízes e tribunais, não enseja o instituto da reclamação junto ao STF. Por fim, há a eficácia forte ou normativa de um precedente judicial, isto é, de observância obrigatória pelos órgãos judiciais, sob pena da decisão que confronta um precedente ensejar reclamação constitucional na Suprema Corte.

No Brasil, na vigência inicial do Código de Processo Civil de 1973, pode-se afirmar que os precedentes tinham meramente eficácia persuasiva. Foi a partir das decisões do STF, em controle concentrado de constitucionalidade e nas súmulas vinculantes, que os precedentes começaram a ter eficácia normativa. Interessante mencionar que a eficácia intermediária dos precedentes nas decisões de Repercussão Geral e em recursos extraordinários repetitivos à luz das mudanças ocorridas no CPC de 1973, bem como na jurisprudência consolidada dos Tribunais e nas edições de suas súmulas, era de observância obrigatória, porém, não dava margem para a reclamação constitucional.

Sintetizando bem a evolução da eficácia dos precedentes com base nas legislações anteriores, Mello e Barroso (2016, p. 21) ensinam:

> A partir das categorias acima, pode-se afirmar que, na vigência do CPC/1973, as decisões proferidas pelos juízos de primeiro grau e pelos tribunais produziam eficácia meramente persuasiva. Os entendimentos firmados nessas decisões obrigavam apenas as partes do processo e não determinavam como seriam julgados casos futuros, embora pudessem contribuir argumentativamente para a defesa da aplicação de solução semelhantes em demandas análogas. Noutro polo, as súmulas vinculantes e os acórdãos proferidos em controle concentrados eram dotados de eficácia normativa. De acordo com determinação constitucional expressa, as decisões que os desrespeitassem seriam cassadas, de forma imediata, por meio de reclamação. Não seria preciso, portanto, aguardar a sua correção pela via recursal tradicional, sujeita a delongas e incertezas.
>
> Por fim, a jurisprudência consolidada nos tribunais, as súmulas simples e as decisões do pleno dos tribunais que declarassem a inconstitucionalidade de uma norma eram dotadas de eficácia intermediária. Nos dois primeiros casos, permitiam a inadmissão ou o provimento monocrático de recursos

> contra decisões que se harmonizassem ou que conflitassem com a orientação nela firmada. No último caso, dispensavam nova submissão da questão constitucional ao plenário para a afirmação da inconstitucionalidade da mesma norma. Entretanto, tais entendimentos não tinham de ser obrigatoriamente observados.
>
> Até mesmo as decisões proferidas em repercussão geral e em recurso extraordinário repetitivo, à luz do CPC/73, eram dotadas de uma eficácia intermediária, mesmo que com nível impositivo um pouco diferenciado das anteriores. Diferentemente do que ocorria com a jurisprudência consolidada nos tribunais ou com as súmulas simples, a observância dos entendimentos firmados em repercussão geral era obrigatória mesmo à luz do antigo Código. Tais entendimentos deveriam ser seguidos pelos tribunais, sob pena de serem os acórdãos divergentes cassados ou reformados liminarmente, na dicção da norma processual.

Essa noção de obrigatoriedade e vinculação resume a sistemática do atual CPC, ao dispor, em diversos artigos, a estabilização da jurisprudência, mediante a observância do sistema de precedentes e, em caso contrário, a possibilidade de manejo pela parte de reclamação constitucional.

A obrigatoriedade de obediência dos precedentes judiciais formulados pelas cortes superiores pelos juízes de primeiro grau e pelos Tribunais de segunda instância muito se assemelha ao instituto do *stare decisis*. Nas palavras de Charles D. Cole (1998, p. 11), o "*stare decisis* é a política que exige que as cortes subordinadas à corte de última instância, que estabelece o precedente, sigam aquele precedente e não mudem uma questão decidida".

Outro ponto de equilíbrio no tocante à observância obrigatória do sistema de precedentes e a vinculação dos juízes diz respeito ao art. 332 e seus incisos, que ditam que o magistrado poderá julgar liminarmente improcedente a demanda caso o direito postulado pela parte autora esteja contrário aos precedentes que ditam os seus pleitos. Ou seja, além de os juízes observarem a temática dos precedentes, é imperioso que a parte autora, quando da postulação de direitos, averigue os precedentes normativos oriundos daquele suposto direito violado, sob pena de ter os seus pedidos julgados improcedentes e de forma liminar, inclusive.

O direito e a sua aplicação no caso concreto necessitam de coerência e de segurança. Coerência pelo julgador e segurança pelo interessado, uma simbiose necessária para o Estado Democrático de Direito.

Pois bem. Passamos agora para a conceituação e tradução de *ratio decidendi*, que seriam os "motivos determinantes" ou "razões de decidir" dos precedentes. Os motivos determinantes dos precedentes devem influenciar o julgamento de decisões futuras, isto é, fornecer uma base universal para casos semelhantes, uniformizando a controvérsia. "Alguns argumentam que a *ratio* é uma regra necessária para justificar a conclusão jurídica" (CROSS; HARRIS, 1991). "Não há uma única forma de dizer o que aconteceu em um caso particular, e descrevê-lo é selecionar as suas notas mais relevantes para o propósito em questão. É necessário definir com certo grau de precisão o que constitui esse elemento (*ratio decidendi*)" (MARSHALL, 1997, p. 505).

Para Pierluigi Chiassoni (1999, p. 82-83) a *ratio decidendi* pode ser definida como:

> (i) o elemento da motivação que constitui premissa necessária para a decisão de um caso; (ii) o princípio de Direito que na sentença é suficiente para decidir o caso concreto; (iii) a argumentação necessária ou suficiente para definir um juízo; (iv) a norma (regra, princípio), que constitui alternativamente: a condição necessária e suficiente, ou a condição não necessária mas suficiente, ou ainda uma condição necessária mas não suficiente de uma determinada decisão; (v) a norma relevante para os fatos da causa, à luz de uma análise textual do precedente-sentença, que o juiz tenha de fato estabelecido e/ou seguida; (vi) a norma relevante para os fatos da causa que o juiz do caso paradigmático declara expressamente ter estabelecido e/ou seguido; (vii) a norma expressa ou implicitamente tratada pelo juiz como necessária para decidir o caso; (viii) a norma relevante para os fatos da causa que — à luz do direito existente, dos fatos e dos precedentes — o juiz que tenha pronunciado a decisão paradigmática deva estar estabelecido e/ou seguido, para decidir corretamente a controvérsia; (ix) a norma relevante para os fatos da causa que, segundo a opinião de um juiz sucessivo, o juiz que pronunciou o precedente tenha acreditado haver estabelecido; (x) a norma relevante para os fatos da causa que, segundo a opinião de um juiz sucessivo, o juiz que pronunciou o precedente tenha de fato estabelecido ou seguido; (xi) a norma relevante para os fatos da causa que, segundo a opinião dos juristas, o juiz posterior tenha o dever de considerar como estabelecida por um juiz precedente.

Examinando a questão metodológica dos precedentes, em especial os conceitos de *ratio decidendi*, Daniel Amorim Assumpção *apud* Zaneti Jr. (2021, p. 1.410) afirma:

Conforme considerável corrente doutrinária, o ideal é a adoção do método eclético sugerido por Rupert Cross. Dessa forma, combinam-se a técnica de inversão defendida por Wambaugh, que defende a identificação da *ratio decidendi* como a razão jurídica que, se invertida, resultaria em julgamento diferente e a técnica defendida por Goodhart, pela qual a identificação da *ratio decidendi* parte dos fatos materiais — categorias de fatos relevantes para o direito — e da decisão jurídica neles embasada — o julgamento final.

Numa outra vertente de classificação da *ratio decidendi*, prescreve Bonat e Peixoto (2020, p. 93): "A *ratio decidendi* corresponde aos fatos selecionados pelo juiz acrescida da conexão com o direito (norma, costume, ponderação etc.) utilizada para construir o texto decisório. Aqui, têm-se dois pontos de crucial importância: fatos e direito, daí a importância de estudar precedentes e teorias da argumentação em conjunto. Um é dependente do outro para que o sistema seja construído com bases racionais".

Sintetizando a questão da *ratio decidendi*, ensina Luiz Guilherme Marinoni (2019, p. 158): "O significado de um precedente deve ser buscado nas razões pelas quais se decidiu de certa maneira ou nas razões que levaram à fixação do dispositivo. É claro que a fundamentação, para ser compreendida, pode exigir menor ou maior atenção ao relatório e ao dispositivo. Esses últimos não podem ser ignorados quando se procura o significado de um precedente. O que se quer evidenciar, porém, é que o significado de um precedente está essencialmente na sua fundamentação e que, portanto, não basta somente olhar à sua parte dispositiva".

Desse modo, pode-se concluir que, na *ratio decidendi,* os fatos servem para, a partir da comparação com os elementos fáticos da nova causa, identificar a existência ou não de similitudes, a justificar a aplicação ou não do precedente. É dizer que fatos iguais devem receber o mesmo tratamento (SANT'ANNA, 2002, p. 05). Pela compreensão da *ratio decidendi*, podem-se extrair os princípios norteadores dos precedentes judiciais, dentre eles o da igualdade judicial na apreciação de um caso idêntico.

Com relação ao conceito de *obiter dicta*, teriam como parâmetro argumentos paralelos que se retirados da decisão não alterariam a tese firmada pela *ratio decidendi*, ou seja, seriam passagens não determinantes para a formulação da *ratio decidendi*, tem-se aqui fundamentos apreciados pelos órgãos julgadores *en passant*.

Desse modo, mostram-se de grande importância aos operadores do direito os três conceitos acima estudados, quais sejam: *stare decisis* (intimamente ligado ao princípio da estabilidade do precedente, obrigando os juízes e tribunais na sua aplicação); *ratio decidendi* (intimamente ligado ao princípio da igualdade judicial) e o conceito dos *obiter dicta* (sem eficácia vinculante).

O art. 927, *caput*, contempla a ideia de observância obrigatória pelos juízes e desembargadores acerca dos precedentes, dentre eles as decisões do STF em controle concentrado, enunciados de súmulas vinculantes, acórdãos em incidente de assunção de competência ou resolução de demandas repetitivas e em julgamento de recursos extraordinário e especial repetitivos; os enunciados das súmulas do Supremo Tribunal Federal em matéria constitucional e do Superior Tribunal de Justiça em matéria infraconstitucional; a orientação do plenário ou do órgão especial aos quais estiverem vinculados.

O inciso I do art. 927 do CPC traz como observância obrigatória pelos juízes e tribunais os precedentes e decisões do Supremo Tribunal Federal em controle concentrado de constitucionalidade. É sabido que, no Direito brasileiro, há dois modelos de controle de constitucionalidade, o controle difuso e o controle concentrado. O primeiro é aquele em que é averiguada a constitucionalidade de uma lei num caso particular, decisão que será inicialmente apreciada por um juiz de primeira instância, pedido que será feito no bojo da ação judicial de um particular. Seus efeitos, via de regra, serão somente *inter partes*. Quanto ao segundo, trata-se de um modelo mais fechado, que somente determinados legitimados podem propor perante o Supremo Tribunal Federal para discutir a constitucionalidade de uma lei, decisão essa que terá efeitos abstratos e vinculantes a todos.

Interessante a menção no CPC da observância obrigatória das decisões proferidas pelo STF em controle concentrado, uma vez que expressa, de forma clara, que as razões determinantes do julgamento em controle concentrado devem ser observadas pelos juízes e tribunais. Trata-se da chamada *ratio decidendi* ou fundamentos determinantes da decisão. Inclusive, esse inciso foi alvo de debates, pelo Fórum de Permanente de Processualistas Civis(121), que editaram o Enunciado 168: "Os fundamentos determinantes do julgamento de ação de controle concentrado de constitucionalidade realizado pelo STF caracterizam a *ratio decidendi* do precedente e possuem efeito vinculante para todos os órgãos jurisdicionais".

Já o inciso II do art. 927 do CPC repete o que já é previsto na Constituição Federal, isto é, indica a força vinculante das súmulas editadas pelo STF com essa eficácia. Trata-se de reprodução legal do art. 103-A da Constituição Federal.

No que tange ao inciso III do art. 927 do CPC, o dispositivo menciona como precedentes de vinculação obrigatória as decisões de casos repetitivos e de incidente de assunção de competência. A leitura do inciso III do art. 927 deve ser realizada em conjunto com o art. 928, que elenca os julgamentos de casos repetitivos, como incidente de resolução de demandas repetitivas, recursos especial e extraordinário repetitivos. Vê-se que a norma em comento dá maior eficácia, agora a normativa e não intermediária, para que seja observada a sistemática das decisões de casos repetitivos (recursos especiais e extraordinários) e de incidente de assunção de competência.

O inciso IV do art. 927 do CPC dispõe que os juízes e tribunais deverão observar os enunciados das Súmulas do STF em matéria constitucional e do STJ em matéria infraconstitucional. A novidade aqui é que o Código de Processo Civil determina a observância obrigatória pelos juízes e tribunais das súmulas editadas pelo STF (em matéria constitucional), e do STJ (em matéria infraconstitucional), mesmo sem eficácia vinculante, ou seja, abriu-se o leque de precedentes obrigatórios, haja vista que as súmulas não precisarão ter o *status* de vinculante. Interpretando o inciso em comento, o próprio STF deverá seguir as súmulas editadas pelo STJ em matéria infraconstitucional.

---

(121) Disponível em: https://diarioprocessual.com/2022/03/23/enunciados-fppc-2022/. Acesso em: 10 jan. 2023.

Por fim, o inciso V do art. 927 do CPC prescreve como precedente obrigatório a orientação do plenário ou do órgão especial aos quais estiverem vinculados. Trata-se das decisões colegiadas do STF e do STJ, como também as decisões preferidas pelos plenários dos Tribunais locais.

Como visto anteriormente, o art. 927 do CPC e os seus incisos elencam os precedentes obrigatórios que vincularão os juízes e tribunais nas suas decisões futuras. O CPC, no art. 988, previu um mecanismo para que se combatessem decisões que afrontassem os precedentes obrigatórios. Trata-se do instituto da reclamação constitucional. Havendo afronta aos precedentes de controle concentrado de constitucionalidade, às súmulas vinculantes do STF, ao precedente dos incidentes de resolução de demandas repetitivas e ao incidente de assunção de competência, a interposição de reclamação constitucional é prevista e possível, em qualquer momento processual, haja vista a sua permissão expressa, conforme o art. 988 do CPC.

Quanto à problemática da questão envolvendo a reclamação constitucional é a não previsão dos incisos IV e V do art. 927. Isto é, o art. 988 do CPC não previu o instrumento da reclamação constitucional de decisões que forem contrárias ao instituto dos precedentes dos enunciados das súmulas do Supremo Tribunal Federal em matéria constitucional e do Superior Tribunal de Justiça em matéria infraconstitucional e das orientações do plenário ou do órgão especial aos quais estiverem vinculados. Nesse caso, deverá o jurisdicionado utilizar os recursos previstos no CPC, quais sejam: apelação quando se tratar de decisões de primeira instância ou o recurso especial ou extraordinário, caso a decisão que desrespeitou um precedente venha dos tribunais.

Assim, é possível sistematizar a possibilidade de utilização da reclamação constitucional em caso de desrespeito aos precedentes: 1) controle concentrado de constitucionalidade, súmulas vinculantes do STF, o precedente dos incidentes de resolução de demandas repetitivas e o incidente de assunção de competência passível de manejo da reclamação constitucional; 2) os precedentes de julgamento de casos repetitivos (recurso especial e extraordinário) e de repercussão geral com a possibilidade de manejo da reclamação constitucional desde que esgotados as vias recursais ordinárias. Não caberá reclamação constitucional para precedentes de enunciados das súmulas do STF em matéria constitucional e do STJ em matéria infraconstitucional e das orientações do plenário ou do órgão especial, aos quais estiverem vinculados.

É imperioso apontar que a utilização de um precedente judicial por um juiz ou tribunal deve, necessariamente, ser fundamentada, conforme preceito expresso no § 1º do art. 927: "Os juízes e os tribunais observarão o disposto no art. 10 e no art. 489, § 1º, quando decidirem com fundamento nesse artigo". Ou seja, a principiologia marcante encontra-se presente também nesse artigo, respeitando os ditames do contraditório e da fundamentação das decisões. Ademais, em razão dessa nova sistemática de precedentes, o dever de divulgação dos precedentes se tornou obrigatório pelos tribunais, uma vez que a observância de precedentes leva à conclusão de que esses precedentes judiciais devem estar disponíveis às partes.

Como visto anteriormente, os precedentes têm como objetivo regular a interpretação de casos futuros, como base em interpretações de teses e fatos firmadas.

O instituto da distinção (*distinguishing*), por outro lado, tem como objetivo afastar um precedente firmado com o caso posto em julgamento. Em outras palavras, o instituto da distinção tem como premissa afastar o mérito, por motivos fáticos diversos, ou afastar a *ratio decidendi* de um precedente, possibilitando a não aplicação deste pelo órgão julgador, desde que, é claro, haja fundamentação nesse sentido.

Dissertando sobre o conceito de *distinguishing*, Luiz Guilherme Marinoni (2019, p. 228) aponta que "o *distinguishing* revela a demonstração entre as diferenças fáticas entre os casos ou a demonstração de que a *ratio* do precedente não se amolda ao caso sob julgamento, uma vez que os fatos de um e outro são diversos".

Contudo, a distinção não significa sinal verde para afastar o precedente pelo julgador. Deve-se concluir que as razões fáticas são diversas e substanciais com a devida fundamentação e efetiva demonstração no caso concreto pela não aplicação do precedente. Trata-se de uma declaração negativa de inaplicabilidade de um precedente em virtude de distinção fática ou de razões determinantes.

Ademais, não se pode concluir que, ao distinguir um determinado caso com a não aplicação de um precedente, seja este revogado ou inválido, mas tão somente afastado em razão de uma particularidade substancial do caso em análise. O instituto da superação de precedente será devidamente apontado no próximo tópico; trata-se do chamado *overruling*.

Acerca do tema, e afirmando a tese de que o afastamento de um precedente não importa a sua extinção (BUSTAMANTE, 2012, p. 470), tem-se: "Como vimos, o *distinguishing* pode ser descrito como uma *judicial departure* que se diferencia do *overruling* porque o afastamento do precedente não implica seu abandono — ou seja, sua validade como norma universal não é infirmada —, mas apenas sua não aplicação em determinado caso concreto, seja por meio de criação de uma exceção à norma adscrita estabelecida na decisão judicial ou de uma interpretação restritiva dessa mesma norma, com o fim de excluir suas consequências para quaisquer outros fatos não expressamente compreendidos em sua hipótese de incidência".

No instituto da superação (*overruling*), tem-se a sua revogação/anulação ou reformulação, deixando de ter eficácia vinculativa em razão da superação dos motivos determinantes dos precedentes. Porém tal instituto deve ser usado a contento, considerando-se os princípios da segurança jurídica, coerência, isonomia e confiança, dispostos no art. 926 e no § 4º do art. 927, ambos do CPC.

Outro ponto interessante acerca da superação de um Precedente se refere à mudança legislativa superveniente que altere ou que torne o precedente ilegal. Chegando-se a essa conclusão, o Fórum Permanente de Processualistas[122] dispôs por meio do Enunciado n. 324: "Lei nova, incompatível com o precedente judicial, é fato que acarreta a não aplicação do precedente por qualquer juiz ou tribunal, ressalvado o reconhecimento de sua inconstitucionalidade, a realização de interpretação conforme ou a pronúncia de nulidade sem redução de texto".

Acerca da revogação de um precedente obrigatório, é imperioso esclarecer que a sua revogação somente poderá ser operada pelo tribunal ou tribunal superior que o editou, ou seja, não pode ocorrer a revogação por órgão inferior a ele vinculado, sob pena de se infringirem regras de competência.

Com relação aos efeitos da revogação e considerando-se os princípios que orbitam o tema, em especial o da confiança e o da segurança jurídica, o tribunal pode revogar um precedente e modular os seus efeitos para o futuro.

Trata-se da tese da modulação dos efeitos da revogação de um precedente, com analogia à tese da modulação dos efeitos da declaração de inconstitucionalidade proferida pelo STF, conforme previsto no art. 27 da Lei n. 9.868/1999. O que se pretende com a modulação dos efeitos é respeitar a confiança dos jurisdicionados e evitar que eventual mudança ou revogação de entendimento possa abalar a confiança no sistema, em especial a confiança depositada nos precedentes judiciais. Desse modo, ao tribunal é livre dispor acerca dos seus efeitos, se mediatos ou imediatos, com eficácia *ex nunc* ou *ex tunc*, a depender da análise do caso em concreto.

Não existe um procedimento específico e detalhado sobre a revogação de um precedente. O que há no CPC é a previsão, no § 2º do art. 927, da realização de audiências públicas e participação de pessoas ou órgãos e entidades que possam contribuir com o seu saber e influir na decisão de revogação ou rediscussão da tese firmada. Trata-se do famoso *amicus curiae*. Assim, o CPC não trouxe mecanismo expresso que previsse a forma de revogação de um precedente obrigatório, mas tão somente previu, em especial nos arts. 986 e 977, III, a competência para reapreciação de uma tese em incidente de resolução de demandas repetitivas, qual seja, a do mesmo tribunal que a editou, e os seus legitimados (art. 977, III), bem como a previsão de que a alteração e ou revogação se dê nos moldes dos seus regimentos internos. O único precedente que tem um procedimento específico para a sua modificação e ou alteração são as súmulas vinculantes emitidas pelo STF, conforme a Lei n. 11.417/2006, em seu art. 2º. O Fórum Permanente de Processualistas Civis[123], no Enunciado 321, tentou elucidar a questão em razão da

(122) Disponível em: https://diarioprocessual.com/2022/03/23/enunciados-fppc-2022/. Acesso em: 10 jan. 2023.

(123) *Idem.*

sua importância, ao dispor: "A modificação do entendimento sedimentado poderá ser realizada nos termos da Lei n. 11.417, de 19 de dezembro de 2006, quando se tratar de enunciado de súmula vinculante; do regimento interno dos tribunais, quando se tratar de enunciado de súmula ou jurisprudência dominante; e, incidentalmente, no julgamento de recurso, na remessa necessária ou causa de competência originária do tribunal".

Ademais, o sistema de precedentes judiciais realiza a suspensão de processos em andamento com a controvérsia jurídica ainda não definida, poupando gastos com os andamentos. A título exemplificativo, os processos com os pleitos de expurgos inflacionários (Planos Bresser, Verão, Collor I e II) acumularam milhares de processos em andamento e que se encontram sobrestados aguardando o posicionamento dos tribunais superiores. Para processos de massas que se proliferam sobre temas repetidos, devem ser adotadas soluções padronizadas e uniformes. Por intermédio da fixação de um tema de precedentes judiciais pode-se considerar como um auxílio na aplicação do princípio da isonomia, o que faz assegurar a eficiência do Poder Judiciário, uma vez que outorga respostas semelhantes para problemas análogos.

No sistema anterior, constatava-se uma crise do processo civil, em que situações semelhantes eram julgadas de formas distintas. Agora, com a adoção do sistema de precedentes judiciais, é possível minimizar a quantidade de processos em curso, prestigiando que as decisões proferidas pelos órgãos superiores tenham a aplicabilidade de forma homogênea, o que, via de consequência, é possível afirmar que destacará a produtividade das superiores Instâncias, além da economia abordada no item 3.4.

3.1.2. Aspectos positivos e negativos dos precedentes vinculantes

O debate dos precedentes vinculantes no cenário jurídico é calcado pelos entusiastas e adeptos que enxergam com bons olhos a necessidade de adequação da jurisprudência, mediante a igualdade das decisões judiciais para casos idênticos, a previsibilidade do direito e a segurança jurídica do sistema.

Do outro lado, pode-se apontar aqueles que não enxergam a questão com tanto entusiasmo assim, veem o tema com maiores ressalvas e apontam alguns problemas no atual sistema, em especial pela dificuldade de implantação do próprio sistema em comento por questões culturais do *common law* e pela adaptação simplista feita pelo ordenamento brasileiro.

Assim, com base na defesa dos precedentes vinculantes obrigatórios, pode-se sistematizar os seguintes argumentos favoráveis: a) maior dimensão do juiz ao declarar o direito com base em valores e princípios constitucionais; b) maior influência no Legislativo na confecção de leis que obedeçam os precedentes e alinhamento com o sistema Judiciário, inclusive com a Constituição; c) segurança jurídica do sistema como um todo; d) igualdade judicial; e) credibilidade e confiança no sistema jurídico; f) previsibilidade e estabilização do sistema com maior responsabilidade ao demandar em Juízo; g) equivalência e diálogo dos precedentes com o constitucionalismo contemporâneo."Devemos seguir precedentes não mais apenas porque eles constituem Direito positivo formalmente produzido por alguma autoridade institucionalmente autorizada a criar Direito, mas porque os precedentes passam a ser vistos como uma exigência da própria ideia de razão prática" (MACCORMICK; SUMMERS, 1997, p. 04).

Por outro lado, pode-se apontar como argumentos desfavoráveis ao sistema de precedentes obrigatórios: a) ofensa ao princípio da separação dos poderes; b) simplificação do sistema *common law* pelo Brasil em sua ideia de precedente; c) complexidade em identificar a *ratio decidendi*; d) dificuldade de identificação de casos similares; e) um precedente não nasce como precedente, mas é a cultura e o futuro que o torna precedente; f) reclamação constitucional e os casos não cobertos.

É necessário um aprofundamento dos argumentos favoráveis e desfavoráveis sobre o tema abordado.

Para a compreensão correta do assunto, é preciso ter como ideia central o constitucionalismo contemporâneo, e as suas novas faces. O juiz não é mais mero espectador do direito, mas, sim, um sujeito ativo na apreciação e nas interpretações das normas jurídicas. Soma-se ao fato da necessidade de o juiz, ao apreciar o caso em concreto, sopesar os princípios e os direitos fundamentais dos indivíduos dispostos na Constituição Federal, com a possibilidade de afastar uma determinada norma jurídica incompatível com a Constituição Federal, tanto em controle concreto, quanto no controle concentrado de constitucionalidade. Só por esse fato, afasta-se a ideia de que o juiz declara a lei ao caso concreto, isto é, a ideia de juiz "boca da Lei", como visto no tópico passado, ideia que teve como influência o sistema do *civil law*, oriundo da Revolução Francesa.

A segurança jurídica e a igualdade nas decisões judiciais também são pedras fundamentais para a defesa do sistema de precedentes. Afinal, não há nada mais justo e correto que prever um sistema seguro, estável e igual, sem que as partes recebam diferentes decisões jurídicas com base em contextos fáticos idênticos, evitando-se o descrédito do Judiciário e dando-se eficácia ao princípio da igualdade substancial. Nesse mesmo sentido, Barroso e Mello (2016, p. 24):

> Tal ambiente contribui para a redução do tempo de duração dos processos, desestimula demandas aventureiras e reduz a litigiosidade. Tem ainda o condão de minimizar a sobrecarga experimentada pelas cortes e a aumentar a credibilidade e legitimidade do Judiciário, que são comprometidas pela demora na entrega da prestação jurisdicional e por aquilo que a doutrina convencionou chamar de "jurisprudência lotérica": a produção de decisões díspares, conferindo tratamento desigual a jurisdicionados em situações idênticas, muitas vezes de até em um mesmo tribunal.

Acerca do princípio da igualdade das decisões judiciais, e o Estado Democrático de Direito, bem como da incongruência de um sistema que julga um mesmo caso de identidade fática, a menos de poucos metros de distância numa sala de julgamento, expõe Marinoni (2019, p. 78-79):

> Embora deva ser no mínimo indesejado para um Estado Democrático dar decisões desiguais a casos iguais, estranhamente não há qualquer reação a essa situação na doutrina e na praxe brasileiras. É como se estas decisões não fossem vistas ou fossem admitidas por serem inevitáveis. A advertência de que a lei é igual para todos, que sempre se viu escrita sobre a cabeça dos juízes nas salas do *civil law*, além de não mais bastar, constitui piada de mau gosto àquele que, em uma das salas do Tribunal e sob tal inscrição, recebe decisão distinta da proferida — em caso idêntico — pela Turma cuja sala se localiza metros adiante, no mesmo longo e indiferente corredor do prédio que, antes de tudo, deveria abrigar a igualdade de tratamento perante o direito.

Por fim, como sustentação da aceitabilidade do sistema de precedentes, há de se citar toda a evolução do Direito brasileiro, seja por meio das mudanças ocorridas no Código de Processo Civil passado, seja com a Constituição Federal de 1988 e agora com a edição do atual Código de Processo Civil e o sistema atual de privilégio aos direitos e garantias fundamentais, aos princípios fundamentais da Constituição, ao sistema de cláusulas abertas e à nova atividade judicial que não mais declara o direito com base única e exclusivamente na lei, isso tudo faz com que o sistema de precedentes judiciais seja determinante para a operação do Estado Democrático de Direito.

Numa outra vertente, isto é, que critica o sistema atual de precedentes obrigatórios, tem-se como argumentos contrários a invasão do juiz na atividade de criação de normas, função que seria típica do Legislativo, e o enfraquecimento do Legislativo quanto a sua atividade primária. Outro ponto sensível que embasa as críticas aos precedentes judiciais reflete na cultura que fundamentou os precedentes historicamente, isto é, um sistema pautado em costumes e dogmáticas diversas do sistema do *civil law*, que foi evoluído e praticado há séculos, como é o caso do sistema inglês. Estaria o Brasil apto culturalmente para implementar o sistema em questão?

Igualmente, têm-se as diferenças fundamentais do sistema de precedente inglês com o sistema brasileiro, uma vez que, no sistema inglês, os precedentes são para os futuros julgamentos a serem apreciados, e o sistema brasileiro é imposto de forma prévia, abstrata e obrigatória, isto é, ele é imposto e não formado, como é a base central do sistema inglês de julgamento e formação dos precedentes. Ou seja, grande parte da discussão e da crítica aos precedentes refere-se à compreensão exata da *ratio decidendi* e os seus contornos para casos idênticos e o seu afastamento no caso em concreto. O direito inglês difere muito do direito brasileiro nesse aspecto.

Nesse ponto específico e tecendo severas críticas ao sistema brasileiro, Lenio Luiz Streck; Igor Raatz e Gilberto Morbach (2019, p. 333-334) afirmam:

> O que se conclui, portanto, é que a tese precedentalista, ao defender que o Brasil teria adotado um "sistema" [*sic*] de precedentes vinculantes, não considera todas as nuances e idiossincrasias de um debate histórico que se desenvolve(u) no âmbito do *common law* até os dias atuais. Consequentemente, as teses abstratas e generalizantes do Direito brasileiro aproximam-se muito pouco do precedente, legítimo, do *common law*, ao trabalharem com a ideia de que a(s) Corte(s) "Suprema(s)" seria(m) responsável(is) por interpretar e, aos tribunais subsequentes — que, no *common law*, por sua vez, são responsáveis justamente por constituir o que vem a, posteriormente, ser o efeito vinculante na decisão pretérita —, restaria apenas uma tarefa mecânica de "aplicação". A tese precedentalista brasileira, portanto, além de incorrer em alguns erros teóricos, não considera a complexidade de um debate histórico sobre a doutrina do precedente no *common law* e, mais que isso, insiste na ideia de que é possível cindir *aplicação* e *interpretação.*

Dissertando sobre o tema e a problemática de vinculação e de grau de observância dos precedentes, Daniel Assumpção Neves (2021, p. 1.408) aponta:

> Essa realidade cria uma eficácia maior e menor entre as hipóteses previstas no art. 927 do CPC, o que coloca, inclusive, em questão a eficácia vinculante prática das hipóteses previstas nos dois últimos incisos do dispositivo ora comentado. Juridicamente não tenho dúvidas a respeito de suas eficácias vinculantes, mas se a parte deve recorrer da decisão que a desrespeita da mesma forma que recorreria de qualquer outra decisão com a qual não concorde, no plano prático a eficácia vinculante está seriamente comprometida. Trata-se de uma eficácia vinculante jurídica com eficácia persuasiva no plano prático.

Outro ponto sensível é a necessidade de esgotamento pelo interessado das instâncias ordinárias, quando houver desrespeito dos precedentes obrigatórios em julgamento de casos repetitivos e de repercussão geral. O inciso II do § 5° do art. 988 é enfático nesse sentido: "II – proposta para garantir a observância de acórdão de recurso extraordinário com repercussão geral reconhecida ou de acórdão proferido em julgamento de recursos extraordinário ou especial repetitivos, quando não esgotadas as instâncias ordinárias". Desse modo, o interessado deverá percorrer todo o sistema processual recursal para poder, no futuro, fazer uso da reclamação constitucional no caso de decisões que desrespeitem os precedentes formados em julgamento de recursos especial e extraordinário repetitivos e no julgamento de recurso extraordinário com repercussão geral.

Assim, considerando-se os argumentos favoráveis e desfavoráveis apontados, chega-se às seguintes indagações: o sistema anterior funcionava a contento? As decisões diferentes de casos idênticos davam aos jurisdicionados uma noção de Justiça? Houve um amplo debate da comunidade jurídica e, ainda, houve uma evolução da cultura para que os precedentes fossem implementados? O neoconstitucionalismo, a amplitude dos direitos fundamentais e o caráter mais atuante do magistrado são condizentes com o *civil law*?

São questões de alta complexidade e indagação, porém, há de se sopesar as novas realidades sociais, bem como o fluxo gigantesco de processos de massa e a enxurrada de ações que são distribuídas no Poder Judiciário, geralmente para discutir matérias repetidas e de identidade fática com ações passadas, temas que podem e que devem ser unificados pelo Judiciário mediante o manejo do sistema de precedentes. O mundo moderno não mais comporta um juiz que julga individualmente cada caso, haja vista a massificação das demandas judiciais e a necessidade de aproveitamento dos fundamentos da decisão de casos correlatos. Economiza-se tempo e trabalho, otimizando-se os préstimos dos magistrados e dos assessores em outras causas de maior complexidade.

A atuação do magistrado, nos dias atuais, é mais ativa e influente, seja para garantir a justiça nas decisões e a sua segurança, seja para garantir os valores e princípios constitucionais estampados na Carta Maior, com maior eficiência e previsibilidade aos jurisdicionados e maior igualdade e segurança ao apreciar uma mesma demanda judicial. Por meio dos precedentes, pode o jurisdicionado se valer de mecanismos mais céleres para recebimento do bem da vida pretendido, com maior previsibilidade, cuidado e igualdade.

3.2. Linguagem jurídica, tomada de decisões e o sistema de precedentes

Diante de todo o explanado até aqui, questiona-se: é possível o acoplamento da Inteligência Artificial com o sistema de precedentes? A resposta parece ser positiva, e já estamos vendo essa possibilidade na prática, conforme demonstrado nos sistemas utilizados pelos tribunais superiores, quais sejam: o VICTOR no STF, o ATHOS, SÓCRATES e CORPUS 927 no STJ e o LEIA PRECEDENTES no Tribunal de Justiça do Estado de São Paulo.

Os próximos questionamentos são: É compatível a utilização da Inteligência Artificial em harmonia com o raciocínio jurídico? Há limitações entre o aprendizado da Inteligência Artificial e o raciocínio jurídico?

A linguagem jurídica é complexa e delicada, e o raciocínio é necessário para a construção de conceitos, identidades e definições. Para um correto funcionamento da Inteligência Artificial, as decisões judiciais devem estar muito bem estruturadas. Uma prova da dinâmica e da modernização do Poder Judiciário foi a adoção do sistema de precedentes judiciais.

A Inteligência Artificial "não é uma simples automação, exigindo compreensão e programação prévias para a identificação da sua ação" (BONAT; PEIXOTO, 2020, p. 18). Quanto maior a acurácia, maior será a confiança no sistema de funcionamento.

A definição de acurácia, para Débora Bonat e Fabiano Hartmann Peixoto (2020, p. 18), é a "exatidão de um resultado em relação a um parâmetro tomado como referência. A precisão é considerada com referenciais em repetição, ou seja, quanto mais preciso for o resultado, menor será a variabilidade entre todos os resultados obtidos".

Pode-se trabalhar com a seguinte situação para demonstrar um exemplo prático de acurácia: se temos que identificar um tema em um universo de 100 processos, dos quais os de números 1 a 40 já se encontram sentenciados, e os de números 41 a 100 tenham apenas decisões interlocutórias proferidas, e se o foco da Inteligência Artificial é separar os processos sentenciados das decisões interlocutórias, apontando os mesmos números acima mostrará que a acurácia será de 100% de precisão. Mas se a máquina está ignorando o reconhecimento de 5 processos, a acurácia será de 95%. Nesse caso, à medida que o número de processos aumenta, a acurácia se afasta do alvo.

Para criar um referencial para a Inteligência Artificial, necessária se faz a delimitação do tema da pesquisa, com referências textuais e os dados. Porém os textos jurídicos nem sempre têm sua apresentação de forma lógica, o que, de certo modo, dificulta a pesquisa, o desenvolvimento e o treinamento da Inteligência Artificial.

A dificuldade de uma conclusão lógica na interpretação jurídica é destacada por Robert Alexy (2007, p. 23-24) mediante quatro argumentações: "(1) A imprecisão da linguagem jurídica, (2) a possibilidade de conflito de normas, (3) o fato de que são possíveis casos que necessitem de uma relação jurídica, mas para cuja regulação não exista uma norma já vigente, e (4) a possibilidade, em casos especiais, de decidir inclusive contra o teor literal de uma norma".

Destaque-se que delegar e projetar um julgamento totalmente autônomo para um algoritmo sem a presença de um ser humano seria contrariar toda a estrutura fundante do Estado Democrático de Direito e a violação ao modelo constitucional de proteção aos direitos fundamentais (BONAT; PEIXOTO, 2020, p. 18).

Com isso, a Inteligência Artificial passa, para alguns estudiosos do gênero, pela explicabilidade, embora a terminologia correta seja inteligibilidade ou interpretabilidade, que são as tentativas de fornecer respostas às preocupações de confiança e transparência da Inteligência Artificial, como mecanismos de aprimoramento, com base em duas estruturas primordiais: *accountability* e *auditability* (responsabilidade e auditabilidade). Com a fusão das duas bases, é possível identificar o caminho para a tomada de decisão visando à sua fiscalização e à prestação de contas, o que permite, via de consequência, a conferência e a revisão dos processos, com seus respectivos testes e ajustes (BONAT; PEIXOTO, 2020, p. 55-56).

Se, num futuro próximo, for constatada uma total autonomia, também denominada de singularidade, para a formatação e criação autônoma de tema de precedente, esse procedimento teria de passar por uma conferência perante o Poder Judiciário brasileiro, isto é, dependeria de regras, princípios e estruturas internas até a aprovação final. Daniel Henrique Arruda Boeing e Alexandre Morais da Rosa (2020, p. 92) destacam a relevância dos julgadores: "Juízes humanos não poderão ser completamente eliminados, as questões relativas ao uso do aprendizado de máquina na administração da justiça dizem respeito principalmente à coexistência entre humanos e máquinas em um mesmo ambiente e as consequências daí decorrentes, o que define a corrobótica. Nesse sentido, torna-se relevante a forma como os algoritmos influenciarão o processo decisório levado a cabo por humanos, bem como saber se isso significa alguma renúncia de poder por parte do ser humano".

Recentemente, um engenheiro do *Google* precipitou-se e informou que um dos sistemas de Inteligência Artificial havia se tornado autoconsciente. Para Hod Lipson[(124)], "em pouco tempo sistemas conscientes serão realidade". E ainda, sobre a total autonomia da Inteligência Artificial, explica que: "Atualmente, a máquina apenas regurgita texto escrito por outras pessoas – eles não geram texto do nada. A máquina pesca coisas muito profundas escritas por outras pessoas. Se você receber o conteúdo de maneira literal pode acabar tirando conclusões precipitadas. Humanos tendem a ver emoções em tudo: em árvores, em bichinhos de pelúcia... Mas com IA não chegamos lá ainda. Do ponto de vista técnico, não temos as fundações para construir uma máquina autoconsciente. (...) Acho que não estamos longe. Talvez em uma ou duas décadas. Mas não será algo que acontecerá de repente".

Concluir-se que uma decisão final será de incumbência de um ser humano. No estudo em apreço, cabe à Inteligência Artificial a tarefa de conectar e acoplar o processo a um tema de precedentes judiciais vinculantes e entregar a viabilidade de aplicação ao supervisor.

A Inteligência Artificial dificilmente criará um precedente, mas, sim, apontará se esta ou aquela decisão está em harmonia com algum precedente. "O ato de julgar, em si, não pode ser delegado para uma máquina" (CUEVA, 2021, p. 81).

Vale destacar, ainda, a dificuldade de descobrir o porquê de algumas decisões humanas. Por que o juiz julgou dessa forma? Por que o desembargador relator aceitou a tese do recorrente? Dezenas de respostas podem nascer, a saber: pela formação do julgador,

(124) Engenheiro se precipitou sobre máquina viva. *O Estado de S. Paulo,* São Paulo, a. 143, n. 46.996, p. B16, 19 jun. 2022. Economia & Negócios.

pela (in)experiência, pelas convicções políticas, sociais, emocionais, dentre outras. Enfim, da mesma forma que, em algumas situações, é impossível identificar a razão do conteúdo de um determinado julgamento, o mesmo poderá ocorrer sob o prisma de um julgamento lastreado na tomada de decisões pela Inteligência Artificial. Em outras palavras, tanto em uma decisão humana, quanto em uma algorítmica, há dificuldades em identificar as causas do teor de um julgamento.

Seria possível uma máquina ter a sensibilidade do conhecimento humano e raciocínio jurídico para propor a criação de um tema de precedente vinculante?

A despeito das dificuldades da Inteligência Artificial, ponderam Débora Bonat e Fabiano Hartmann Peixoto (2020, p. 52): "A primeira é a própria complexidade da estrutura do algoritmo, especialmente os de *deep learning*, com milhares de neurônios artificiais trabalhando juntos de maneira difusa. Tem-se, portanto a complexidade como o fundamento da ideia de caixa-preta. Além disso, a sensação de falta de transparência pode surgir pela relação na base geométrica algorítmica que os seres humanos não podem concretamente visualizar e, naturalmente, pois, pela sua dificuldade de compreensão. Assim, a caixa-preta é composta por dois vetores, a complexidade e a dimensionalidade".

As predições sobre a Inteligência Artificial são as mais diversas possíveis. Com a grande colheita de dados, os rumos da Inteligência Artificial são imprevisíveis, e, como dito por Margaret A. Boden (2020, p. 199), o principal exemplo é a singularidade, isto é, "o momento em que as máquinas se tornarão mais inteligentes que os seres humanos", também denominada de ASI (sigla em inglês de Inteligência Artificial Sobre-humana).

No mesmo sentido, prossegue o doutrinador Ricardo Villas Bôas Cuevas (2021, p. 84-85, 89-90):

> Por fim, haveria uma revolução cognitiva: a justiça preditiva não tem função interpretativa, mas pretende apenas reforçar a previsibilidade, que não é uma nova função.
>
> A justiça preditiva pode mostrar-se adequada ao contencioso de massa ao ensejar decisões simples, que reproduzam a jurisprudência revelada pelos algoritmos.
>
> Dentre as principais promessas dos modelos de justiça preditiva hoje discutidos, que consistem em padrões estatísticos de decisões pretéritas, estão a previsibilidade e a uniformidade das decisões, o fim da loteria judiciária, a possibilidade de detectar e propor alternativas para a solução dos conflitos,

> bem como de sugerir modelos de decisões, com fundamento na jurisprudência e na doutrina.
>
> No Brasil, há importantes desafios técnicos a vencer para que a inteligência artificial — ou a justiça preditiva — possa desenvolver-se plenamente nos tribunais. O primeiro, em que sabe mais importante é a criação de um modelo nacional de interoperabilidade que permita que todos os sistemas interajam de forma inconsútil. O segundo talvez seja uniformizar as tecnologias empregadas no processo eletrônico, de modo a favorecer a mineração de dados.

As polêmicas que mais aterrorizam os profissionais da ciência jurídica são: Seria possível responder ao questionamento de que as máquinas tomariam decisões autônomas? Com os sistemas inteligentes, as decisões se autoaperfeiçoam e se autorreproduzem. A resposta seria uma incógnita, com as decisões a cargo dos computadores com a Inteligência Artificial Sobre-humana. Se, de fato, a chamada Superinteligência Artificial se apresentasse em sua última fase, a singularidade seria algo importante e necessário ou apenas preocupante?

Para Margaret A. Boden (2020, p. 200), a singularidade é uma questão de tempo e é inevitável. A Inteligência Artificial e sua singularidade acontecerá em um futuro próximo com desdobramentos desconhecidos, mas não poderá ser vista como uma ameaça existencial, visto que as decisões tomadas de forma autônoma pela Inteligência Artificial sempre poderão ser revistas pelo ser humano, além do que a Inteligência Artificial não obedece à inteligência emocional e ao bom senso. Com isso, as perspectivas de a Inteligência Artificial superar a mente humana, a nosso ver, estão longe de acontecer.

Margaret A. Boden (2020, p. 216) ressalta que "não vai demorar muito para os empregos (nas áreas do Direito e da Contabilidade, por exemplo) que envolvam pesquisas demoradas sobre regulamentos e precedentes possam ser assumidos, em grande medida, pela IA", destacando ainda que "a parte mais difícil da solução dos problemas em Inteligência Artificial é, antes de mais nada, a apresentação do problema para o sistema" (2020, p. 47). No caso em estudo, temos os dados representados pelos julgamentos dos tribunais de justiça e as soluções que são os temas de precedentes judiciais vinculantes.

Sobre o questionamento se a Inteligência Artificial teria a possibilidade de criar um tema sobre precedentes judiciais, vale destacar que a Inteligência Artificial "depende do julgamento humano, pois alguém tem de identificar — e determinar claramente — as regras de estilo em questão" (BODEN, 2020, p. 101-103). A criatividade e as emoções dentro da Inteligência Artificial têm muitas aplicações, "às vezes ela consegue igualar, ou até mesmo superar os padrões humanos em um pequeno nicho científico ou artístico. Mas igualar a criatividade humana em termos gerais é outra história".

A Inteligência Artificial seguramente auxiliará para o julgamento de recursos repetitivos. Segundo Rodrigues e Gomes (2021, p. 835) "especialmente no que tange à sugestão das decisões, observados os precedentes, súmulas e provas dos autos — trará enorme avanço para o direito, na medida em que minimizará (ou eliminará) os impactos da subjetividade".

Erik Navarro Wolkart (2022, p. 94) enumera os riscos das decisões tomadas sem a devida fiscalização: — O potencial para a tomada de decisões opacas; — Os vieses, intencionais ou não, e os abusos de poder; — O surgimento de maus atores não tradicionais; — A perenização das desigualdades; — O esgotamento da desconfiança pública em um sistema jurídico; — A falta de capital humano ativo em sistemas judiciais para gerir e operar os SAIs; — O sacrifício do espírito da lei para alcançar a conveniência que a letra da lei permite; — As consequências imprevisíveis da renúncia à atuação humana em favor de agentes não éticos; — A perda de privacidade e de dignidade; e — A erosão das instituições democráticas.

Por outro lado, o CNJ já apontou, em seu relatório anual, que a Inteligência Artificial utilizada nos tribunais brasileiros é a modalidade fraca, isto é, aplicada em tarefas simples e com pouca sofisticação (WOLKART, 2022, p. 235).

Como abordado no item 4.1, o atual Código de Processo Civil, dentre muitas características e objetivos traçados pelo novel legislador, foi à busca incessante pelo aprimoramento, racionalidade e efetividade na atividade jurisdicional. Ponto de festejada inclusão foi a criação e adoção do sistema de precedentes judiciais, em que processos nos quais se repetem com potencial de repercussão social agora serão julgados de forma equânime. Nada mais justo, já que processos repetitivos devem ter caminhos semelhantes para evitar a insegurança jurídica. Quando se fala em processos que se repetem, denotam-se as demandas em que a questão de Direito se replica, razão pela qual os tribunais locais e os tribunais superiores devem velar para aplicar a mesma solução jurídica, pois isso significa uma maior segurança jurídica ao jurisdicionado. Assim, com a adoção do sistema de precedentes judiciais, os tribunais superiores passaram a implementar o NUGEPs, que são os "Núcleos de Gerenciamento de Precedentes", com o objetivo de organizar e auxiliar todo o sistema de precedentes judiciais.

Nesse momento, entende-se que a conexão da Inteligência Artificial com o sistema de precedentes judiciais sempre dependerá da atividade humana para sugerir a elaboração de um tema de precedente judicial vinculante. Será do ser humano a escolha de processos candidatos a serem vinculados para a formação de incidentes de demandas repetidas.

3.3. Da Recomendação n. 134 do CNJ — Um novo olhar sobre o sistema de precedentes judiciais vinculantes

Em harmonia com o presente estudo, em que se aponta um diálogo entre o sistema de precedentes judiciais vinculantes e a Inteligência Artificial, o Conselho Nacional de Justiça publicou, em 09 de setembro de 2022, a Recomendação n. 134[(125)], em que dispõe categoricamente sobre o tratamento dos precedentes no Direito brasileiro. Nas justificativas da resolução em comento, o CNJ destaca a relevância dos precedentes judiciais como forma de promoção da estabilidade, da segurança jurídica e do ambiente de negócios no Brasil, além de se harmonizar com os ditames legais esculpidos nos arts. 926 e 927 do CPC e arts. 896-B e 896-C da CLT[(126)]. A Recomendação n. 134 foi fruto das sugestões apresentadas pelo Grupo de Trabalho criado pela Portaria do CNJ n. 240/2020, bem como da deliberação do Plenário de 06 de setembro de 2022, realizada na 63ª Sessão extraordinária do CNJ, no Ato Normativo sob n. 0005217-82-2022.2.00.000, devendo as disposições contidas no referido ato ser aplicadas por todos os tribunais e órgãos judiciais, independentemente da matéria e do ramo do direito.

De início, a Recomendação n. 134 do CNJ deixa inequívoca a relevância e a nova concepção do sistema de precedentes do Direito brasileiro, como método estruturado para responder às controvérsias da sociedade com a respectiva segurança jurídica. Com isso, o CNJ deixa inequívoco aos tribunais brasileiros a mensagem de respeito e aplicação com regularidade do sistema de precedentes implementado no art. 926 do CPC, com o objetivo de uniformização das questões de direito controvertidas, além de determinar a especial atenção aos julgadores na constante vigilância da identificação de questões controvertidas para a uniformização da matéria em debate. A aludida recomendação indica aos magistrados, como os grandes responsáveis na contribuição do ideal funcionamento da engrenagem do sistema de precedentes judiciais, a estrita adequação das teses fixadas pelos tribunais superiores com as teses de precedentes e jurisprudências. A determinação

(125) Disponível em: https://atos.cnj.jus.br/atos/detalhar/4740. Acesso em: 03 nov. 2022.

(126) Art. 896-B. Aplicam-se ao recurso de revista, no que couber, as normas da Lei n. 5.869, de 11 de janeiro de 1973 (Código de Processo Civil), relativas ao julgamento dos recursos extraordinário e especial repetitivos. (Incluído pela Lei n. 13.015, de 2014).

Art. 896-C. Quando houver multiplicidade de recursos de revista fundados em idêntica questão de direito, a questão poderá ser afetada à Seção Especializada em Dissídios Individuais ou ao Tribunal Pleno, por decisão da maioria simples de seus membros, mediante requerimento de um dos Ministros que compõem a Seção Especializada, considerando a relevância da matéria ou a existência de entendimentos divergentes entre os Ministros dessa Seção ou das Turmas do Tribunal. (Incluído pela Lei n. 13.015, de 2014). Disponível em: https://www.planalto.gov.br/ccivil_03/decreto-lei/del5452.htm. Acesso em: 03 nov. 2022.

é uma ordem dada pelo CNJ diretamente aos julgadores (juízes e desembargadores). Denota-se, aqui, a atenção especial dada à hierarquia dos julgamentos: se um Ministro do STF ou STJ já se pronunciou sobre um determinado assunto de direito e uniformizou a jurisprudência mediante a formulação de um precedente vinculativo (qualificado), não cabe ao juiz de primeira instância ou ao desembargador discordar do referido julgamento superior. Isso se chama hierarquia, porém, dentro do Poder Judiciário, tal mecanismo é de difícil compreensão e respeito.

Demandas que se repetem e proliferam com igual temática devem ser submetidas ao sistema de precedentes judiciais estabelecido no CPC. A Recomendação n. 134 do CNJ não deixa dúvida de que a sistemática em análise é "técnica de gestão", ou seja, é uma metodologia a ser utilizada e respeitada nas celeumas de direito. Com isso, cabe aos tribunais superiores determinarem a suspensão de todos os julgamentos pendentes sobre o tema controvertido, a fim de formar a tese de precedentes judiciais vinculantes, com foco em assegurar a estabilidade e a segurança jurídica. Nota-se claramente que o órgão máximo busca o tratamento isonômico dos litigantes e o efetivo respeito ao direito material.

A Recomendação n. 134 do CNJ vai ao encontro de alguns princípios processuais e constitucionais, tais como a isonomia, a economia processual, a duração razoável do processo, a segurança jurídica, a estabilidade e o ambiente de negócios no Brasil.

O princípio da isonomia, ou também nominado como princípio da igualdade, decorre da norma constitucional que, em seu art. 5º, *caput*, inciso I, estabelece que "todos são iguais perante a lei", sem distinção de qualquer natureza. Do ponto de vista processual, necessário se faz o tratamento equilibrado e isonômico entre os litigantes, como determina o art. 7º do CPC ao estabelecer que "é assegurada às partes paridade de tratamento em relação ao exercício de direitos e faculdades processuais, aos meios de defesa, aos ônus, aos deveres e à aplicação de sanções processuais, competindo ao juiz zelar pelo efetivo contraditório". Alguns doutrinadores desdobram o princípio da isonomia em "formal ou real". Na igualdade formal, haveria o tratamento sem levar em consideração as eventuais divergências entre os litigantes (sujeitos do processo), porém, não se pode olvidar que as pessoas não são iguais. Com isso, evoluiu-se para uma isonomia real, ou seja, "em que o legislador, na criação da norma, e o juiz, na sua aplicação, devem levar em conta as peculiaridades de cada sujeito" (GONÇALVES, 2016, p. 72). Logo, as partes do processo devem, de um lado, ser tratadas com isonomia quando se apresentam em grau de igualdade, porém, de outro, se estão em grau de desequilíbrio, devem ser tratadas de forma desigual.

Oportuna a lição e reflexão de Marcos Destefenni (2006, p. 21), ao ensinar sobre o princípio da isonomia (da igualdade de tratamento ou da paridade de armas):

> Volta-se, assim, ao ponto de partida, qual seja, a afirmação contida na constituição de que 'todos são iguais perante a lei'. Tal afirmação só pode ser

> aceita como uma ficção jurídica, vez que a igualdade entre as pessoas na verdade não existe. Todos somos diferentes, e nossas diferenças precisam ser respeitadas. A norma que afirma a igualdade de todos só será adequadamente interpretada quando compreendemos que a mesma tem por fim afirmar que diante das naturais desigualdades entre os homens, o ordenamento jurídico deve se comportar de forma capaz de superar tais desigualdades, igualando as pessoas. É, pois, dever do Estado assegurar tratamento que supra as desigualdades naturais existentes entre as pessoas. Somente assim ter-se-á assegurado a igualdade substancial (e não meramente formal), que corresponde a uma exigência do processo justo, garantido pela cláusula 'due process of law'.

Na mesma senda, Fredie Didier Júnior (2015, p. 97) colaciona quatro aspectos sobre o princípio da igualdade processual: a) A imparcialidade do juiz (equidistância em relação às partes); b) Igualdade no acesso à justiça, sem discriminação (gênero, orientação sexual, raça, nacionalidade etc.); c) Redução das desigualdades que dificultem o acesso à justiça, como a financeira (ex.: concessão do benefício da gratuidade da justiça, arts. 98 a 102, CPC), a geográfica (ex.: possibilidade de sustentação oral por videoconferência, art. 937, CPC), a de comunicação (ex.: garantir a comunicação por meio da Língua Brasileira de Sinais, nos casos de partes e testemunhas com deficiência auditiva, art. 162, III, CPC); d) Igualdade no acesso às informações necessárias ao exercício do contraditório.

Nota-se que o princípio da isonomia está em harmonia com o disposto no art. 927 do CPC, em especial em seu § 4º, que destaca a necessidade de respeito "[a]os princípios da segurança jurídica, da proteção da confiança e da isonomia", no tocante à jurisprudência vinculante e aos julgamentos que se repetem com conteúdo semelhante. Dessa feita, parece que o legislador pretende que os julgamentos repetitivos e jurisprudência vinculante se apresentem de forma estável e uniforme e, via de consequência, será a redução de divergências em demandas que se apresentam como a mesma questão de direito, evitando-se, assim, que contendas jurídicas idênticas recebam diferentes conteúdos de julgamentos.

Quanto ao princípio da segurança jurídica, tal comando vem expresso na Constituição Federal Pátria, tratado por diversas formas no ordenamento jurídico brasileiro, "a título de exemplo de aplicação processual, o princípio da legalidade e a garantia da coisa julgada" (DESTEFENNI, 2006, p. 37).

No que tange à economia processual, também pode ser considerada um princípio processual, ao lado da instrumentalidade das formas, "o qual preconiza o máximo resultado na atuação do direito com o mínimo de emprego possível de atividades processuais" (CINTRA; GRINOVER; DINAMARCO, 2015, p. 97). Ao que tudo indica, a Recomendação n. 134 do CNJ se preocupa com o princípio da economia processual, que é um desdobramento do princípio do aproveitamento dos atos processuais, e com a nova concepção do sistema de precedentes do Direito brasileiro, como caminho estruturado para responder às controvérsias da sociedade. Enfim, o CNJ deixa a mensagem aos tribunais brasileiros, sobre o respeito e a aplicação com regularidade do sistema de precedentes implementado com a legislação processual, com o objetivo de uniformizar as questões de direito debatidas em juízo.

No caminho do princípio da economia processual, a Recomendação n. 134 em estudo do CNJ foi técnica ao determinar que os tribunais desenvolvam na Plataforma Digital do Poder Judiciário Brasileiro (PDPJ-Br)(127) — ferramentas de busca eficientes para localização de acórdãos de que resultou a tese. Vale destacar que a PDPJ-Br tem o objetivo de "incentivar o desenvolvimento colaborativo entre os tribunais, preservando os sistemas públicos em produção, mas consolidando pragmaticamente a política para a gestão e expansão do Processo Judicial eletrônico — PJe"(128). Nesse aspecto, podemos destacar o respeito ao princípio da economia processual ou da tempestividade da tutela jurisdicional.

Quanto ao "ambiente de negócios no Brasil", nomenclatura trazida na Recomendação n. 134 do CNJ, pode-se afirmar que é um desdobramento da Lei n. 14.195/2021, que tem como objetivo fulcral a desburocratização de processos judiciais, isto é, a busca de simplificação de determinados atos processuais e empresariais.

Quanto ao princípio da duração razoável do processo, faz-se necessária a observância de que a formação de um precedente qualificado não pode ser realizada em tempo indeterminado, mas, sim, dentro de um prazo razoável de modo a respeitar o dispositivo constitucional advindo da Emenda Constitucional n. 45/2004(129), que preconiza a

(127) O principal objetivo deste normativo é modernizar a plataforma do Processo Judicial Eletrônico e transformá-la em um sistema multisserviço que permita aos tribunais fazer adequações conforme suas necessidades e que garanta, ao mesmo tempo, a unificação do trâmite processual no país. A plataforma permitirá o oferecimento de multisserviços e com possibilidade de ser adaptada conforme necessidades e demandas específicas, sem dúvida uma das principais demandas dos Tribunais. Ao incentivar e fomentar o desenvolvimento colaborativo, os sistemas públicos hoje existentes, em suas versões originárias, serão tratados como "legados" e serão progressivamente "desidratados" ou "modularizados" para a criação de "microsserviços", de forma que em médio prazo naturalmente convirjam para uma mesma solução. Portanto, essa nova política busca o alinhamento de todos os Tribunais do Brasil com a política de sistema de processos eletrônicos públicos e não onerosos, fortalecendo a interoperabilidade entre sistemas diversos e criando o ambiente para que os tribunais migrem voluntariamente para um sistema único em médio e longo prazo. Disponível em: https://www.cnj.jus.br/wp-content/uploads/2021/10/cartilha-pdpj-30-09-2021.pdf. Acesso em: 03 nov. 2022.

(128) Disponível em: https://www.cnj.jus.br/wp-content/uploads/2021/10/cartilha-pdpj-30-09-2021.pdf. Acesso em: 03 nov. 2022.

(129) O princípio da duração razoável do processo ou também conhecido por princípio da "tempestividade da tutela jurisdicional" não é uma novidade advinda com a Emenda Constitucional n. 45, que inseriu no art. 5º, inciso LXXVIII, da CF, a redação de que "a todos, no âmbito judicial ou administrativo, são assegurados a razoável duração do processo e os meios que garantam a celeridade de sua tramitação", eis que, por força da

duração razoável do processo, sob pena de tumultuar os ditames processuais. Sugere-se aqui, a exemplo da determinação na legislação processual, que o prazo de julgamento deva ocorrer no prazo de um ano, com direito de preferência sobre os demais feitos. Na recomendação em estudo, o CNJ aponta que as cortes superiores "julguem rapidamente as questões centrais comuns controversas e que tenham propiciado ou estejam ainda fomentando controvérsias repetitivas". Igualmente, a menção ao rápido encaminhamento para julgamento é destacada nos §§ 1º e 2º do art. 35(130), que enfatizam a necessidade de uma justiça mais efetiva e menos burocrática.

Ainda sobre o princípio da duração razoável do processo, ressalta Nelson Nery Junior (2009, p. 314) sua dupla função: "De um lado, respeita ao tempo do processo em sentido estrito, vale dizer, considerando-se a duração que o processo tem desde seu início até o final com o trânsito em julgado judicial ou administrativo, e, de outro, tem a ver com a adoção de meios alternativos de solução de conflitos, de sorte a aliviar a carga de trabalho da justiça ordinária, o que, sem dúvida, viria a contribuir para abreviar a duração média do processo".

Outra observação relevante quando da aplicação do caso análogo ou semelhante ao precedente vinculante é a necessidade de menção expressa sobre as razões que conduziram ao acolhimento ou afastamento da tese de precedente, sendo, assim, um desdobramento do princípio da motivação-fundamentação. O CNJ deixa claro, em sua Recomendação, nos arts. 12 e 13(131), que o acórdão proferido deve conter: I – indicação de todos os fundamentos suscitados, favoráveis e contrários à tese jurídica discutida; II – delimitação dos dispositivos normativos relevantes relacionados à questão jurídica; III – identificação das circunstâncias fáticas subjacentes à controvérsia, em torno da questão jurídica; IV – enunciação da tese jurídica firmada pelo órgão julgador em destaque, evitando a utilização de sinônimos de expressões técnicas ou em desuso.

No mesmo sentido, quanto às teses de precedentes judiciais vinculantes: I – sejam redigidas de forma clara, simples e objetiva; II – não contenham enunciados que envolvam mais de uma tese jurídica; III – indiquem brevemente e com precisão as circunstâncias fáticas às quais diz respeito.

Convenção Americana de Direitos Humanos (Pacto de São José da Costa Rica), em que foi ratificado pelo Brasil em 1992. Assim, o princípio da duração razoável do processo já estava positivado em nosso ordenamento jurídicos, mas agora soerguido a princípio constitucional.

(130) § 1º A possibilidade de rápido encaminhamento dessas questões, inclusive a partir dos juízos de primeiro grau, para os tribunais regionais e estaduais, com recurso direto para os tribunais superiores, faz parte da essência ou da concepção pura deste sistema.

§ 2º Essa formulação encontra-se em sintonia com essa nova concepção de jurisdição, menos burocrática e mais efetiva, em que o instrumentalismo é ampliado e aprofundado.

Disponível em: https://atos.cnj.jus.br/atos/detalhar/4740. Acesso em: 03 nov. 2022.

(131) Disponível em: https://atos.cnj.jus.br/atos/detalhar/4740. Acesso em: 03 nov. 2022.

Outro ponto relevante diz respeito ao julgador (juiz ou tribunal), que, excepcionalmente, poderá afastar o precedente de natureza obrigatória, mediante a técnica nominada de "distinção" (*distinguishing*). Mas, para que isso ocorra, será necessário que o juiz ou tribunal aponte de forma precisa e inequívoca a divergência do direito material que afastou a tese jurídica do precedente do caso em análise a ser aplicado. É importante destacar que a técnica da "distinção" não poderá estar em desarmonia com a jurisprudência uniformizada sobre a temática de direito, visto que, se tal ocorrer, poderá ser considerado vício de fundamentação, nos termos do art. 489, § 1º, VI, do CPC, levando à revogação da decisão. Igualmente, o art. 39 da referida Recomendação ressalta que "a aplicação do precedente envolve operação cognitiva e deve ser sempre devidamente fundamentada".

Em todo julgamento permeado por questões que se repetem e com análise de questões comuns de direito (afetação), será dada a oportunidade de serem ouvidos os litigantes em respeito aos princípios do contraditório e ampla defesa, com objetivo de conhecimento e manifestação sobre a (in)aplicabilidade da tese de precedente vinculante. A missão de fixar a tese de precedente qualificado compete ao órgão responsável pela uniformização da jurisprudência do tema de especialização, no âmbito interno de cada tribunal.

Para que a comunicação e o acesso às informações aos precedentes sejam materializadas (art. 20), o CNJ destacou o registro nos bancos e cadastros de precedentes no Banco Nacional de Precedentes, em obediência ao comando da Resolução n. 444, de 25 de fevereiro de 2022, que "institui o Banco Nacional de Precedentes (BNP) para consulta e divulgação por órgãos e pelo público em geral de precedentes judiciais, com ênfase nos pronunciamentos judiciais listados no art. 927 do Código de Processo Civil em todas as suas fases processuais"(132), além "de todas as demais formas possíveis, como divulgação no *site* dos tribunais, nas redes sociais, nos meios de comunicação de massa e outros que podem ser utilizados de modo módico e eficiente"(133).

Para a sistemática de julgamento dos processos de semelhante conteúdo, a recomendação do CNJ acolheu expressamente o procedimento adotado no CPC quando do julgamento do recurso especial e extraordinário. No art. 1.036 do CPC, destaca-se o procedimento quando houver multiplicidade de recursos especiais ou extraordinários com fundamento em idêntica questão de direito. Apontou a legislação processual que haverá, nesse caso, a afetação para julgamento de sintonia com o Regimento Interno do STJ ou STF, dependendo da matéria, se infraconstitucional ou constitucional. É incumbência do presidente ou do vice-presidente do TJ ou TRF selecionar dois ou mais recursos que representam a controvérsia para posterior encaminhamento ao STJ ou STF, para determinação da "afetação". Com isso, será determinada a suspensão do andamento de todas

(132) Disponível em: https://atos.cnj.jus.br/files/original182945202203146 22f89992c0cf.pdf. Acesso em: 03 nov. 2022.

(133) Disponível em: https://atos.cnj.jus.br/atos/detalhar/4740. Acesso em: 03 nov. 2022.

as demandas coletivas ou individuais que estão sob julgamento na região ou estado. No mesmo sentido, o relator no tribunal superior poderá escolher 2 (dois) ou mais recursos que representam a divergência para o julgamento da questão de direito material (nunca fática), independentemente da iniciativa do vice-presidente ou do presidente do tribunal de origem. O mesmo dispositivo processual aponta que "somente podem ser selecionados recursos admissíveis que contenham abrangente argumentação e discussão a respeito da questão a ser decidida"(134).

Diante de todo o exposto, a Recomendação n. 134 do CNJ respeita princípios relevantes em nossa legislação processual e constitucional, sobretudo a isonomia, a economia processual, a duração razoável do processo, a segurança jurídica, a estabilidade e o ambiente de negócios no Brasil. Ao que tudo indica, o CNJ está na busca incessante da "racionalização processual". Pode-se dizer que é um desdobramento da Lei n. 14.195/2021, que tem o condão de desburocratizar processos judiciais. Com efeito, como já afirmado, no próprio texto da recomendação em estudo, fala-se em "ambiente de negócios no Brasil", o que nada mais é do que a "desburocratização" e a busca da simplificação de determinados atos processuais.

3.4. Pesquisas realizadas sobre o (des)cumprimento dos precedentes judiciais vinculantes

Uma das perguntas suscitadas no presente estudo é: Os sistemas de precedentes estão sendo aplicados? Tudo indica que a resposta seja positiva, sobretudo com a criação dos NUPEGs e pelo fato de que hoje existem mais de mil temas de precedentes. A revista do STJ é um bom exemplo dessa mudança de paradigma, já que, após 2018, a publicação passou a circular mensalmente. Mas a segunda pergunta é: Os tribunais superiores estão observando os referidos temas de precedentes judiciais? A resposta parcialmente afirmativa porque, conforme demonstrado abaixo, alguns tribunais locais descumprem reiteradamente temas já consolidados pelos tribunais superiores. É viável deixar exclusivamente a critério do juiz a vinculação do seu julgamento ao tema de precedente vinculante já consolidado? A resposta parece negativa. Com a atual sistemática, não é aconselhável deixar exclusivamente a critério do juiz a vinculação de seu julgamento ao tema de precedente vinculante já consolidado. O sistema de Inteligência Artificial teria o condão de auxiliar na vinculação do processo ao tema de precedente? A resposta é positiva.

Para comprovar algumas respostas, cinco teses firmadas no STJ foram estudadas para conferir a (in)aplicabilidade, respeitabilidade e (des)cumprimento aos precedentes judiciais junto ao Tribunal de Justiça do Estado de São Paulo. A escolha para a pesquisa

(134) Disponível em: https://www.planalto.gov.br/ccivil_03/_ato2015-2018/2015/lei/l13105.htm. Acesso em: 03 nov. 2022.

junto ao TJ-SP se deu por conta de três relevantes motivos: o primeiro, por ser conhecido o TJ-SP como o maior tribunal do mundo em volume de processos e também pelo alto número de demandas em andamento, o que representa aproximadamente 25% do total dos processos em trâmite na Justiça brasileira; o segundo argumento para a seleção do Tribunal Bandeirante é o seu elevado número de funcionários, com cerca de "2,5 mil magistrados e aproximadamente 40 mil servidores, em 320 comarcas do Estado"(135) (já a segunda instância é composta por aproximadamente 370 desembargadores); o terceiro motivo, por conta de que o presente estudo estar estabelecido no Estado de São Paulo.

O recorte metodológico da pesquisa se deu mediante a seleção de cinco temas consolidados de precedentes judiciais vinculantes levando em consideração: a atualidade; a relevância-repercussão na sociedade de grandes temas e a diversidade de disciplinas do Direito (Processo Civil, Empresarial, Consumidor, Penal e Infância e Juventude).

A primeira tese analisada foi o tema Repetitivo 988 do STJ, com a seguinte redação: "O rol do art. 1.015 do CPC é de taxatividade mitigada, por isso admite a interposição de agravo de instrumento quando verificada a urgência decorrente da inutilidade do julgamento da questão no recurso de apelação", segundo acórdão publicado em 19.12.2018.

Em pesquisa realizada no *site* do TJ-SP, em 27 de junho de 2022, em consulta de Jurisprudência do Segundo Grau(136), foram inseridas no campo "Ementa" as palavras-chaves: "1015" e "taxativo". Como resultado da busca, apareceram 5.962 julgados. Foram analisados os primeiros cem acórdãos datados de 03.06.2022 até 26.06.2022. Dentre eles, 14 acórdãos(137) não respeitaram o Tema Repetitivo n. 988 do STJ, uma vez que não fizeram menção ao referido tema e entenderam exclusivamente pela taxatividade do rol do art. 1.015 do CPC.

Assim, denota-se que, mesmo tendo o STJ entendido que o rol do art. 1.015 do CPC abarca outras situações, boa parte dos julgamentos no Tribunal de Justiça do Estado de São Paulo mantém o entendimento de que o rol do art. 1.015 do CPC é taxativo. Com isso, sobre o tema em análise, 14% dos acórdãos analisados desrespeitaram o tema de precedentes consolidado na instância superior.

---

(135) Disponível em: https://www.tjsp.jus.br/QuemSomos. Acesso em: 26 dez. 2022.

(136) Disponível em: https://esaj.tjsp.jus.br/cjsg/consultaCompleta.do?f=1. Acesso em: 11 jun. 2022.

(137) Disponível em: <https://esaj.tjsp.jus.br/cjsg/consultaCompleta.do Agravo de Instrumento 2107256-02.2022.8.26.0000; Agravo de Instrumento 2131665-42.2022.8.26.0000; Agravo Interno Cível 2013336-71.2022.8.26.0000; Agravo Interno Cível 2010324-49.2022.8.26.0000; Agravo de Instrumento 2085667-51.2022.8.26.0000; Agravo de Instrumento 2092290-34.2022.8.26.0000; Agravo de Instrumento 2124076-96.2022.8.26.0000; Agravo de Instrumento 2110240-56.2022.8.26.0000; Agravo de Instrumento 2135580-36.2021.8.26.0000; Agravo de Instrumento 2120207-28.2022.8.26.0000; Agravo de Instrumento 2091130-71.2022.8.26.0000; Agravo de Instrumento 2075725-92.2022.8.26.0000>. Acesso em: 11 jun. 2022.

Tabela 5: Pesquisa realizada no TJ-SP sobre o tema de Precedente n. 988.

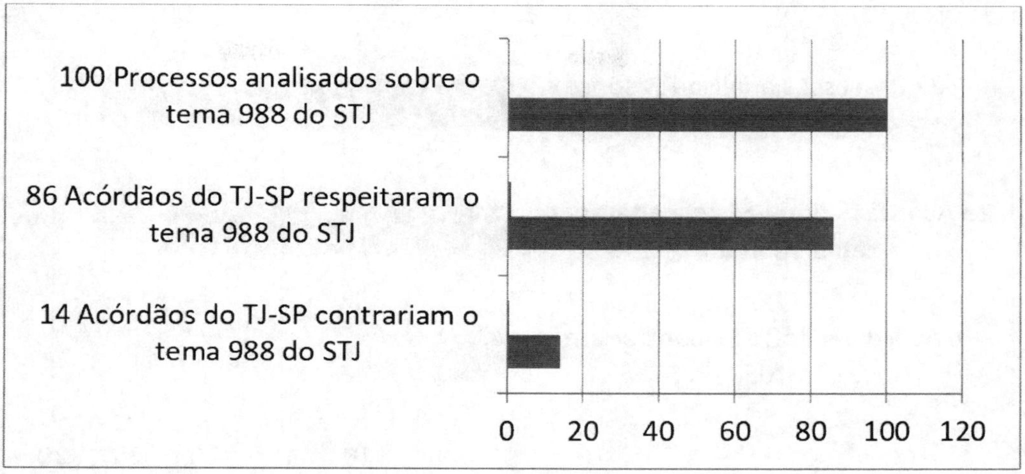

Fonte: (Autor)

O segundo tema de precedentes do STJ analisado foi o de n. 1058, com a seguinte tese firmada: "A Justiça da Infância e da Juventude tem competência absoluta para processar e julgar causas envolvendo matrícula de menores em creches ou escolas, nos termos dos arts. 148, IV, e 209 da Lei n. 8.069/90", conforme acórdão publicado em 29/03/2021.

Em pesquisa realizada no *site* do TJ-SP, em 28 de junho de 2022, em consulta de Jurisprudência do Segundo Grau(138), foram inseridas no campo "Ementa" as seguintes palavras: "Conflito negativo. Competência. Fazenda Pública. Matrícula". Diante das informações inseridas, como resultado da pesquisa, apareceram 27 julgados, datados de 02.06.2021 até 29.03.2022. Assim, dentre eles, quatro acórdãos(139) não respeitaram o Tema Repetitivo n. 1.058 do STJ, uma vez que entenderam que a Vara da Infância e Juventude não tinha competência para processar e julgar causas envolvendo matrícula de menores em creches ou escolas.

Com efeito, mesmo tendo o STJ proferido entendimento de que as varas da infância e da juventude têm competência absoluta para processar e julgar causas envolvendo matrícula de menores em creches ou escolas, boa parte dos julgamentos no Tribunal de Justiça do Estado de São Paulo mantém o entendimento de que a competência é das varas da Fazenda Pública. Com isso, sobre o tema em análise, 14,81% dos acórdãos desrespeitaram o tema de precedentes consolidados na instância superior.

---

(138) Disponível em: https://esaj.tjsp.jus.br/cjsg/consultaCompleta.do?f=1. Acesso em: 28 jun. 2022.

(139) Disponível em: https://esaj.tjsp.jus.br/cjsg/consultaCompleta.do Conflito de competência cível 0005823-86.2022.8.26.0000; Conflito de competência cível 0014918-77.2021.8.26.0000; Conflito de competência cível 0011883-12.2021.8.26.0000. Acesso em: 28 jun. 2022.

Tabela 6: Pesquisa realizada no TJ-SP sobre o tema de Precedente n. 1.058.

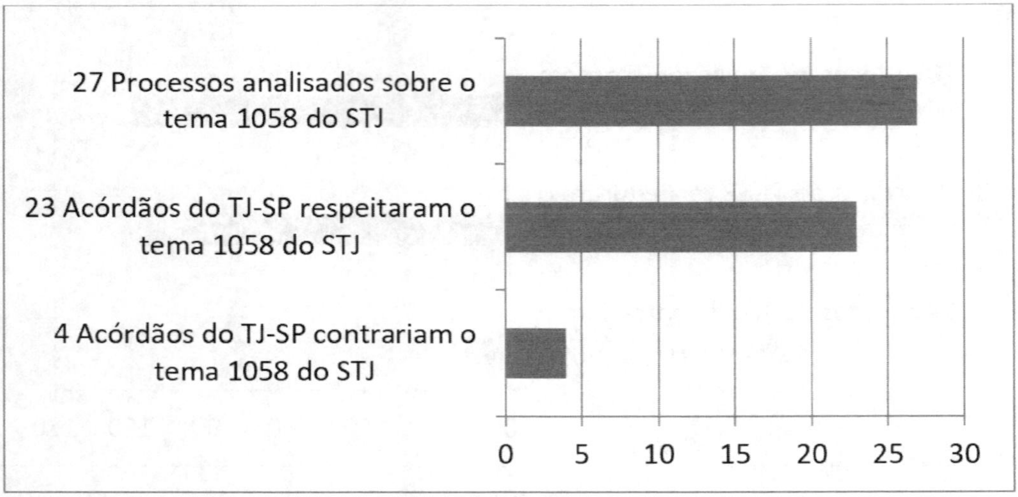

Fonte: (Autor)

A terceira tese analisada foi o Tema n. 1.061, assim redigido: "Na hipótese em que o consumidor/autor impugnar a autenticidade da assinatura constante em contrato bancário juntado ao processo pela instituição financeira, caberá a esta o ônus de provar a autenticidade (CPC, arts. 6º, 369 e 429, II)", de acordo com o acórdão publicado em 09.12.2021.

Em pesquisa realizada no *site* do TJ-SP, em consulta de Jurisprudência do Segundo Grau[(140)], foram inseridas no campo "Pesquisa Livre" as seguintes expressões: "perícia grafotécnica"; "autenticidade assinatura"; "instituição financeira"; "ônus". Como resultado da busca, apareceram 1.205 julgados. Foram analisados os cem primeiros acórdãos, datados de 13.04.2022 até 1º.07.2022; dentre eles, 15 acórdãos[(141)] não respeitaram o Tema Repetitivo n. 1.061 do STJ, uma vez que entenderam que o autor/consumidor deve arcar com o custeio da perícia.

Com isso, mesmo tendo o STJ proferido entendimento de que o ônus é da instituição bancária na hipótese em que o consumidor impugnar a autenticidade da assinatura constante em contrato bancário, julgamentos no TJ-SP apresentam o entendimento

(140) Disponível em: https://esaj.tjsp.jus.br/cjsg/consultaCompleta.do?f=1. Acesso em: 28 jun. 2022.

(141) Disponível em: https://esaj.tjsp.jus.br/cjsg/consultaCompleta.do?f=1 Agravo de Instrumento 2250112-57.2020.8.26.0000; Agravo de Instrumento 2085222-33.2022.8.26.0000; Agravo de Instrumento 2265624-46.2021.8.26.0000; Apelação Cível 1004961-31.2021.8.26.0066; Apelação Cível 1002293-70.2021.8.26.0007; Agravo de Instrumento 2071510-73.2022.8.26.0000; Agravo de Instrumento 2274006-28.2021.8.26.0000; Agravo de Instrumento 2277370-08.2021.8.26.0000; Agravo de Instrumento 2262215-62.2021.8.26.0000; Agravo de Instrumento 2055729-11.2022.8.26.0000; Agravo de Instrumento 2036449-54.2022.8.26.0000; Agravo de Instrumento 2038575-77.2022.8.26.0000. Acesso em: 28 jun. 2022.

contrário, isto é, que o ônus é do consumidor. Assim, sobre o tema em análise, 15% dos acórdãos destoaram do tema de precedentes consolidado na instância superior.

Tabela 7: Pesquisa realizada no TJ-SP sobre o tema de Precedente n. 1.061.

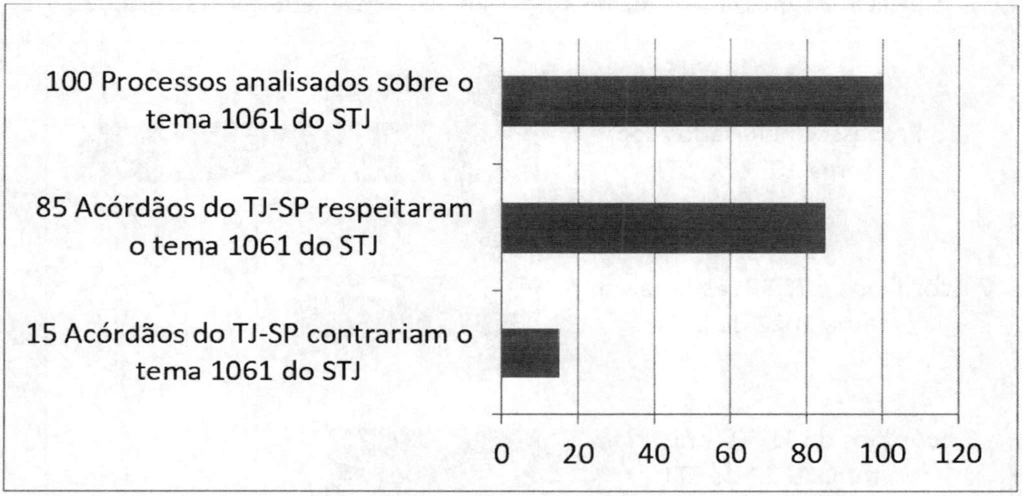

Fonte: (Autor)

A quarta tese analisada e firmada no STJ sob o n. 1.022 tem a seguinte redação: "É cabível agravo de instrumento contra todas as decisões interlocutórias proferidas nos processos de recuperação judicial e nos processos de falência, por força do art. 1.015, parágrafo único, CPC", segundo o acórdão publicado em 10.12.2020.

Em pesquisa realizada no *site* do TJ-SP, em consulta de Jurisprudência do Segundo Grau[(142)], foram inseridos no campo "Pesquisa Livre" os termos "rol taxativo" e "1015", e no campo "Assunto" foram selecionados os tópicos "4993 — Recuperação judicial e Falência". Diante das informações inseridas, apareceram 135 julgados. Todavia, foram analisados apenas os 13[(143)] primeiros acórdãos datados de 26.04.2020 até 29.04.2021, uma vez que o acórdão referente ao Tema n. 1.022 do STJ foi publicado em 10.12.2020 e os demais julgados são datados de período anterior. Assim, dentre eles, 6 (seis) não respeitaram o Tema Repetitivo n. 1.022 do STJ, já que não fizeram menção ao referido tema e entenderam pela taxatividade do rol do art. 1.015 do CPC.

Com o estudo apresentado, mesmo tendo o STJ proferido entendimento de que é cabível agravo de instrumento contra todas as decisões interlocutórias proferidas nos processos de recuperação judicial e nos processos de falência, por força do art. 1.015,

(142) Disponível em: https://esaj.tjsp.jus.br/cjsg/consultaCompleta.do?f=1. Acesso em: 28 jun. 2022.

(143) Disponível em: https://esaj.tjsp.jus.br/cjsg/consultaCompleta.do?f=1 Agravo de Instrumento 2022190-54.2022.8.26.0000; Embargos de Declaração Cível 2094911-38.2021.8.26.0000; Agravo Interno Cível 2192572-17.2021.8.26.0000; Agravo de Instrumento 2288396-37.2020.8.26.0000; Agravo de Instrumento 2177479-48.2020.8.26.0000; Agravo Regimental Cível 2035371-59.2021.8.26.0000. Acesso em: 28 jun. 2022.

parágrafo único, do CPC, julgamentos no TJ-SP mantêm o entendimento contrário, isto é, que o recurso cabível é a apelação. Assim, sobre o tema em análise, 46,15% dos acórdãos desrespeitaram o tema de precedentes consolidado na instância superior.

Tabela 8: Pesquisa realizada no TJ-SP sobre o tema de Precedente n. 1.022.

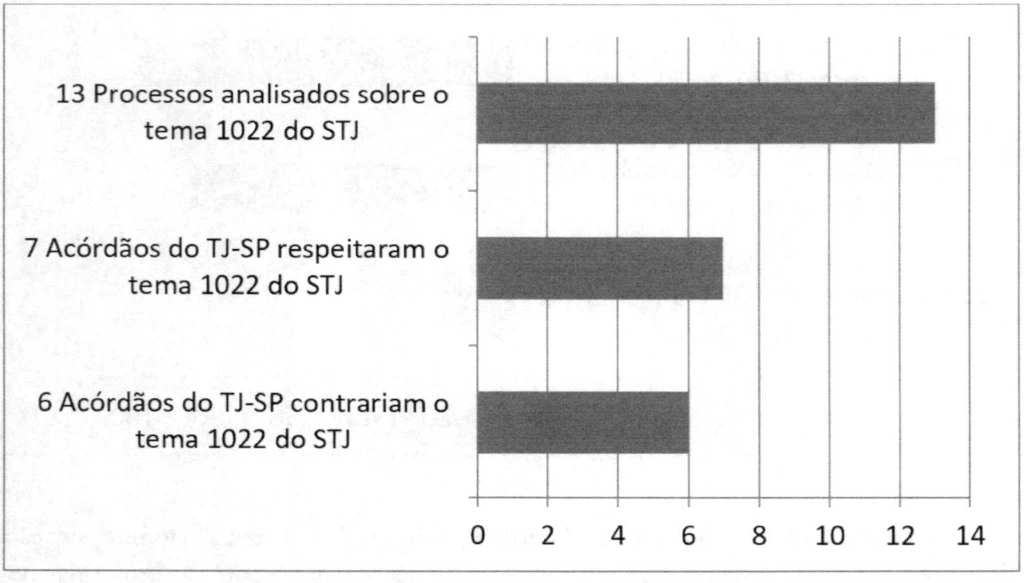

Fonte: (Autor)

A quinta tese analisada e firmada no STJ sob n. 1.087 foi assim redigida: "A causa de aumento prevista no § 1º do art. 155 do Código Penal (prática do crime de furto no período noturno) não incide no crime de furto na sua forma qualificada (§ 4º)", conforme o acórdão publicado em 27.06.2022.

Em pesquisa realizada no *site* do TJ-SP, em consulta de Jurisprudência do Segundo Grau[(144)], foram inseridas no campo "Ementa" as palavras-chaves: "repouso noturno" e "furto qualificado", e no campo "Data de julgamento" foram inseridas as datas "28.06.2022" e "29.11.2022". Como resultado da busca, apareceram 591 julgados. Foram analisados os primeiros 100 acórdãos, datados de 28.10.2022 até 26.11.2022. Dentre eles, 13[(145)] acórdãos não respeitaram o Tema Repetitivo n. 1087 do STJ, uma vez que não fizeram menção ao referido tema e decidiram de forma contrária à tese firmada.

(144) Disponível em: https://esaj.tjsp.jus.br/cjsg/consultaCompleta.do?f=1. Acesso em: 28 dez. 2022.

(145) Disponível em: https://esaj.tjsp.jus.br/cjsg/consultaCompleta.do?f=1 Apelação Criminal 1500179-52.2022.8.26.0594; Apelação Criminal 1500220-11.2021.8.26.0414; Apelação Criminal 1503662-57.2021.8.26.0196; Apelação Criminal 1502563-02.2021.8.26.0536; Apelação Criminal 1502898-08.2019.8.26.0272; Apelação Criminal 1502101-96.2021.8.26.0616; Apelação Criminal 1503451-85.2022.8.26.0228; Apelação Criminal 0022810-76.2018.8.26.0506; Apelação Criminal 1501167-59.2021.8.26.0416; Apelação Criminal 1502924-22.2021.8.26.0535; Apelação Criminal 1501455-11.2021.8.26.0544; Apelação Criminal 1501726-09.2020.8.26.0559; Apelação Criminal 1516669-54.2020.8.26.0228. Acesso em: 28 dez. 2022.

Mediante a análise apesentada, mesmo tendo o STJ proferido entendimento de que a causa de aumento prevista no § 1º do art. 155 do Código Penal (prática do crime de furto no período noturno) não incide no crime de furto na sua forma qualificada (§ 4º), julgamentos no TJ-SP apresentam o entendimento contrário, isto é, que incide a causa de aumento prevista no § 1º do art. 155 do Código Penal no crime de furto na sua forma qualificada. Assim, sobre o tema em análise, 13% dos acórdãos desrespeitaram o tema de precedentes consolidado na instância superior.

Tabela 9: Pesquisa realizada no TJ-SP sobre o tema de Precedente n. 1.087.

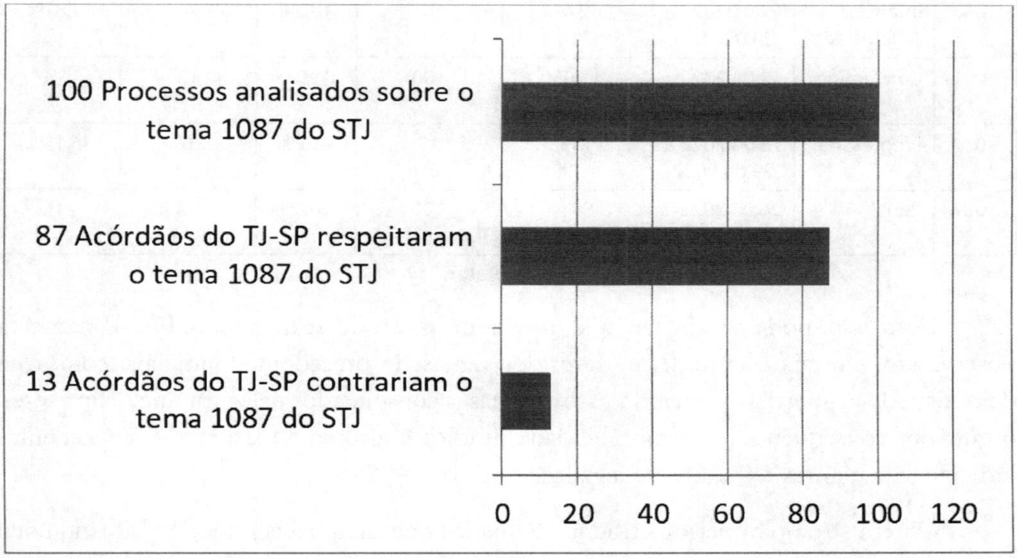

Fonte: (Autor)

O estudo dos temas de precedentes judiciais vinculantes acima estruturado, em síntese, resultou nos dados a seguintes dados:

Tabela 10: Resumo dos temas de precedentes judiciais vinculantes e pesquisas realizadas no TJ-SP.

Tema	Assunto	Período	Acórdãos encontrados	Acórdãos analisados	% de análise	Acórdãos contrários	% contrária
988	Processo Civil	20.12.2018 a 26.06.2022	5.962	100	1,67%	14	14%
1058	Infância/ Juventude	02.06.2021 a 29.03.2022	27	27	100%	4	14,81%
1061	Consumidor	13.04.2022 a 1º.07.2022	1.205	100	8,29%	15	15%
1022	Empresarial	26.04.2022 a 29.04.2022	135	13	9,62%	6	46,15%
1087	Penal	28.06.2022 a 29.11.2022	591	100	16,92%	13	13%

Fonte: (Autor)

Com isso, pode-se afirmar que, mediante o estudo realizado, o TJ-SP não está observando, em sua plenitude, os referidos temas de precedentes judiciais, conforme demonstrado acima, descumprindo, assim, temas já consolidados pelos tribunais superiores, o que, por consequência, gera instabilidade jurídica e afronta ao sistema de precedentes judiciais vinculantes reinantes na legislação pátria.

O Ministro do Superior Tribunal de Justiça Sebastião Reis Júnior[(146)] afirmou que "é preciso acabar com o descompasso entre as decisões tomadas nas instâncias ordinárias e a jurisprudência firmada nos tribunais superiores". Com um olhar voltado aos atuais números de processos em andamento no STJ, destacou o Ministro que, durante o plantão judiciário de julho de 2020, deram entrada no STJ mais de 10.823 processos:

> é imperioso que as instâncias ordinárias adotem posicionamento judicial mais alinhado com o que as cortes superiores vêm decidindo a respeito de certos temas. A insistência de tribunais locais e juízes de primeira instância em reiteradamente desconsiderar posicionamentos pacificados no âmbito tanto do Superior Tribunal de Justiça quanto do Supremo Tribunal Federal dá a entender que a função constitucional dessas cortes, de proferir a última palavra quanto à legislação federal (STJ) e quanto à Constituição (STF), é desnecessária, tornando letra morta os arts. 105, III, e 102, I, *"a"*, e III, do texto constitucional.

(146) Disponível em: https://www.stj.jus.br/sites/portalp/Paginas/Comunicacao/Noticias/04082020-Sexta-Turma-pede-atuacao-mais-harmonica-das-instancias-ordinarias-em-questoes-ja-pacificadas-no-STJ-e-no-STF.aspx. Acesso em: 21 jul. 2022.

Igualmente a Ministra Laurita Vaz(147) ressalta a preocupação com o descumprimento da jurisprudência consolidada nas duas cortes superiores do Brasil: "É muito importante que continuemos a combater esse descumprimento da nossa jurisprudência para que possamos ter condição de julgar com mais rapidez os temas de natureza mais complexa, que ficam muitas vezes paralisados diante da repetição desses casos que não precisariam chegar ao STJ e muito menos ao STF".

Na mesma linha de pensamento, o Ministro Rogerio Schietti Cruz(148) destacou o número relevante de decisões que ofendem os entendimentos consolidados nos tribunais superiores. Para o Ministro, isso "cria uma desorganização sistêmica, causando tumulto, sobrecarregando a Corte e comprometendo a qualidade da prestação jurisdicional". Destaca, ainda, sobre o TJ-SP: "O Poder Judiciário de São Paulo — e não vou generalizar, até porque se trata de uma corte da mais alta respeitabilidade —, por muitos de seus órgãos fracionários e alguns magistrados de primeiro grau, no tocante a esses crimes de tráfico, vem ignorando ou, até pior, desconsiderando o que decidem as duas cortes que, pela Constituição da República, têm a missão de interpretar em última instância a lei e a Constituição. Quando se trata de uma questão de direito, se esse entendimento é pacificado em súmulas, em jurisprudência, não faz o menor sentido continuar a haver essa dissonância de entendimentos".

No mesmo sentido, o Ministro Antonio Saldanha Palheiro(149) acrescentou que o atual sistema necessita da confecção e aprimoramento do sistema de precedentes pelas cortes superiores, e que as instâncias inferiores devem respeitar as decisões e alinhar-se com os tribunais superiores, já que os precedentes estão atrelados à estrutura científica para a aplicação do direito: "Nós damos esse exemplo. Ao que vem do STF, nós aderimos imediatamente, com absoluta disciplina, e nossas divergências deixamos para a academia. O que vemos no Tribunal de São Paulo é uma reiteração permanente em descumprir, uma afronta às cortes superiores em nome do livre convencimento motivado, da persuasão racional, que são fundamentos num direito artesanal, não num direito de massa que nós vivenciamos. Na verdade, esse tipo de posicionamento traz um retrocesso ao sistema jurídico como um todo".

Outra pesquisa de grande repercussão, realizada por Luiz Werneck Vianna, Maria Alice Rezende de Carvalho e Marcelo Baumann Burgos(150), foi publicada pela Associação dos Magistrados Brasileiros, em 2018, sob o título *Quem somos? A Magistratura que queremos*. Os magistrados foram questionados se deveriam poder decidir sem se pautar necessariamente pelo sistema de súmulas e precedentes vinculantes; as respostas foram as seguintes:

---

(147) *Idem*.

(148) Disponível em: https://www.stj.jus.br/sites/portalp/Paginas/Comunicacao/Noticias/04082020-Sexta-Turma-pede-atuacao-mais-harmonica-das-instancias-ordinarias-em-questoes-ja-pacificadas-no-STJ-e-no-STF.aspx. Acesso em: 21 jul. 2022.

(149) *Idem*.

(150) Disponível em: https://www.amb.com.br/wp-content/uploads/2019/02/Pesquisa_completa.pdf. Acesso em: 11 jun. 2022.

Tabela 11: Pesquisa realizada com juízes de primeiro grau.

Opções	Ramo da Justiça				Total
	Justiça Estadual	Justiça Federal	Justiça Trabalhista	Justiça Militar	
Discorda muito	593 24,4%	76 39,8%	17 13,4%	1 6,7%	687 24,9%
Discorda pouco	559 23,0%	57 29,8%	26 20,5%	3 20,0%	645 23,3%
Concorda pouco	802 33,0%	41 21,5%	42 33,1%	7 46,7%	892 32,3%
Concorda muito	476 19,6%	17 8,9%	42 33,1%	4 26,7%	539 19,5%
Total	2430 100,0%	191 100,0%	127 100,0%	15 100,0%	2763 100,0%

Fonte: (VIANNA; CARVALHO; BURGOS, 2018, p. 111).

Tabela 12: Pesquisa realizada com juízes de segundo grau.

Opções	Ramo da Justiça				Total
	Justiça Estadual	Justiça Federal	Justiça Trabalhista	Justiça Militar	
Discorda muito	81 27,7%	8 53,3%	8 23,5%	0 0,0%	97 28,0%
Discorda pouco	62 21,2%	3 20,0%	6 17,6%	1 16,7%	72 20,7%
Concorda pouco	97 33,2%	3 20,0%	14 41,2%	4 66,7%	118 34,0%
Concorda muito	52 17,8%	1 6,7%	6 17,6%	1 16,7%	60 17,3%
Total	292 100,0%	15 100,0%	34 100,0%	6 100,0%	347 100,0%

Fonte: (VIANNA; CARVALHO; BURGOS, 2018, p. 111).

Confira-se, nas tabelas 11 e 12: 51,8% dos juízes em primeira instância e 51,3% dos juízes em segunda instância concordam com a afirmativa de que poderiam decidir sem se pautar necessariamente pelo sistema de súmulas e precedentes vinculantes.

As tabelas 13 e 14 registram que 66,6% dos juízes e desembargadores inativos e 55% dos ministros de tribunais superiores concordam com a afirmativa de que poderiam decidir sem se pautar necessariamente pelo sistema de súmulas e precedentes vinculantes.

Tabela 13: Pesquisa realizada entre juízes e desembargadores inativos.

Opções	Ramo da Justiça				Total
	Justiça Estadual	Justiça Federal	Justiça Trabalhista	Justiça Militar	
Discorda muito	60 18,2%	5 27,8%	7 15,6%	3 42,9%	75 18,8%
Discorda pouco	49 14,9%	2 11,1%	7 15,6%	0 0,0%	58 14,5%
Concorda pouco	115 35,0%	5 27,8%	15 33,3%	2 28,6%	137 34,3%
Concorda muito	105 31,9%	6 33,3%	16 35,6%	2 28,6%	129 32,3%
Total	329 100,0%	18 100,0%	45 100,0%	7 100,0%	399 100,0%

Fonte: (VIANNA; CARVALHO; BURGOS, 2018, p. 112).

Tabela 14: Pesquisa realizada entre ministros de Tribunais Superiores.

Opções	Nº absoluto	%
Discorda muito	8	40,0
Discorda pouco	1	5,0
Concorda pouco	5	25,0
Concorda muito	6	30,0
Total	20	100,0

Fonte: (VIANNA; CARVALHO; BURGOS, 2018, p. 112).

Quando os magistrados são questionados se o sistema de súmulas e precedentes vinculantes afeta sua independência na interpretação das leis e sua aplicação, são apontados os seguintes dados:

Tabela 15: Pesquisa realizada com juízes de primeiro grau.

Opções	Ramo da Justiça				Total
	Justiça Estadual	Justiça Federal	Justiça Trabalhista	Justiça Militar	
Discorda muito	629 25,9%	72 37,7%	19 15,0%	4 26,7%	724 26,2%
Discorda pouco	529 21,8%	53 27,7%	30 23,6%	2 13,3%	614 22,2%
Concorda pouco	773 31,8%	47 24,6%	33 26,0%	7 46,7%	860 31,1%
Concorda muitc	499 20,5%	19 9,9%	45 35,4%	2 13,3%	565 20,4%
Total	2430 100,0%	191 100,0%	127 100,0%	15 100,0%	2763 100,0%

Fonte: (VIANNA; CARVALHO; BURGOS, 2018, p. 113).

Verifica-se que 51,5% concordam com a afirmativa de que o sistema de súmulas e precedentes vinculantes afetam sua independência na interpretação das leis e sua aplicação; 20,4% desse total concordam muito e 31,1% concordam pouco.

Quando o questionamento ocorre perante os juízes de segundo grau, 56,5% concordam com a afirmativa de que o sistema de súmulas e precedentes vinculantes afetam sua independência na interpretação das leis e sua aplicação; desse total, 18,7% concordam muito e 37,8% concordam pouco.

Tabela 16: Pesquisa realizada com juízes de segundo grau.

Opções	Ramo da Justiça				Total
	Justiça Estadual	**Justiça Federal**	**Justiça Trabalhista**	**Justiça Militar**	
Discorda muito	73 25,0%	7 46,7%	8 23,5%	0 0,0%	88 25,4%
Discorda pouco	54 18,5%	3 20,0%	5 14,7%	1 16,7%	63 18,2%
Concorda pouco	109 37,3%	5 33,3%	12 35,3%	5 83,3%	131 37,8%
Concorda muito	56 19,2%	0 0,0%	9 26,5%	0 0,0%	65 18,7%
Total	292 100,0%	15 100,0%	34 100,0%	6 100,0%	347 100,0%

Fonte: (VIANNA; CARVALHO; BURGOS, 2018, p. 113).

Outro questionamento de grande relevância foi se "o sistema de súmulas e precedentes vinculantes garante maior velocidade e segurança jurídica à atividade jurisdicional e, portanto, maior racionalização do Judiciário", sendo obtidos os seguintes números:

Tabela 17: Pesquisa realizada com juízes de primeiro grau.

Opções	Ramo da Justiça				Total
	Justiça Estadual	**Justiça Federal**	**Justiça Trabalhista**	**Justiça Militar**	
Discorda muito	142 5,8%	12 6,3%	11 8,7%	0 0,0%	165 6,0%
Discorda pouco	171 7,0%	14 7,3%	17 13,4%	1 6,7%	203 7,3%
Concorda pouco	809 33,3%	55 28,8%	47 37,0%	5 33,3%	916 33,2%
Concorda muito	1308 53,8%	110 57,6%	52 40,9%	9 60,0%	1479 53,5%
Total	2430 100,0%	191 100,0%	127 100,0%	15 100,0%	2763 100,0%

Fonte: (VIANNA; CARVALHO; BURGOS, 2018, p. 116).

Nesse questionamento, perante os juízes de primeira instância, denota-se que 86,7% concordam com a afirmativa de que o sistema de súmulas e precedentes vinculantes garante maior velocidade e segurança jurídica à atividade jurisdicional e, portanto, maior racionalização do Judiciário; desse total, 53,5% concordam muito e 33,2% concordam pouco.

Quando o questionamento ocorre perante os ministros de tribunais superiores, 100% concordam com a afirmativa de que o sistema de súmulas e precedentes vinculantes garante maior velocidade, segurança jurídica e racionalização do Judiciário; desse total, 70% concordam muito e 30% concordam pouco.

Tabela 18: Pesquisa realizada com ministros de Tribunais Superiores.

Opções	Nº absoluto	%
Concorda pouco	6	30,0
Concorda muito	14	70,0
Total	20	100,0

Fonte: (VIANNA; CARVALHO; BURGOS, 2018, p. 116).

Com isso, na pesquisa realizada pela Associação dos Magistrados Brasileiros, os julgadores concordam com a afirmativa de que a adoção do sistema de precedentes garante maior segurança jurídica e racionalização do Judiciário brasileiro.

Como visto, o Brasil é um país com a tradição jurídica romano-germânica. "Não soa natural aos ouvidos de seus magistrados ter de interromper um julgamento por conta de outro ainda em curso ou ter de decidir conforme tese que eventualmente vá de encontro ao seu próprio entendimento sobre o assunto" (BOEING, 2020, p. 32).

Assim, uma divisão se mostra perante os juízes de primeira e segunda instâncias, quando demonstram que o sistema de precedentes vinculantes afeta sua independência na interpretação das leis e sua aplicação, bem como concordam com a afirmativa de que poderiam decidir sem se pautar necessariamente pelo sistema de súmulas e precedentes vinculantes.

Por todo o exposto, o julgador atual deve ter atenção à nova dinâmica dos temas atuais e vindouros de precedentes judiciais vinculantes. Os julgadores devem compreender que a liberdade e independência não é absoluta. E essa observação à nova ordem processual não atrapalha a neutralidade e a criatividade. "A liberdade de julgar, a independência garantida constitucionalmente em um regime democrático e a fluidez normativa alçaram os juízes a patamares de legisladores e garantidores de políticas públicas" (BONAT; PEIXOTO, 2020, p. 74).

Quando questionado sobre quais seriam os mecanismos para controlar se os juízes e tribunais estão respeitando os precedentes judiciais, Marcelo Ornellas Marchiori[(151)] destacou que uma das possibilidades seria implementar o sistema de Inteligência Artificial "Athos" nos tribunais inferiores, como forma de auxiliar a identificação de temas repetidos em julgamento. Com isso, defende-se a necessidade de celebração de acordos de cooperação tecnológica entre os tribunais estaduais e o STJ. Por intermédio de tais acordos será possível a transferência de tecnologia e ferramentas de ponta de Inteligência Artificial, para um melhor aprimoramento e respeito ao sistema de precedentes judiciais.

Ademais, o Código de Processo Civil de 2015 vai ao encontro do entendimento de que questões idênticas devem ser julgadas de forma coletiva. Isso significa racionalidade e produtividade, além da tão aclamada segurança jurídica. Nesse sentido, obtemperam Marcelo Ornellas Marchiori e Paulo de Tarso Sanseverino: "A lógica processual do CPC/2015 parece irretorquível. Deixando o Poder Judiciário de julgar a mesma questão várias vezes, ganha-se em produtividade, com a solução coletivizada de questões repetitivas, e em racionalidade, pois, para o fim da demanda repetitiva, não será mais necessária a sua tramitação em todas as instâncias. Ganha-se ainda, em segurança jurídica, sendo, inclusive, um importante incentivador para que novas ações não precisem ser ajuizadas no Poder Judiciário" (SANSEVERINO; MARCHIORI, 2021, p. 813).

Em contrapartida, os tribunais de segundo grau devem fornecer informações sobre sentenças e acórdãos produzidos sob sua jurisdição para alimentar o banco virtual de dados do STJ. Todavia, uma das grandes dificuldades encontradas no presente estudo é a análise da diversidade de tecnologias utilizadas pelos tribunais e falta de estruturação dos dados.

Diante das pesquisas analisadas, cabe apontar que o sistema de precedentes parece estar sendo aplicado parcialmente pelos tribunais locais. As pesquisas nos assuntos estudados indicam que os tribunais descumprem reiteradamente temas já consolidados pelos tribunais superiores. Poderá resultar equívoco deixar exclusivamente a critério do juiz vincular seu julgamento ao tema de precedente vinculante já consolidado, sobretudo com a possibilidade de ser realizado por intermédio da Inteligência Artificial. Com isso, o sistema de Inteligência Artificial teria o condão de auxiliar na vinculação do processo ao tema de precedente.

---

(151) *I Simpósio de Inteligência Artificial e Poder Judiciário*. São Paulo: Universidade Presbiteriana Mackenzie, 2022. Disponível em: https://www.youtube.com/watch?v=0fxNgWo2434. Acesso em: 19 jul. 2022.

Os juízos não podem se deparar com a sistemática de forma descompromissada e simplesmente ignorarem a nova regra dos precedentes judiciais. "Para evitar tal constrangimento, uma vez que qualquer desvio de padrão será identificável (e os juízes saberão disso), eles passam a respeitar os procedentes para proteger a própria reputação" (WOLKART; BECKER, 2021, p. 850).

Ademais, como apontado por um editorial do jornal *O Estado de S. Paulo*, as demandas que se repetem e proliferam devem ser identificadas em prol da racionalização do Poder Judiciário. Com isso, cabe uma severa reflexão sobre a aplicação de penalidades aos julgadores que decidem em arrepio ao tema de precedentes consolidados. "Talvez o maior desafio para a racionalização do sistema seja o caso das demandas repetitivas. É imprescindível que os tribunais superiores identifiquem as centenas de temas repetitivos de repercussão geral ainda não discutidos no mérito e os julguem o quanto antes. Um sistema consolidado de precedentes não só acelerará a resolução, mas aprimorará a previsibilidade das sentenças, reduzindo a incerteza judicial. Para tanto, é preciso ponderar mais mecanismos de sanção a juízes que decidem em desacordo com precedentes estabelecidos"(152).

A Escola de Políticas Públicas da Universidade de Columbia e o Instituto de Tecnologia e Sociedade do Rio de Janeiro desenvolveram um relatório denominado *The Future of AI in the Brazilian Judicial System: AI Mapping, Integration and Governance*(153), que formulou as seguintes recomendações: a) criar uma agenda para a adoção de IA; b) criar uma ferramenta de avaliação dos *softwares*; c) integração dos sistemas de gestão de processos; d) colaboração entre as cortes de justiças para a adoção e desenvolvimento das ferramentas; e) monitoramento dos progressos dos sistemas no Poder Judiciário.

No mesmo documento produzido pela Escola de Políticas Públicas da Universidade de Columbia, é sugerida ao Brasil a utilização dos sistemas e-PING ou conecta.gov, que são plataformas seguras de conexão, integração e troca de dados de vários sistemas. No mesmo caminho, as plataformas INOVA PJ-e(154) e SINAPSES(155) poderiam ser caminhos de unidades a serem percorridos no campo tecnológico, porém, a grande objeção para seu acatamento integral é o fato de que essas plataformas aceitam apenas as estruturas utilizadas no PJ-e, desprezando assim o E-Saj, E-proc, dentre outros.

(152) Justiça atrasada não é justiça. *O Estado de S. Paulo*, São Paulo, a. 143, n. 47.072, p. A4, 03 set. 2022. Espaço Aberto. Disponível em: https://www.estadao.com.br/opiniao/justica-atrasada-nao-e-justica/. Acesso em: 03 set. 2022.

(153) Disponível em: https://itsrio.org/wp-content/uploads/2020/06/SIPA-Capstone-The-Future-of-AI-in-the-Brazilian-Judicial-System-1.pdf. Acesso em: 22 fev. 2023.

(154) Laboratório de Inovação para o processo judicial eletrônico. Elaborado pelo CNJ, por intermédio da Portaria n. 25, de 19 de fevereiro de 2019.

(155) Tecnologia que permite a pesquisa e produção de serviços inteligentes para auxiliar a construção de módulos para o PJe. Foi concebido pelo Tribunal de Justiça de Rondônia, em 2017, com o objetivo de compartilhar, padronizar e monitorar os sistemas de Inteligência Artificial (WOLKART, 2022, p. 235).

O que se verifica na prática é um total desencontro entre os tribunais no sentido de integrarem e colaborarem mutuamente com os diversos sistemas, além de inexistir uma agenda organizada para a temática, com a definição de objetivos e metas a serem alcançados.

O CNJ precisa desenvolver e repensar uma forma ativa e permanente de acompanhamento e monitoramento eficazes de todos os tribunais que laboram com as tecnologias de Inteligência Artificial, caso contrário, o desencontro de informações, a desestruturação e a falta de compartilhamento de dados, além da ausência de metodologias objetivas tecnológicas, gerarão mais desconfianças na sociedade e na comunidade jurídica. Um sistema aberto, organizado e compartilhado de dados entre os diversos tribunais corroboraria a compatibilidade e integração de todos os sistemas processuais existentes. Assim, o CNJ, na condição de responsável por temáticas administrativas diversas, facilitador e articulador dos processos tecnológicos dentro de cada tribunal brasileiro, deve adotar códigos abertos para conectar todos os sistemas de forma segura e transparente, proporcionando a tão almejada segurança jurídica, efetividade e celeridade processual, dentre outros tantos benefícios à sociedade como um todo.

A comunidade jurídica em geral (julgadores, advogados, partes, promotores, legisladores, procuradores, defensores públicos, dentre outros), afetada pelos sistemas de Inteligência Artificial, não tem o entendimento de como se dá o funcionamento (e seus respectivos resultados) das tecnologias vigentes e operantes. Assim, o que se defende é que os resultados e a aplicabilidade das novas tecnologias sejam abertos e disponíveis ao público em geral (salvo situações sigilosas, por exemplo), assim como num julgamento a portas abertas, pois, dessa forma, promover-se-á a confiança e transparência nos referidos sistemas, com a adoção de políticas públicas para o desenvolvimento de padrões.

Com a implantação da Inteligência Artificial em harmonia e conexão com o sistema de precedentes judiciais, será possível o fornecimento de dados concretos sobre os (des) cumprimentos dos julgamentos dos tribunais superiores.

Cabe ao Conselho Nacional de Justiça o dever de regulamentar, alinhar, harmonizar e padronizar os diversos tipos de tecnologias vigentes nos tribunais superiores. Porém o que se verifica na prática é uma grande dificuldade até mesmo de unificar os sistemas, uma vez que há até hoje várias plataformas distintas vigentes, PJ-e, E-Saj, E-proc, Projud, e a manutenção desses sistemas distintos dificulta a unificação dos projetos de Inteligência Artificial. O diagnóstico da utilização dos sistemas apresenta-se da seguinte forma: cinco TJs estaduais utilizam o sistema E-Saj (TJ-AC, TJ-AL, TJ-AM, TJ-MS, TJ-SP); três TJs estaduais utilizam o sistema Projud (TJ-BA, TJ-GO, TJ-PR); onze TJs estaduais utilizam o sistema PJ-e (TJ-CE, TJ-DF, TJ-ES, TJ-MA, TJ-MT, TJ-PA, TJ-PI, TJ-PE, TJ-RO, TJ-RR, TJ-RS); o TJ-TO utiliza o sistema E-proc; o TJ-RJ utiliza o sistema DCP; os TRTs e o TST utilizam o sistema PJ-e; o STJ utiliza o sistema CPE

(Central do Processo Eletrônico); e o STF utiliza o sistema CAS (Central de Autenticação). Com todo o exposto, a Inteligência Artificial é uma importante ferramenta para compilar dados, ou seja, ela é instrumental, um instrumento que trará eficiência e capaz de organizar a estrutura do Poder Judiciário brasileiro.

Os sistemas de Inteligência Artificial têm o condão de propiciar um melhor funcionamento do Poder Judiciário e, via de consequência, auxiliar na qualidade da prestação jurisdicional. O Direito é mutante e uma das suas prioritárias funções é a de contribuir para a ordem social. Com isso, a adoção da Inteligência Artificial com critérios de organização e transparência pode fomentar a tão almejada melhoria, eficácia e eficiência na qualidade da entrega da atividade jurisdicional.

O Direito tem um vasto campo para a criação de inovações, sobretudo nos sistemas lastrados em Inteligência Artificial, por intermédio de diversas ferramentas, que podem auxiliar em procedimentos diversos de facilidades ao sistema jurídico, sempre pautados na transparência, além de proporcionar melhor acuidade, velocidade, dentre outros benefícios que serão constatados no decorrer dos próximos anos, visto que a utilização da Inteligência Artificial é uma realidade e um caminho sem volta.

Com isso, se as partes e os cientistas jurídicos (Advogado, Ministério Público, Defensor Público, dentre outros) se depararem com a concreta possibilidade de sucesso ou insucesso de uma futura demanda judicial, poderão refletir sobre a propositura ou não da demanda e os custos dispendidos. Será possível mapear e monitorar os precedentes judiciais com facilidade e segurança, além de conferir se tais precedentes estão sendo respeitados. O momento tecnológico é disruptivo com o sistema tradicional e deve ser objeto de reflexão na comunidade jurídica em geral.

Conclusões

O Poder Judiciário é um ambiente favorável para a conexão da Inteligência Artificial e isso já está sendo presenciado por vários tribunais brasileiros, visto que a presença de grande concentração de dados proporciona tal interação. As novas tecnologias permitem as extrações de relevantes informações. No Poder Judiciário, como a elevação do número de processos é uma tendência real, a implementação da Inteligência Artificial é uma questão fundamental, especialmente com intervenções pontuais em processos determinados. Com isso, as novas tecnologias, sobretudo a utilização consciente e moderada da Inteligência Artificial, podem contribuir para a melhoria na qualidade e segurança jurídica dos julgamentos. A aproximação da área técnica com a área jurídica é um caminho sem volta, e os tribunais deverão proporcionar meios para interagir entre essas duas áreas, pois as cortes que respeitarem essa interação serão os tribunais de sucesso. Com isso, a Inteligência Artificial se apresenta como uma importante ferramenta para proporcionar agilidade e otimização nas tarefas burocráticas junto ao Poder Judiciário.

No primeiro capítulo, foram estudados a conceituação e o alcance da Inteligência Artificial, além de sua historicidade, evolução e diferentes tecnologias existentes nos tribunais brasileiros. Ficou demonstrado que não há uma padronização no desenvolvimento e comunicação entre os tribunais, além da falta de estruturação dos dados, sendo alguns projetos utilizados desenvolvidos por equipes internas do próprio tribunal, outros por empresas de tecnologias particulares e também por intermédio de universidades, bem como não há um diálogo e compartilhamento de dados entre os tribunais, o que, via de consequência, dificulta sua transparência, explicabilidade, previsibilidade e racionalidade.

No segundo capítulo, foi explorada a interlocução da Inteligência Artificial com o Direito, que está cada vez mais em evidência. Exemplo da implementação da Inteligência Artificial no Poder Judiciário foram os passos dados pelo STF e STJ, que deram início ao desenvolvimento de diversos programas (Victor, Athos, Sócrates, Rafa, *Corpus927,* dentre outros), cujo objetivo é consolidar as decisões vinculantes dos tribunais superiores. Os sistemas consolidam o controle de constitucionalidade, súmulas vinculantes, repercussão geral do STF, recursos repetitivos, súmulas, jurisprudências, teses de precedentes e a própria pesquisa de jurisprudências dos tribunais superiores. Assim, são notórias as diversas tecnologias utilizadas pelos tribunais brasileiros que se utilizam da Inteligência Artificial, contudo não há uma interlocução e padronização entre tais tribunais, sendo certo que a responsabilidade pela união de sistemas e tecnologias é de incumbência do CNJ, órgão fiscalizador do Poder Judiciário.

O uso das novas tecnologias no Direito, em plena "era da Inteligência Artificial", auxilia o aperfeiçoamento da justiça. Assim, nada mais atual do que refletir e estudar a aplicabilidade e a potencialidade da Inteligência Artificial no Poder Judiciário, como forma de racionalizar o Direito. Ademais, foi destacada a responsabilidade do CNJ em buscar a efetiva aplicação da Inteligência Artificial no Poder Judiciário, com o objetivo de colaborar com a coerência e agilidade do processo de tomada de decisão, além de aprimorar o desenvolvimento dos tribunais superiores, sempre obedecendo aos critérios éticos de transparência, previsibilidade, possibilidade de auditoria e garantia de imparcialidade. Demandas repetitivas que proliferam desenfreadamente por todo o Brasil poderão, com a aplicabilidade da Inteligência Artificial e por intermédio do PLN e do *machine learning*, conectar a IA com o sistema de precedentes judiciais vinculantes, a fim de serem identificadas e parametrizadas previamente as decisões, encontrando-se, assim, a respectiva tese firmada em sede de precedentes. Ficou demonstrado que o Projeto LEIA — implementado por intermédio da empresa Softplan no TJ-SP (ainda em fase inicial) —, ao analisar pouco mais de 8 milhões de processos, sugeriu a vinculação de 555 mil processos em apenas 50 temas de precedentes judiciais vinculantes cadastrados. Isso significa que 6,8% do total dos processos analisados estavam "em tese" vinculados a um dos 50 temas de precedentes. Mas a limitação imposta pelo CNJ em sua Resolução n. 335/2020, a qual impede a contratação de empresas particulares de tecnologia, representa um retrocesso tecnológico.

No último capítulo, foi elucidado o atual sistema de precedentes judiciais vinculante e a possibilidade do acoplamento com a ferramenta tecnológica de Inteligência Artificial. Com a adoção do sistema de precedentes judiciais, denota-se a facilitação para o instrumento da Inteligência Artificial. Na pesquisa de um *dataset* em assuntos diversos, a IA encontra os processos análogos e aponta qual o precedente adequado para a situação específica.

Com o Código de Processo Civil revogado de 1973, em conjugação com a Constituição Federal de 1988, muitos problemas advieram, tais como o acúmulo de processos, a morosidade, a falta de isonomia, a divergência argumentativa, dentre outros assuntos que geram desconfiança nas decisões do Poder Judiciário, razão pela qual nasceu, em 2015, com a Lei n. 13.105 (CPC), o Sistema de precedentes judiciais, com a finalidade de assegurar uma racionalidade e segurança jurídica à sociedade, resgatando o papel do Poder Judiciário. Com o atual sistema, pode-se dizer que se configura a aproximação do sistema *common law*, num constante aperfeiçoamento da prestação da tutela jurisdicional, mediante a busca de uma convergência interpretativa, a fim de propiciar um sistema mais racional, justo, isonômico e econômico.

Assim, o julgador moderno deve observar os temas de precedentes judiciais vinculantes e entender que sua liberdade e independência não são absolutas, sem, com isso, atrapalhar sua criatividade e neutralidade quando da aplicação na atividade jurisdicional. O magistrado atual, em conjugação com sistema processual vigente, terá de observar outros elementos para aplicação do direito ao caso *sub judice*, em especial o novel sistema de precedentes judiciais. Quando o julgador passar a proferir uma determinada decisão, terá de refletir: Tal tema já foi objeto de análise perante os tribunais superiores? Sobre referido assunto há tese firmada de precedentes? Há recurso repetitivo sobrestado sobre a matéria? A questão é fática ou jurídica?

Esse aperfeiçoamento jurisdicional deve ser constante e não pode parar por aí. As novas tecnologias convergem para o novo sistema. O *machine learning* com a supervisão humana será uma grande ferramenta a ser utilizada, sobretudo porque a máquina é treinada, encontrando os padrões correlacionados com base nos dados. De todo o aqui explanado, cabe ao CNJ a fiscalização e a adoção de medidas cabíveis para padronizar as tecnologias lastreadas na Inteligência Artificial. A adoção de sistemas dotados de Inteligência Artificial poderá, sim, contribuir para a segurança jurídica, a celeridade, a racionalidade e a economia do Poder Judiciário como um todo.

Ademais, o sistema de precedentes vinculantes ainda continua sendo descumprido, conforme pesquisas realizadas, em que aponta que o sistema está sendo desrespeitado pelos tribunais. Os benefícios com a adoção do sistema de precedentes judiciais são muitos, especialmente sob a perspectiva dos jurisdicionados, que poderão ter a certeza jurídica de um possível resultado quando da existência de um tema consolidado sobre um determinado assunto, permitindo-se aos cidadãos refletir sobre a viabilidade ou não da propositura de uma determinada demanda.

O que se verifica no presente estudo é a existência de várias ferramentas e mecanismos lastreados na tecnologia de Inteligência Artificial. Contudo, conforme demonstrado, os próprios tribunais não dispõem de uma estrutura organizada, padronizada e compartilhada de seus bancos de dados, o que dificulta a segurança jurídica para a sociedade.

A proposta do presente estudo é a construção de um sistema de consulta prévia pelos cientistas jurídicos, baseado em Inteligência Artificial, com a reunião e compartilhamento de todos os dados dos tribunais locais e superiores. Com isso, seria possível o desenvolvimento de um sistema de consulta preambular — com a utilização do PLN — para a identificação e busca de processos com temas de precedentes judiciais vinculantes, repercussão geral e resolução de demandas repetitivas, identificando, de plano, a tese lançada na petição inicial e a viabilidade de conexão-identidade-semelhança com temas de precedentes dos tribunais superiores. Assim, o cientista jurídico teria a possibilidade, em concreto, de escolher pela distribuição ou não de uma demanda cujo julgamento já foi enfrentado pelos tribunais superiores. Agindo dessa forma, ter-se-ia um Poder Judiciário racional, previsível e eficiente, com adoção e respeito aos julgamentos dos tribunais superiores, em harmonia com as alterações trazidas no Código de Processo Civil. Enfim, um sistema consultivo prévio de pesquisa dos temas de precedentes judiciais vinculantes dará mais eficiência ao operador do direito que poderá opinar pela propositura ou não do tema controvertido.

Com o auxílio da Inteligência Artificial e os precedentes judiciais vinculantes, será possível promover um maior apoio aos profissionais do cenário jurídico antes mesmo da distribuição de uma demanda mediante a pesquisa prévia da tendência do julgamento, por meio do uso de recursos tecnológicos, estimulando assim as melhores práticas profissionais. Alguns TJs (TJ-SP, TJ-MS, TJ-AM e TJ-CE) já se utilizam das tecnologias de IA para proporcionar a busca de processos com temas de precedentes, repercussão geral e resolução de demandas repetitivas, mediante a identificação e objetivos da petição inicial e apresentando, assim, a conexão de um tema ao processo em análise, além de classificar processos em primeira e segunda instâncias para a vinculação a temas de precedentes judiciais vinculantes. Com a implementação de tal tecnologia jurídica será possível democratizar o conhecimento jurídico, sempre em sincronia com os precedentes judiciais vinculantes. Trata-se de um novo olhar para o desenvolvimento de um ambiente tecnológico, bem como sua inovação jurídica e estreitamento com as decisões dos tribunais superiores. Assim, pode-se afirmar que a Inteligência Artificial é uma importante ferramenta para compilar os dados dos tribunais, garantir uma segurança jurídica prévia perante a sociedade e, via de consequência, controlar a aplicação dos precedentes judiciais vinculantes.

O CNJ é o responsável por agrupar os sistemas dos tribunais brasileiros e alinhar os julgamentos. Os tribunais brasileiros devem estar unidos para uma correta e transparente implementação efetiva e sólida, na construção de caminhos tecnológicos lastreados em IA, com objetivos diversos. Com isso, a IA poderá harmonizar o sistema de precedentes judiciais. Medidas infindáveis devem ser tomadas para unir as dezenas de Tribunais que, hoje, não se comunicam e criam sistemas isolados, desestruturados e solitários, sem diálogos entre si. Sem uma agenda a ser estabelecida e definida pelo CNJ, o desenvolvimento e implantação da IA continuará confusa e opaca nos tribunais brasileiros. Com objetivos comuns delineados, mediante o compartilhamento de dados e informações, a sociedade sairá fortalecida, e o sistema de precedentes terá mais efetividade e transparência. É essencial que o CNJ fomente diálogos, treinamentos e capacitações para todos os atores e membros dos tribunais brasileiros. O apoio em parcerias com empresas especializadas em tecnologia, universidades, dentre outros centros de pesquisas, também pode auxiliar para um efetivo desenvolvimento-troca de informações e experiências positivas e negativas entre todos os envolvidos.

Por fim, espera-se obter um Poder Judiciário mais enxuto e coeso, proporcionando-se mais e melhores recursos para outras relevantes áreas dos direitos sociais e maior racionalidade na prestação jurisdicional com o auxílio da IA e mediante a programação por intermédio de algoritmos na compreensão do sentido das palavras, além da uniformização de entendimentos dos precedentes judiciais e súmulas dos tribunais superiores. Com todo o embasamento trazido no presente estudo, conclui-se que a IA será capaz de trazer informações ao jurisdicionado de estatísticas relevantes para o entendimento da "jurisprudência dominante". Diante de todo o exposto, evidencia-se que a IA é um importante instrumento de aprimoramento para a aplicação do sistema de precedentes judiciais vinculantes.

Referências Bibliográficas

ALEXY, Robert. *Teoria de la argumentación jurídica.* 2. ed. Tradução Manuel Altienza e Isabel Espejo. Madrid: Centro de Estudos Políticos y Constitucionales, 2007.

ANDREJEVIC, Mark; BURDON, Mark. Defining the Sensor Society. *Television & New Media*, 16, n. 1, jan. 2015.

ARBIX, Glauco. Dilemas da Inovação no Brasil. *In:* TURCHI, L.; MORE, J. (Orgs.). *Políticas de Apoio à inovação Tecnológica no Brasil (Avanços recentes e propostas de ações).* Brasília: IPEA, 2017. p. 35-67.

ARTERO, Almir Olivette. *Inteligência Artificial.* Teoria e Prática. São Paulo: Livraria Física, 2008.

BAADE, Hans W. Stare decisis in civil law countries: the last bastion. *In:* BIRKS, Peter; PRETTO, Arianna (Coords.). *Themes in Comparative Law in Honour of Bernard Rudden.* Oxford: Oup, 2002. p. 3-20.

BAHIA, Alexandre. Reserva Legal e a implantação do Juiz-Robô no Brasil. *In:* NUNES, Dierle; LUCON, Paulo Henrique dos Santos; WOLKART, Erik Navarro (Coords.). *Inteligência Artificial e Direito Processual.* Os impactos da virada tecnológica no direito processual. 2. ed. Salvador: JusPodivm, 2021. p. 439-445.

BANKOWSKI, Zenon; MACCORMICK, Neil; SUMMERS, Robert. Precedent in the United Kingdom. *In:* MACCORMICK, Neil; SUMMERS, Robert (Coords.). *Interpretation and justification.* Interpreting Statutes — Comparative Study. Andershot: Ashgate, 1997. p. 315-354.

BARROS, Gisele Porto; MENEZES, Daniel Francisco Nagao. Breve análise sobre a jurimetria, os desafios para a sua implementação e as vantagens correspondentes. *Revista Duc In Altum Cadernos de Direito*, v. 9, n. 19, p. 45-89, set./dez. 2017.

BARROSO, Luis Roberto. A Americanização do Direito Constitucional e seus Paradoxos: Teoria e Jurisprudência Constitucional no Mundo Contemporâneo. *Cadernos da Escola de Direito*, v. 2, n. 9, 4 abr. 2017.

BERCOVICI, Gilberto. As origens do direito econômico: Homenagem a Washington Peluso Albino de Souza. *Revista da Faculdade de Direito da Universidade Federal de Minas Gerais,* 2013. p. 253-264. Disponível em: https://www.researchgate.net/publication/274294632_AS_ORIGENS_DO_DIREITO_ECONOMICO_HOMENAGEM_A_WASHINGTON_PELUSO_ALBINO_DE_SOUZA. Acesso em: 24 maio 2021.

BINGHAM, Lord Tom. There is a world elsewhere: the changing perspectives of english law. *In: Business of Judging* — Selected Essays and Speeches. Oxford: Oxford University Press, 2000.

BODEN, Margaret A. *Inteligência Artificial. Uma brevíssima introdução.* Tradução Fernando Santos. São Paulo: Unesp, 2020.

BOEING, Daniel Henrique Arruda; ROSA, Alexandre Morais da. *Ensinando um Robô a Julgar:* pragmática, discricionariedade, heurísticas e vieses no uso de Aprendizado de máquina no Judiciário. Florianópolis: EMais, 2020.

BOEING, Daniel Henrique Arruda; QUADROS, Luccas Fernandes de; MELO, Tiago Ribeiro Alves de; MATOS, Renata. Discussão sobre a viabilidade técnica e jurídica para aplicação de linguagem natural em decisões vinculantes em processos judiciais. *Revista Democracia Digital e Governo Eletrônico*, Florianópolis, v. 2, n. 20, p. 25-46, 2020.

BONAT, Débora; PEIXOTO, Fabio Hartmann. *Racionalidade no Direito:* Inteligência Artificial e Precedentes. Coleção Direito, Racionalidade e Inteligência Artificial. Curitiba: Alteridade, 2020. v. 3.

BOOTLE, Roger. *A Economia da Inteligência Artificial. Como a IA está transformando o trabalho, a riqueza e o progresso.* Rio de Janeiro: Alta Books, 2021.

BORK, Robert. The Supreme Court as na Agent of Modern Liberalism. *In:* BORK, Robert. *Slouching Towards Gomorrah*: Modern Liberalism and American Decline. New York: Hapers Collins, 2003.

BRASIL. *Constituição da República Federativa do Brasil de 1988.* Brasília, 1988. Disponível em: http://www.planalto.gov.br/ccivil_03/constituicao/constituicao.htm. Acesso em: 20 mar. 2021.

______. *Lei n. 8.078, de 11 de setembro de 1990.* Institui sobre a proteção do consumidor e dá outras providências. Brasília, 1990. Disponível em: http://www.planalto.gov.br/ccivil_03/leis/l8078compilado.htm. Acesso em: 15 mar. 2021.

______. *Lei n. 10.406, de 10 de janeiro de 2002.* Institui o Código Civil. Brasília, 2002. Disponível em: http://www.planalto.gov.br/ccivil_03/leis/2002/L10406compilada.htm. Acesso em: 16 mar. 2021.

______. *Lei n. 13.105, de 16 de março de 2015.* Institui o Código de Processo Civil. Brasília, 2015. Disponível em: http://www.planalto.gov.br/ccivil_03/_ato2015-2018/2015/lei/l13105.htm. Acesso em: 16 mar. 2021.

BRUCH, Tiago Bruno. *Judiciário Brasileiro e Inteligência Artificial.* Curitiba: CRV, 2021.

BUCCI, Maria Paula Dallari; COUTINHO, Diogo R. Arranjos jurídico-institucionais da política de inovação tecnológica: uma análise baseada na abordagem de direito e políticas públicas. *In:* COUTINHO, D. R.; FOSS, M. C.; MOUALLEN, P. S. B. (Orgs.). *Inovação no Brasil:* avanços e desafios jurídicos e institucionais. São Paulo: Blucher, 2017. p. 313-338.

BULOS, Uadi Lammêgo. *Curso de direito constitucional.* São Paulo: Saraiva, 2020.

BUSTAMANTE, Thomas da Rosa de. *Teoria do Precedente Judicial:* a justificação e a aplicação de regras jurisprudenciais. São Paulo: Noeses, 2012.

CANIVET, Guy. *The use of comparative law before the frenh private law courts.* Londres: British Institute of International and Comparative Law, 2004.

CARMIGNANI, Maria Cristina da Silva. O direito judiciário lusitano: os assentos da casa da suplicação. *Revista da Faculdade de Direito da Universidade de São Paulo*, São Paulo, v. 111, n. 1, p. 19-29, dez. 2016.

CARVALHO, Ana Luiza de; GUILHERME, G. *Processos são resolvidos mais rápidos no Judiciário com o auxílio de Códigos.* 2019. Disponível em: https://arte.estadao.com.br/focas/estadaoqr/materia/os-robos-da-justica-como-a-automacao-esta-transformando-o-direito-no-brasil. Acesso em: 22 fev. 2022.

CARVALHO, Matheus. *Manual de Direito Administrativo.* Salvador: JusPodivm, 2021.

CAVALCANTE, Elizabeth Nantes. "Vida Artificial": novo paradigma e limites tecnológicos *"Artificial Life"*: a new paradigm and its technological limits/bounds. *Revista dos Tribunais*, v. 1.003, p. 263-274, maio 2019.

CAVALCANTE, Luiz Ricardo. *Consenso difuso, dissenso confuso:* paradoxos das políticas de inovação no Brasil. Brasília: IPEIA, 2013.

CAVALCANTI, Mozarildo. *MANDAMUS* — Automação de processos e distribuição eletrônica de mandados começa a funcionar no TJRR. Disponível em: https://www.aasp.org.br/noticias/mandamus-automacao-de-processos-e-distribuicao-eletronica-de-mandados-comeca-a-funcionar-no-tjrr/. Acesso em: 24 maio 2022.

CHANDER, Anupam. The Racist Algorithm? *Michigan Law Review*, v. 115, p. 1.023, abr. 2017.

CHELIGA, Vinicius. *Inteligência Artificial:* aspectos jurídicos. 2. ed. Salvador: JusPodivm, 2020.

CHIARINI, Tulio; SILVEIRA, Sérgio Amadeu. *Exame comparativo das estratégias nacionais de inteligência artificial de Argentina, Brasil, Chile, Colômbia e Coreia do Sul:* consistência do diagnóstico dos problemas-chave identificados. IPEA, 2022. Disponível em: https://repositorio.ipea.gov.br/handle/11058/11528. Acesso em: 24 fev. 2023.

CHIASSONI, Pierluigi. *La Giurisprudenza Civile* — Metodi d`Interpretazione e Tecniche Argomentative. Milão: Giuffrè, 1999.

CINTRA, Antonio Carlos de Araújo; GRINOVER, Ada Pellegrini; DINAMARCO, Cândido Rangel. *Teoria Geral do Processo.* 31. ed. São Paulo: Malheiros, 2015.

COLE, Charles D. Stare decisis na cultura jurídica dos Estados Unidos: o sistema de precedente vinculante do *common law. Revista dos Tribunais*, São Paulo, n. 87, p. 11-21, jun. 1998. Disponível em: https://www.lexml.gov.br/urn/urn:lex:br:rede.virtual.bibliotecas:artigo.revista:1998;1000541421. Acesso em: 20 jan. 2023.

COSTA, Ernesto; SIMÕES, Anabela. *Inteligência Artificial. Fundamentos e Aplicações.* Lisboa: Lidel Edições Técnicas, 2008.

COSTA, Marcos Bemquerer; BASTOS, Patrícia Reis Leitão. Alice, Monica, Adele, Sofia, Carina e Ágata: o uso da inteligência artificial pelo Tribunal de Contas da União. Controle Externo. *Revista do Tribunal de Contas do Estado de Goiás*, Belo Horizonte, ano 2, n. 3, p. 11-34, jan./jun. 2020.

COZMAN, Fabio G.; PLONSKI, Guilherme Ary; NERI, Hugo (Coords.). *Inteligência artificial:* avanços e tendências. 2021. Disponível em: https://www.livrosabertos.sibi.usp.br/portaldelivrosUSP/catalog/view/650/579/2181. Acesso em: 10 out. 2022.

CROSS, Rupert; HARRIS, J. W. *Precedent in English Law.* 4. ed. Oxford: Clarendon, 1991.

CUEVA, Ricardo Villas Bôas. Inteligência Artificial no Direito. *In:* NUNES, Dierle; LUCON, Paulo Henrique dos Santos; WOLKART, Erik Navarro (Coords.). *Inteligência Artificial e Direito*

Processual: os impactos da virada tecnológica no direito processual. 2. ed. Salvador: JusPodivm, 2021. p. 79-91.

CURI, Fábio Martins Bonilha. *Sanção Premial no Brasil:* estudos da função promocional do direito na atividade negocial. São Paulo: Dialética, 2022.

CURY, César. *TJRJ lança iniciativa digital inédita para conciliação na área de saúde.* 2019. Disponível em: http://www.tjrj.jus.br/noticias/noticia/-/visualizar-conteudo/5111210/6137834. Acesso em: 15 nov. 2021.

DE NEGRI, Fernanda. *Novos caminhos para a Inovação no Brasil.* Washington: Wilson Center, 2018.

DESTEFENNI, Marcos. *Manual de Processo Civil:* individual e coletivo. São Paulo: Saraiva, 2012.

______. *Curso de Processo Civil:* processo de conhecimento e cumprimento de sentença. São Paulo: Saraiva, 2006. v. 1.

______. *A Linguagem do Novo CPC:* a função nomofilácica. 10 jun. 2015. Disponível em: http://estadodedireito.com.br/a-linguagem-do-novo-cpc-a-funcao-nomofilacica/. Acesso em: 16 out. 2022.

DIDIER JÚNIOR, Fredie. *Curso de Direito Processual Civil.* Introdução ao Direito Processual Civil, Parte Geral e Processo de Conhecimento. 17. ed. Salvador: JusPodivm, 2015.

DONEDA, Danilo; MENDES, Laura Schertel; SOUZA, Carlos Affonso; ANDRADE, Norberto Nuno Gomes de. Considerações iniciais sobre inteligência artificial, ética e autonomia pessoal. *Pensar,* Fortaleza, v. 23, n. 4, out./dez. 2018.

ENGELMANN, Wilson; WERNER, Deivid Augusto. *In:* FRAZÃO, Ana; MULHOLLAND, Caitlin (Orgs.). *Inteligência Artificial e Direito:* ética, regulação e responsabilidade. 2. ed. São Paulo: Revista dos Tribunais, 2019.

EUBANKS, Virginia. *Automating inequality:* How high-tech tools profile, police and punish the poor. Nova Iorque: St Martin's Press, 2018.

FACELI, Katti; LORENA, Ana Carolina; GAMA, João; CARVALHO, André C. P. L. F. *Inteligência Artificial:* uma abordagem de aprendizado de máquina. Rio de Janeiro: Livros Técnicos e Científicos, 2017.

FERNANDES, Anita Maria da Rocha. *Inteligência Artificial:* noções gerais. Florianópolis: Visual Books, 2008.

FERNANDES, José Pedro Matos. Vanguardas da Responsabilidade*:* Direito, Neurociências e Inteligência Artificial. *Cadernos Ibero-americanos de Direito Sanitário*, v. 9(1), p. 232-241, 1 abr. 2020.

FERREIRA NETO, Osly da Silva. *Os Assentos no Direito Português e as Súmulas no Direito Brasileiro:* efetividade, segurança e imobilidade. Disponível em: https://drive.google.com/drive/u/0/folders/1xtqcn6PxLlSoi8UsXEvRwwVGQQA3ze67. Acesso em: 10 out. 2022.

FINE, Toni M. *Introdução ao Sistema Jurídico Anglo-Americano.* Tradução Eduardo Saldanha. São Paulo: Martins Fontes, 2011.

FRAZÃO, Ana; MULHOLLAND, Caitlin (Orgs.). *Inteligência Artificial e Direito:* ética, regulação e responsabilidade. 2. ed. São Paulo: Revista dos Tribunais, 2019.

______. *Sobre os Ombros de Robôs?* A Inteligência Artificial entre Fascínios e Desilusões. Ética, Regulação e Responsabilidade. 2. ed. São Paulo: Revista dos Tribunais, 2019.

GONÇALVES, Marcos Vinícius Rios. *Direito Processual Civil.* São Paulo: Saraiva, 2016.

GROSSFELD, Brett. *A simple way to undestand machine learning vs deep learning*. Disponível em: https://www.zendesk.com.br/blog/machine-learning-and-deep-learning/#georedirect. Acesso em: 8 abr. 2023.

HARARI, Yuval Noah. *Homo Deus:* uma breve história do amanhã. São Paulo: Companhia das Letras, 2016.

______. *21 Lições para o século 21.* 5. ed. São Paulo: Companhia das Letras, 2018.

INAZAWA, Pedro; HARTMANN, Fabiano; CAMPOS, Teófilo; SILVA, Nilton; BRAZ, Fabricio. Projeto VICTOR: Como o Uso do Aprendizado de Máquina pode auxiliar a mais alta Corte Brasileira a aumentar a eficiência e a Velocidade de Avaliação Judicial dos Processos Julgados. *Revista da Sociedade Brasileira de Computação,* v. 1, 2019. Disponível em: https://www.sbc.org.br/images/flippingbook/computacaobrasil/computa_39/pdf/CompBrasil_39_180.pdf. Acesso em: 24 maio 2021.

KURZWEIL, Ray. *A Era das Máquinas Espirituais*. São Paulo: Aleph, 2007.

LAGE, Fernanda de Carvalho. *Manual de Inteligência Artificial no Direito Brasileiro.* Salvador: JusPodivm, 2021.

LEITE, Flávia Piva Almeida; SEGANTIN, Adriano Fernando. Acessibilidade: Processo Judicial Eletrônico no Tribunal de Justiça do Estado de São Paulo. *Revista Jurídica Luso-Brasileira (RJLB),* ano 5, n. 2, p. 1.219-1.256, 2019.

LIMA, Augusto Cesar Moreira. *Precedentes no Direito*. São Paulo: LTr, 2001.

LIPSON, Hod. Engenheiro se precipitou sobre máquina viva. *O Estado de S. Paulo,* São Paulo, ano 143, n. 46.996, 19 jun. 2022. Economia & Negócios, p. B16.

LOPES FILHO, Juraci Mourão. *Os Precedentes Judiciais no Constitucionalismo Brasileiro Contemporâneo*. Salvador: JusPodivm, 2014.

LUGER, George F. *Inteligência Artificial.* 6. ed. Campinas: Pearson, 2013.

MACCORMICK, Neil; SUMMERS, Robert. *Interpretation and justification.* Interpreting Statutes — Comparative Study. Andershot: Ashgate, 1997.

MAIA FILHO, Mamede Said; JUNQUILHO, Tainá Aguiar. Projeto Victor. Perspectivas de aplicação da Inteligência Artificial ao Direito. *Revista Direitos e Garantias Fundamentais*, Vitória, v. 19, n. 3, p. 219-238, set./dez. 2018. Disponível em: https://doi.org/10.18759/rdgf.v19i3.1587. Acesso em: 19 set. 2020.

MARINONI, Luiz Guilherme. *Precedentes Obrigatórios.* 6. ed. São Paulo: Revista dos Tribunais, 2019.

______. *A Ética dos Precedentes*. Justificativa do Novo CPC. São Paulo: Revista dos Tribunais, 2014.

MARQUES, Renata Polichuk. Precedente e Segurança Jurídica. A Previsibilidade. *ANIMA — Revista Eletrônica do Curso de Direito das Faculdades OPET* — Caderno de Produção do Corpo Docente e Discente. Curitiba/PR, n. 13, jan./jun. 2015.

MARSHALL, Geoffrey. What is binding in a precedente. *In:* MACCORMICK, Neil; SUMMERS, Robert (Coords.). *Interpretation and justification.* Interpreting Statutes – Comparative Study. Andershot: Ashgate, 1997.

MAZIERO, Luís Guilherme Soares. *Precedentes Judiciais Obrigatórios à Luz da Teoria Pura do Direito.* 1. ed. Curitiba: Juruá, 2019.

MAZZOLA, Marcelo. Processo e novas tecnologias: Utilização do QR CODE em petições judiciais, atuação de robôs e as contribuições da inteligência artificial para o sistema de precedentes. *In:* NUNES, Dierle; LUCON, Paulo Henrique dos Santos; WOLKART, Erik Navarro (Coords.). *Inteligência Artificial e Direito Processual.* Os impactos da virada tecnológica no direito processual. 2. ed. Salvador: JusPodivm, 2021. p. 887-919.

MAZZUCATO, Mariana. *O Valor de tudo.* Produção e apropriação na economia global. Tradução Camilo Adorno Odorico Leal. São Paulo: Portfolio-Penguin, 2020.

MEDEIROS, Luciano Frontino. *Inteligência artificial aplicada:* uma abordagem introdutória. Curitiba: Intersaberes, 2018.

MEDINA, José Miguel Garcia; MARTINS, João Paulo Nery dos Passos. A Era da Inteligência Artificial: As Máquinas poderão tomar Decisões Judiciais? The Era of Artificial Intelligence: Will Machines make Judicial Decisions? *Revista dos Tribunais*, v. 1.020, out. 2020.

MEDON, Filipe. *Inteligência Artifical e Responsabilidade Civil:* autonomia, riscos e solidariedade. Salvador: JusPodivm, 2020.

MELO, Lígia Maria Silva de. Segurança jurídica: fundamento do Estado de Direito. *A&C — Revista de Direito Administrativo & Constitucional*, Belo Horizonte, v. 25, n. 6, p. 1-236, set. 2006.

MELLO, Patrícia Perrone Campos; BARROSO, Luís Roberto. Trabalhando Com Uma Nova Lógica: a ascensão dos precedentes no direito brasileiro. *Revista da AGU,* Brasília/DF, v. 15, n. 03, p. 09-52, jul./set. 2016. Disponível em: https://www.conjur.com.br/dl/artigo-trabalhandologica-ascensao.pdf. Acesso em: 10 dez. 2022.

MENEZES, Daniel. F. N.; RIZZI, Ester G.; FABRETTI, Humberto B.; MACHADO, Marta R. A.; GONZALEZ, Everaldo T. Q. *Inteligência e Direito* — O caso do Sistema Brasileiro de Inteligência. 2017. Tese (Doutorado em Direito Político e Econômico) – Universidade Presbiteriana Mackenzie.

MITIDIERO, Daniel. Por uma História do Precedente Judicial na Inglaterra: o que temos para aprender com a experiência inglesa? *Revista dos Tribunais*, Brasília, v. 1.000, n. 1, p. 191-212, fev. 2019.

MOCCIA, Luigi. *Comparazione Giuridica e Diritto Europeo.* Milão: Giuffrè, 2005.

MORAIS, Fausto Santos de; SILVA, Eduarda Perini da. Projeto Victor e MCDA-C: (in) compatibilidade com a carta europeia de ética sobre o uso da inteligência artificial e a Resolução n. 332. *Revista Direitos Culturais*, v. 17, n. 43, p. 71-84, 15 dez. 2022.

MORAIS, José Luis Bolzan de; MENEZES NETO, Elias Jacob de. Análises computacionais preditidas como um novo biopoder: modificações do tempo na sociedade dos sensores. *Revistas Novos Estudos Jurídicos — Eletrônica*, v. 24, n. 3, set./dez. 2018.

NASCIMENTO JUNIOR, Cairo Lúcio. *Inteligência Artificial em controle e automação*. São Paulo: Blucher, 2000.

NERY JUNIOR, Nelson. *Princípios do Processo na Constituição Federal:* Processo civil, penal e administrativo. 9. ed. São Paulo: Revista dos Tribunais, 2009.

______. *Princípios do Processo Civil na Constituição Federal*. 8. ed. São Paulo: Revista dos Tribunais, 2004.

NEVES, Daniel Amorim Assumpção. *Manual de Direito Processual Civil.* 13. ed. Bahia: JusPodivm, 2021. vol. único.

NORONHA, João Otávio. *In:* TEPEDINO, Gustavo (Coord.). SILVA, Rodrigo da Guia. *O Direito Civil na era da Inteligência Artificial.* Os avanços da inteligência artificial no STJ: caminho para uma justiça mais rápida e efetiva. São Paulo: Revista dos Tribunais, 2020.

NUNES, Dierle; LUCON, Paulo Henrique dos Santos; WOLKART, Erik Navarro (Coords.). *Inteligência Artificial e Direito Processual:* os impactos da virada tecnológica no direito processual. 2. ed. Salvador: JusPodivm, 2021.

NUNES, Dierle; DUARTE, Fernanda Amaral. Jurimetria, Tecnologia e Direito Processual. *In:* NUNES, Dierle; LUCON, Paulo Henrique dos Santos; WOLKART, Erik Navarro (Coords.). *Inteligência Artificial e Direito Processual:* os impactos da virada tecnológica no direito processual. 2. ed. Salvador: JusPodivm, 2021. p. 465-505.

OLIVEIRA, Pedro Miranda. O sistema de precedentes no CPC projetado: engessamento do direito? *Revista de Processo*, v. 232, p. 307-324, jun. 2014.

O'NEIL, Cathy. *Algoritmos de Destruição em Massa:* como o *Big Data* aumenta a desigualdade e ameaça a democracia. Santo André: Rua do Sabão, 2020.

______. *Wepons of Math Destruction:* How Big Data Increases Inequalitu and Treatens Democracy. United States: Broadway Books, 2017.

PÁDUA, Thiago Aguiar de. Breve ensaio sobre o(s) precedente(s) no Direito Comparado. *Revista Brasileira de Direito Processual — RBDPr*, Belo Horizonte, ano 24, n. 94, p. 185-216, abr./jun. 2016.

PANUTTO, Peter. *Precedentes Judiciais Vinculantes.* Florianópolis: Empório do Direito, 2017.

PASQUALE, Frank. *The Black Box Society:* The Secret Algorithms That Control Money and Information. Cambrige: Harvard University Press, 2015.

PEIXOTO, Fabiano Hartmann; SILVA, Roberta Zumblick Martins da. *Inteligência Artificial e Direito*. Coleção Direito, Racionalidade e Inteligência Artificial. Curitiba: Auteridade, 2019.

______; ______. *Inteligência Artificial e Direito:* Convergência Ética e Estratégica. Coleção Direito, Racionalidade e Inteligência Artificial. Curitiba: Auteridade, 2020.

PERELMAN, Chaim. *Lógica Jurídica*. Tradução Vergínia K. Pupi. São Paulo: Martins Fontes, 2000.

PETRIDIS, Miltos (Org.). *Research and development in intelligent systems XXXIII:* incorporating applications and innovations in intelligent systems XXIV. Cham: Springer, 2016.

PORTO, Antônio Maristrello; GAROUPA, Nuno. *Curso de Análise Econômica do Direito.* 2. ed. Barueri: Grupo GEN, 2021.

QUEIROZ, João; LOULA, Ângelo (Orgs.). *Computação, cognição, semiose.* Salvador: EDUFBA, 2007.

RICHARDSON, Ken. *Compreender a Inteligência.* 1. ed. Lisboa: Instituto Piaget, 1991.

ROCHA LIMA, Tiago Asfor. *Precedentes Judiciais Civis no Brasil.* São Paulo: Saraiva, 2013.

RODRIGUES, Marco Antonio; GOMES, Jean Carlos de Albuquerque. As novas tecnologias estão mudando a forma de recorrer? *In:* NUNES, Dierle; LUCON, Paulo Henrique dos Santos; WOLKART, Erik Navarro (Coords.). *Inteligência Artificial e Direito Processual:* os impactos da virada tecnológica no direito processual. 2. ed. Salvador: JusPodivm, 2021. p. 827-838.

ROSA, Alexandre Morais; GUASQUE, Bárbara. O Avanço da disrupção nos tribunais brasileiros. *In:* NUNES, Dierle; LUCON, Paulo Henrique dos Santos; WOLKART, Erik Navarro (Coords.). *Inteligência Artificial e Direito Processual:* os impactos da virada tecnológica no direito processual. 2. ed. Salvador: JusPodivm, 2021. p. 93-121.

RUSSEL, Stuart; NORVIG, Peter. *Inteligência Artificial.* 3. ed. Rio de Janeiro: Elsevier, 2013.

SALOMÃO, Luis Felipe. *Marco Legal da Inteligência Artificial.* Nota Técnica sobre o Projeto de Lei 21/2020. Rio de Janeiro: FGV Conhecimento, 2021.

______. *Tecnologia aplicada à gestão dos conflitos no âmbito do Poder Judiciário brasileiro.* Centro de Inovação, Administração e Pesquisa do Judiciário da Fundação Getulio Vargas, 2021. Disponível em: https://portal.fgv.br/noticias/inteligencia-artificial-judiciario-mais-completa-pesquisa-sobre-assunto. Acesso em: 02 nov. 2022.

SAMUEL, Arthur. Some Studies in Machine Learning using the game of Checkers. *IBM — Journal of Reserch and Development*, 2010.

SANSEVERINO, Paulo de Tarso; MARCHIORI, Marcelo Ornellas. O Projeto Athos de Inteligência Artificial e o impacto na formação dos precedentes qualificados no Superior Tribunal de Justiça. *In:* NUNES, Dierle; LUCON, Paulo Henrique dos Santos; WOLKART, Erik Navarro (Coords.). *Inteligência Artificial e Direito Processual:* os impactos da virada tecnológica no direito processual. 2. ed. Salvador: JusPodivm, 2021. p. 803-824.

SANT'ANNA, Vinícius de Souza. Precedentes judiciais vinculantes no direito processual civil brasileiro: interlocução com a tradição common law, premissas e ferramentas essenciais, benefícios e malefícios. *Revista de Processo* — Instituto Brasileiro de Direito Processual (IBDP), v. 47, n. 326, p. 387-414, abr. 2022.

SANTOS, Luiz Elias Miranda dos. Súmula Vinculante e o Instituto dos Assentos: seu sentido normativo e o problema da liberdade judicial. *REDES — Revista Eletrônica Direito e Sociedade,* Canoas, v. 2, n. 1, p. 37-59, maio 2014.

SANTOS, Moacyr Amaral. *Primeiras linhas de direito processual civil.* 6. ed. São Paulo: Saraiva, 1981.

SCHUMPETER, Joseph A. *Capitalismo, socialismo e democracia.* São Paulo: Unesp, 2017.

SCHWAB, Klaus. *A Quarta Revolução Industrial.* São Paulo: Edipro, 2019.

SESMA, Victoria Iturralde. *El Precedente en el Common Law.* Madrid: Civitas, 1995.

SILVA, Carlos Affonso Pereira da; OLIVEIRA, Jordam Vinícius de. *In:* TEIXEIRA, Tarcisio; CHELIGA, Vinicius. *Inteligência Artificial:* aspectos jurídicos. 2. ed. Salvador: JusPodivm, 2020.

SILVA, De Plácido e. *Vocabulário Jurídico.* 4. ed. Rio de Janeiro: Forense, 1995. v. III e IV.

SOARES, G. F. S. Estudos de Direito Comparado (I) – O que é a "Common Law", em particular, a dos EUA. *Revista da Faculdade de Direito*, Universidade de São Paulo,[S. l.], v. 92, p. 163-198, 1997.

STRECK, Lenio Luiz; ABBOUD, Georges. Senso Incomum: O que é isto — o sistema (*sic*) de precedentes no CPC? *Revista Consultor Jurídico.* 18 ago. 2016. Disponível em: https://www.conjur.com.br/2016-ago-18/senso-incomumisto-sistema-sic-precedentes-cpc. Acesso em: 1º nov. 2022.

STRECK, Lenio Luiz. Senso Incomum: Crítica às teses que defendem o sistema de precedentes — Parte II. *Revista Consultor Jurídico.* 29 set. 2016. Disponível em: https://www.conjur.com.br/2016-set-29/senso-incomum-critica-tesesdefendem-sistema-precedentes-parte-ii. Acesso em: 31 out. 2022.

STRECK, Lenio Luiz; SANTOS, Igor Raatz dos; MORBACH, Gilberto. Da Genealogia dos Mecanismos Vinculantes Brasileiros: dos assentos portugueses às teses dos tribunais superiores. *Revista Eletrônica do Curso de Direito da UFSM*, [S. l.], v. 14, n. 1, 08 abr. 2019. Universidade Federal de Santa Maria.

______. Da Complexidade à Simplificação na identificação da ratio decidendi: será mesmo que estamos a falar de precedentes do Brasil? *Revista Jurídica*, Curitiba/PR, v. 01, n. 54, p. 317-341, 2019.

TEIXEIRA, Tarcisio; CHELIGA, Vinicius. *Inteligência Artificial:* aspectos jurídicos. 2. ed. Salvador: JusPodivm, 2020.

TEPEDINO, Gustavo; SILVA, Rodrigo da Guia. *In:* FRAZÃO, Ana; MULHOLLAND, Caitlin (Orgs.). *Inteligência Artificial e Elementos da Responsabilidade Civil.* 2. ed. São Paulo: Revista dos Tribunais, 2019.

TIMM, Luciano Benetti (Coord.). *Direito e Economia no Brasil:* estudos sobre a análise econômica do Direito. 4. ed. Indaiatuba: Foco, 2021.

VIANNA, Luiz Werneck; CARVALHO, Maria Alice Rezende de; BURGOS, Marcelo Baumann. Quem somos. A magistratura que queremos. *AMB — Associação dos Magistrados Brasileiros*, 2018. Disponível em: https://www.amb.com.br/wp-content/uploads/2019/02/Pesquisa_completa.pdf. Acesso em: 24 nov.2022.

VIANA, Marcelo. *De que maneira os algoritmos aprendem suas tarefas?* Disponível em: https://impa.br/noticias/de-que-maneira-os-algoritmos-aprendem-suas-tarefas/.

VIANA, Raphael Fraemam Braga; FRAGA, Vitor Galvão. As Famílias de Direito: uma análise de sistemas comparados. *Revista dos Tribunais; Revista de Direito Constitucional e Internacional*, Brasília, v. 128, n. 1, p. 51-70, dez. 2021.

WALDRAFF, Célio Horst. O mito da segurança jurídica, eficácia vinculante e eficácia persuasiva das súmulas. *Revista Eletrônica do Tribunal Regional do Trabalho da 9ª Região,* Curitiba, v. 5, n. 49, p. 64-80, abr. 2016.

WOLKART, Erik Navarro. *Inteligência Artificial e Sistemas de Justiça.* Proposta de um Framework Regulatório para o desenvolvimento ético e eficiente. São Paulo: Thomson Reuters, 2022.

WOLKART, Erik Navarro; BECKER, Daniel. Tecnologia e Precedentes: Do portão de Kafka ao panóptico digital pelas mãos da jurimetria. *In:* NUNES, Dierle; LUCON, Paulo Henrique dos Santos; WOLKART, Erik Navarro (Coords.). *Inteligência Artificial e Direito Processual:* os impactos da virada tecnológica no direito processual. 2. ed. Salvador: JusPodivm, 2021. p. 827-838.

ZAMPIER, Bruno. *Estatuto Jurídico da Inteligência Artificial:* entre categorias e conceitos, a busca por marcos regulatórios. Indaiatuba: Foco, 2022.

ZANETI JUNIOR, Hermes. Precedentes (Treat Like Cases Alike) e o Novo Código de Processo Civil. Universalização e vinculação horizontal como critérios de racionalidade e a negação da "jurisprudência persuasiva" como base para uma teoria e dogmática dos precedentes no Brasil. *Revista de Processo,* v. 235, p. 293-349, 2014; v. 6, 2018.